高等职业教育（专科）“十三五”规划教材

农产品网络营销

郑　佳　主编

U0951614

中国农业大学出版社
·北京·

内容简介

本书从农产品网络营销认知开始，到农产品网络调研与数据分析、农产品网络品牌、农产品搜索引擎营销、农产品网络广告、农产品社会化网络推广、农产品网络促销、农产品网络营销新发展共 8 个项目内容。在项目学习到实践操作中，以农业企业、农业园区、家庭农场、农业创业团队等实际运营项目为案例，围绕运营项目开展具有实际意义的实践操作训练，让学生在了解目前农业主体面临的市场环境和实际问题基础上，培养学生分析问题、解决问题的能力，从而全面掌握农产品网络营销的基本理论和实践操作技能，为从事农产品网络营销工作以及创新创业打下坚实的基础。

图书在版编目(CIP)数据

农产品网络营销 / 郑佳主编. —北京：中国农业大学出版社，2018.3(2020.12 重印)

ISBN 978-7-5655-1971-0

Ⅰ.①农　Ⅱ.①郑…　Ⅲ.①农产品-网络营销-教材　Ⅳ.①F724.72

中国版本图书馆 CIP 数据核字(2017)第 326565 号

书　　名　农产品网络营销

作　　者　郑　佳　主编

策划编辑　康昊婷　伍　斌　　　**责任编辑**　冯雪梅

封面设计　郑　川

出版发行　中国农业大学出版社

社　　址　北京市海淀区圆明园西路 2 号　　　**邮政编码**　100193

电　　话　发行部 010-62818525，8625　　　读者服务部 010-62732336

编辑部 010-62732617，2618　　　出　版　部 010-62733440

网　　址　http://www.caupress.cn　　　**E-mail** cbsszs @ cau.edu.cn

经　　销　新华书店

印　　刷　涿州市星河印刷有限公司

版　　次　2018 年 3 月第 1 版　　2020 年 12 月第 2 次印刷

规　　格　787×1092　　16 开本　　14 印张　　340 千字

定　　价　33.00 元

编写人员

主　编　郑　佳（成都农业科技职业学院）

副主编　晏志谦（成都农业科技职业学院）

刘永宏（成都农业科技职业学院）

王瑾瑜（成都农业科技职业学院）

参　编　（排名不分先后）

王　慧（成都农业科技职业学院）

王颖梅（成都农业科技职业学院）

赖丽民（成都农业科技职业学院）

王点点（成都农业科技职业学院）

蒲小彬（成都农业科技职业学院）

康　珏（成都农业科技职业学院）

张　帆（成都通吃企业管理咨询有限公司）

谢　辉（成都通吃企业管理咨询有限公司）

全明军（四川纳雅生态农业开发有限公司）

杜黎明（四川纳雅生态农业开发有限公司）

袁永学（成都蒲江碧香家庭农场）

贺　颖（南阳农业职业学院）

前言

随着我国农业供给侧结构性改革的不断推进，2017年中央一号文件把深入推进农业供给侧结构性改革作为新的历史阶段农业农村工作主线。为了深入贯彻落实一号文件，我国农村电商需要在“农产品上行与工业品下行”上同时发力。从农产品网络营销看，《全国农产品加工业与农村一二三产业融合发展规划(2016—2020年)》提出：到2020年，农产品电子商务交易额达到8 000亿元，年均增速保持在40%左右。为了实现这一目标，要通过电子商务来倒逼农产品生产的商品化、标准化与互联网化。要特别重视互联网在农产品生产中的作用，使农产品的产品标准、包装标准、配送标准、质量标准进一步完善，为农产品网络销售打下良好的基础。

随着改革的推进，越来越多的农产品已经逐步进入网络流通领域，越来越多的农业生产主体和农业经营主体也意识到电商通过改变传统模式可以在很大程度上缩短销售环节，切实可行地使农民增收，同时也使消费者受益，但在实际经营中，大多数农业生产主体和经营主体由于种种原因仍然采取传统方式进行农产品生产与经营。而农产品电商、农产品网络营销人才和运营团队的匮乏是其重要的影响因素之一。随着市场的不断扩大，人们对农产品消费需求的逐渐升级，农业服务型网络营销人才的缺口势必将越来越大，无法满足农业产业升级发展的人才需求。因此，本书编者着力探索农业供给侧结构性改革背景下基于产教融合的农业创新服务型营销人才的培养模式。探索中发现，目前，在高职高专教材中，农产品网络营销方面的教材相对较少。为加强农产品网络营销人才的培养，提高农产品网络营销人才的社会适应性，在一定程度上缓解目前农产品网络流通上存在的人才供需矛盾，提高人才的有效供给，本书在“农业供给侧结构性改革”和“互联网＋农产品流通”大背景下，经过反复的社会调研、企业调研，以“实用、够用”为原则，由成都农业科技职业学院市场营销专业教师牵头，由老师和农业企业、涉农企业提供相应案例，以网络营销本身的知识体系为基础，遵循网络营销企业项目实施的工作流程，针对农产品网络流通过程中所面临的实际问题，以培养学生农产品网络营销实际应用能力为宗旨，集教、学、做于一体，重构了本书的框架体系，是适应农产品网络营销教学需要的高职高专特色教材。

本书从农产品网络营销认知开始，到农产品网络调研与数据分析、农产品网络品牌、农产品搜索引擎营销、农产品网络广告、农产品社会化网络推广、农产品网络促销、农产品网络营销新发展共8个项目内容。在项目学习到实践操作中，以农业企业、农业园区、家庭农场、农业创业团队等实际运营项目为案例，围绕运营项目开展具有实际意义的实践操作训练，让学生在了解目前农业主体面临的市场环境和实际问题基础上，培养学生分析问题、解决问题的能力，从而全面掌握农产品网络营销的基本理论和实践操作技能，为从事农产品网络营销工作以及创新创业打下坚实的基础。

本书采用项目化教学模式，结构新颖，内容丰富，符合学生就业创业的需要和社会发展的需要，在项目实施和实践操作中培养能力。

本书可作为高职高专、成人教育等电子商务专业和非电子商务专业的教材使用，也可供五年制高职学生使用，还可作为广大农产品电商从业人士的有益参考书。

本书由成都农业科技职业学院的郑佳老师主编，成都农业科技职业学院晏志谦副教授、刘永宏副教授和王瑾瑜老师任副主编，成都农业科技职业学院王慧副教授、王颖梅老师、赖丽民老师、王点点老师、蒲小彬老师、康珏老师参加编写。南阳农业职业学院贺颖老师也参与了编写。成都通吃企业管理咨询有限公司果实学院张帆院长、成都通吃企业管理咨询有限公司谢辉总经理、四川纳雅生态农业开发有限公司创始人全明军、四川纳雅生态农业开发有限公司电商部杜黎明经理、成都蒲江碧香家庭农场主袁永学提供了真实案例，由郑佳老师和王瑾瑜老师共同统稿完成。感谢各位老师和企业为编写本书付出的努力和艰辛。本书在编写过程中还参考了一些专家、学者的研究成果及网络资源，在此一并表示感谢。

由于编者水平有限，书中难免存在疏漏和不妥之处，恳请专家和广大读者批评、指正。编者团队还将继续研究和收集农产品网络营销的理论和实例，不断完善教材内容。

编　者

2017 年 11 月

目 录

项目一　农产品网络营销认知

◆ 知识目标

- 弄清什么是农产品网络营销
- 掌握农产品网络营销开展的基本框架
- 了解农产品网络销售特性
- 熟悉农产品网络营销环境
- 掌握农产品网络消费者特点
- 了解什么是农产品网络用户画像

◆ 能力目标

- 能够分析农产品网络营销环境
- 能够分析农产品网络消费者

◆ 目标任务实施方案

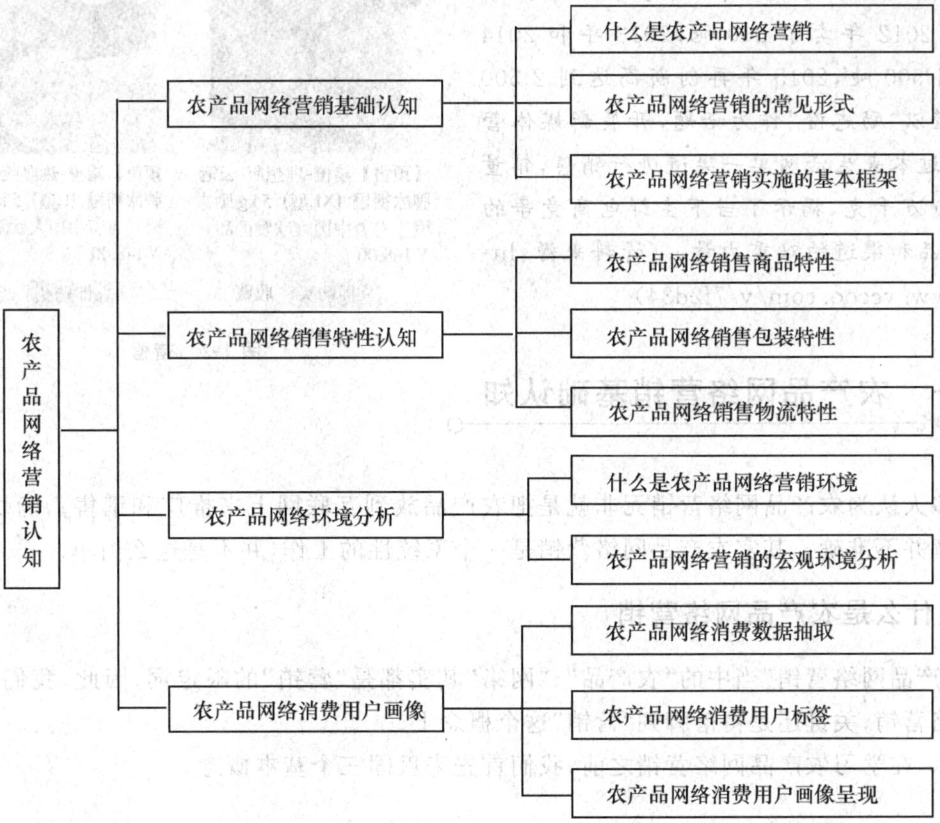

◆ 引导案例

褚时健与褚橙

褚时健(图 1-1),原红塔集团董事长,曾经的“中国烟草大王”,“褚橙”的创始人。75 岁的褚时健从监狱里保外就医回到家乡,承包 2 000 亩(1 亩等于 666.7 m²)荒山种褚橙,每天穿梭在云南哀牢山上的橙园里,细心培育着自己的果树,直到 85 岁褚时健的橙子终于进入了北京市场开始销售,他的果园年产橙子 8 000 吨,利润超过 3 000 万元,不仅褚橙的美味口感远近闻名,这个老人家也从人生的谷底再次走上了人生的高峰。因为褚时健的故事,八旬老人成为励志故事的典范和榜样被人们津津乐道;因为褚橙的故事,普通的冰糖脐橙也被人们叫作“励志橙”。(资料来源:http://www.benlai.com/ht/chushijian_gushi.jsp)

图 1-1 褚时健

褚橙 XL 型 5 千克的售价为 168 元,L 型 5 千克的售价为 148 元(图 1-2)。在本来生活网,褚橙 2012 年卖了 200 吨,2013 年和 2014 年各卖 1 500 吨,2015 年再创新高达到 2 500 吨。褚橙以“励志橙”作为话题,开展新媒体营销,仅通过本来生活网单一渠道进行销售,销量达到 250 万千克,揭示了当下生鲜电商竞争的根本,产品和渠道的双重力量。(资料来源:http://www.vccoo.com/v/7f2d34)

图 1-2 褚橙

任务一 农产品网络营销基础认知

许多人认为农产品网络营销无非就是把农产品放到互联网上来推广和销售。确切地说,这种理解并不准确。其实农产品网络营销是一个系统性的工作,并不是这么简单。

一、什么是农产品网络营销

“农产品网络营销”当中的“农产品”、“网络”其实都是“营销”的限定词,因此,我们探讨农产品网络营销,关键还是得落脚到“营销”这个概念上。

那么,在学习农产品网络营销之前,我们首先来巩固三个基本概念。

1.相关概念

第一个概念,就是“营销”。

根据杰罗姆·麦卡锡在《基础营销学》下的定义:营销是指某一组织为满足顾客而从事的一系列活动。

产品只有通过交换才能产生市场营销,双方如果通过谈判达成协议,便产生了交易,因此,市场营销的核心是交换,或者说是交易。需求是消费者生理及心理的需要,交换、交易活动使双方的需求得到满足,因此,需求则是营销的中心。

第二个概念,是“网络营销”。

根据美国教授斯特劳斯对网络营销的定义:网络营销是指利用信息技术去创造、宣传、传递客户价值,并且对客户关系进行管理,目的是为企业和各种利益相关者创造受益。

美国经济学家马龙(1969)提出把网络营销分为广义和狭义,广义的网络营销是指利用现代信息技术改造整个交易的全过程,包括售中、售前和售后,从生产到物流,从营销到支付甚至到商品的交付的全过程的电子化,而狭义的网络营销是仅指买卖过程的电子化。

网络营销无法取代传统营销,与传统营销也并不冲突,在企业的营销实践中,它配合传统营销发挥着独特的作用。因此,在这信息化的社会中,企业再也不能忽视它的地位。

第三个概念,是“电子商务”。

电子商务,是指依托网络进行货物贸易和服务交易,并提供相关服务的商业形态。具体细分为在企业之间(business to business,简称 B2B)、企业和消费者之间(business to consumer,简称 B2C)、个人之间(consumer to consumer,简称 C2C)、政府和企业之间(government to business,简称 G2B)通过网络通信手段缔结的交易和服务。(摘自商务部 2009 年发布的《电子商务模式规范》)

无论我们是去淘宝、天猫、京东买各种东西,还是去美团、糯米叫外卖、参加拼多多团购,其实都是电子商务。但个人网购只是电子商务的一小部分,电子商务还包括很多其他类型的电子商业行为。

个人消费者在淘宝上以个人身份开店将产品销售给个人消费者,这是 C2C 电子商务模式,也就是个人对个人的电子商务。

而企业针对个人开展的电子商务活动,例如企业在天猫上开店销售产品,京东从供应商或厂家购买产品零售给消费者,这是 B2C 电子商务模式,也就是企业对个人的电子商务。

另外,企业之间通过互联网签订合同,进行产品、服务交易,信息交换等商业行为,这是 B2B 模式。阿里巴巴(1688)便是我们熟知的采购批发平台,也是大型的商人圈。

而现在,还有一个比较热门的 O2O(online to offonline)模式,也就是线上对线下模式,比如我们常用的打车软件、共享单车,让互联网成了线下交易的前台。

综上而言,电子商务的内涵很广泛,其核心是电子化交易,强调的是交易方式和交易过程各个环节的电子化。而无论交易是否电子化,都可能需要网络营销。网络营销并不是一个完整的商业交易过程,而是为促成交易提供支持。

2.农产品网络营销的发展情况

我们先来看看国外的发展情况。国外农业电子商务大致经历了 3 个阶段:在 20 世纪 70

年代起的初级阶段，主要的交流工具是电话，电脑仅被用于存贮数据；到了 20 世纪 90 年代，部分农民和企业开始进行网上交易；21 世纪以来，发达国家农产品的电子商务从提高农产品的数量和质量着手，比如发展精准农业、通过因特网和互联网实现网络营销等(图 1-3)。

国外农产品网络营销主要就是农业信息服务网络普及，农业生产者能及时、准确、完整地获得市场信息，减少生产经营风险；农业电子商务向专业化方向发展，使农产品的生产、加工、流通等过程日益精细，经营水平不断提高；全程化服务，电子商务渗透到农业生产经营的整个阶段，促进农业产业结构的优化调整，增强竞争能力。

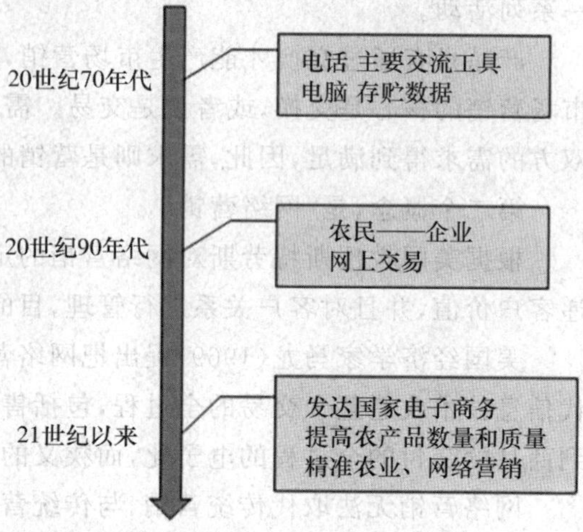

图 1-3 国外农业电子商务发展的 3 个阶段

再来看看国内的发展情况。中国网络营销产生于 20 世纪 90 年代，发展于 20 世纪末至今。网络营销产生和发展的背景主要有三个方面，即网络信息技术的发展，消费者价值观的改变，激烈的商业竞争。

过去的十年间，我国的农业网站发展迅速，几乎涵盖了农业生产、农村经济乃至农民、农村生活的各个方面。但农业网站主要集中在发达地区，西部地区农业网站数量较少，我国网上农产品销售存在地域差异，从淘宝网上农产品成交量看，我国沿海各省东部发达地区交易量比较大，中西部地区的较少，这说明，农产品网上销售受各地经济发展的影响。在经济欠发达地区，由于多种因素的制约，农产品网上营销相对滞后。

在政策层面上，农产品电商们也充满发展机遇。中央一号文件连续十四年聚焦“三农”。“十三五”时期，是我国全面建成小康社会的决战决胜阶段，也是推进新型工业化、信息化、城镇化和农业现代化同步发展的关键时期。农业部印发《全国农产品加工业与农村一二三产业融合发展规划(2016—2020 年)》中提出，到 2020 年，农产品电子商务交易额达到 8 000 亿元，年均增速保持在 40%左右。

随着中国的互联网飞速发展，近年来，已经涌现不少新农人，一些商业大佬们驻足被称为“电商最后一片蓝海”的农业电商领域，极大地推动了我国农业电子商务的发展，逐步形成了农产品网络消费市场，涌现了一些值得称道的农产品网络营销案例。比如我们熟悉的褚橙。因此，许多人认为农产品网络营销只是农业电子商务的一部分。

◆ 链接案例

本来生活网对褚橙的推广方式很值得借鉴，他们找到了“励志橙”作为话题。2012 年 10 月 27 日，一家媒体的官方微博发布了《褚橙进京》的文章，24 小时内被转发了 7 000 多条。王石引用巴顿将军的话评价：“衡量一个人的成功标志，不是看他登到顶峰的高度，而是看他跌到低谷的反弹力。”又诱发 4 000 多次转发，评论超过 1 000 条。随后，各界知名人士纷纷写下微博，表达对褚时健的“敬佩与支持”。

褚橙策划人胡海卿说:“其实大众和媒体也需要一个关注点,我们要做的就是找到传播的种子,只要找对了,剩下的就是网民的自发传播和口碑传播了。”事实证明,本来生活网找对了这颗“种子”,2012 年 11 月 5 日褚橙首日发售,前 5 分钟销售量达 800 多箱,24 小时内销售 1 500 箱,3 天半的时间内首批 3 000 多箱售罄,不得不临时调货。2013 年,50 天左右的时间内本来生活网卖出了近 1 500 吨褚橙。

2013 年,本来生活网在“励志橙”核心不变的前提下,再出新招,将褚橙送给微博红人,通过独特的标签巧妙互动。例如送给韩寒的橙子包装上印着“在复杂的世界里,一个就够了。”(图 1-4)送给网络小说《后宫甄嬛传》作者流潋紫的包装上是“微橙给小主请安。”微博名人们得到礼物后再发布微博晒一晒,往往又引发其数量庞大的粉丝群转发,使更多微博用户知道了褚橙。在这个过程中,每一个关注并转发的网民都是褚橙营销的志愿者。

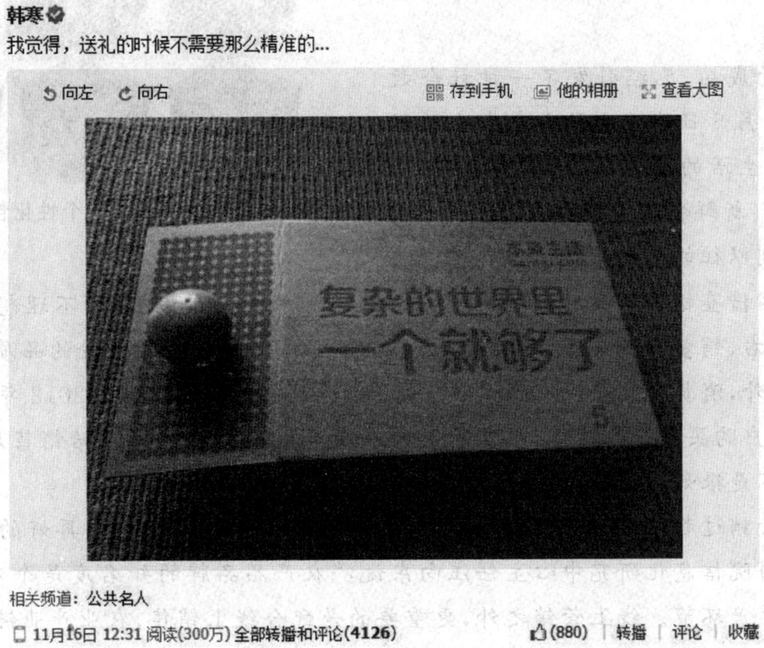

图 1-4　韩寒微博

褚时健的人生起落无疑是褚橙的最大卖点之一,因此本来生活网在做褚橙的营销策划之初,就将消费群体定位为媒体人、企业家等精英知识分子。于是有了“人生总有起落,精神终可传承”的宣传语,有了一系列的营销活动。

2012 年 11 月 6 日开始,本来生活网在部分知名企业家中间发起“传橙 · 传承”赠尝品鉴活动;11 月 24 日,褚橙宣传片在第五届创业家年会现场播出,800 名创业家及两位创业家导师现场向褚橙致敬;12 月 8 日,褚橙出现在 2012 中国企业家年会上。2012 年 11 月到 12 月,本来生活网在北京赞助了 9 个企业家年会。短短两个月时间,褚橙就打开了第一批市场。

2013 年,褚橙营销则瞄准了 80 后、90 后等年轻消费者的市场。本来生活网和媒体合作,邀请在青年群体中较有影响力的韩寒、蒋方舟、嘀嘀打车张博等,拍摄“中国青年励志榜样”系列视频，讲述自己的励志故事致敬褚时健，网络点击量超过百万，引起了80后乃至90后的强大共鸣。

由于不少80后没听说过褚时健这个人，为此，他们除了选取青年励志榜样外，还借鉴了不少青年消费群体的流行语。不但在宣传册扉页上印着波兰诗人切·米沃什的《礼物》，还推出了一系列迎合当下话题、充满戏谑的个性化包装(图1-5)，比如“母后，记得一颗给阿玛”、“虽然你很努力，但你的成功主要靠天赋”、“谢谢你，让我站着把钱挣了”、“我很好，你也保重”，在这些包装推出后没多久，本来生活网上就显示商品售罄。

图1-5 “褚橙”个性化包装

褚橙营销的成功，已经引发了一种社会效应。2012年11月5日褚橙开始在本来生活网发售当天，本来生活的其他商品，包括水果、柴鸡蛋、有机牛奶、新鲜猪肉等的销售也被带动，网站订单量达到以往的三四倍。

本来生活网借鉴褚橙的成功经验又趁势推出一款水果，然而反应并不理想。虽然十几天就卖了20吨左右，销量却就此止步，后续乏力。对此，胡海卿分析：“褚橙的品质和口感非常不错，除了价格之外，消费者几乎没有什么负面评价，所以销量越来越好。2012年的销售数据显示，平均每个用户购买了三箱褚橙，重复购买的人很多。而这款水果开始销售后，消费者对其质量的评价并不是很好，所以再次购买的很少。”

在新媒体营销过程中，品质是根本，如果没有完善的线下生产环节，再好的营销也是无本之木。中国社科院信息化研究中心主任汪向东说：“农产品品牌的知名度是个双刃剑，作用好坏取决于线下生产环节。线上营销之外，更重要的是配合线上销售，农业产业链各个环节的提升，包括生产、运输和储存。”

与传统销售环境相比，网络环境中，消费者评价的影响力被扩大了数倍。一个消费者的好评可能会带动周围的十个潜在客户，而一个差评不仅会扼杀更多的潜在客户，还会影响到已有客户的信任度。农产品是一种体验性很强的商品，情况更是如此，尤其在食品安全问题日益受到关注的今天，没有线下环节的配合，线上营销也很难走远。(资料来源：《农民日报》http://szb.farmer.com.cn/nmrb/html/2014-01/04/nw.D110000nmrb_20140104_1-07.htm?div=-1)

因此我们认为，农产品网络营销的基础是产品，重点是策划。优质的农产品，是迈人网络市场、树立品牌的关键；优质的网络营销策划，能使产品赢天下。

3.农产品网络营销概念

Wen(2007)通过对农产品电子商务模式的比较分析，构建了一个基于知识的农产品销售智能电子系统，同时他创造性地提出了一个基于知识管理的新型的农产品电子商务模式，大大促进了农产品电子商务模式的发展。

尽管目前农产品网络营销的热度越来越高，但较其他工业产品而言，农产品网络营销起步较晚，成熟度较浅，仍然还处在探索阶段；而且基于农产品的特殊性，我们并不能像做其他工业产品网络营销一样来做农产品网络营销，因此，农产品网络营销得有他不同的概念。综上所述，我们认为，农产品网络营销是农业电子商务的一部分，是在农产品商品化的基础上，利用信息技术，推广产品，提升品牌，增进客户关系，开拓网络销售渠道，促进销售，从而达到企业获取利益的目的。

二、农产品网络营销的常见形式

农产品网络营销的形式除了图片广告、视频广告等传统网络营销形式之外，企业往往会采取多屏互动的方式、线上线下结合来施展营销之术。

既然叫多屏互动，那企业自然不会放过用户群体日益增长的移动终端，也就是手机、平板电脑等。企业大多会运用社会化网络媒体的力量来做营销，比如微博营销、微信营销等等。

用于推广、引流的网络广告自然也在其中，当然广告不仅仅只出现在网站上，我们还常常看到百度上面的关键字广告（图 1-6）。

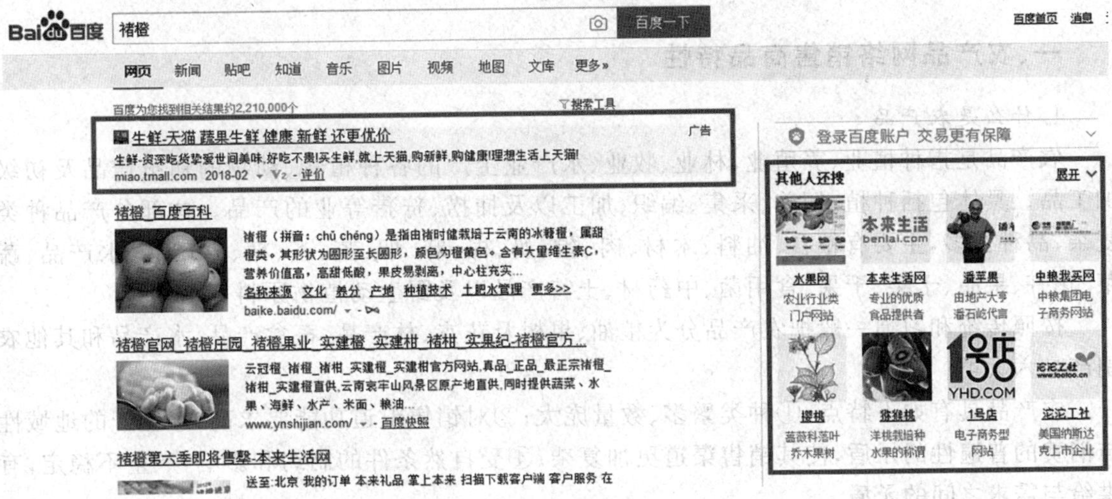

图 1-6　关键字广告

当然农产品网络营销的形式还有很多，还在不断发展更新，需要我们不断的探索与学习，善于运用新技术新手段来开展农产品网络营销。

三、农产品网络营销实施框架

开展农产品网络营销并不简单，我们需要在做好农产品商品化，进而打造农产品品牌的基础上，去搭平台，比如开淘宝店、天猫店、微店、设计小程序，甚至自建网站等等，当然这一切需要在环境分析和消费者分析的基础上进行，接下来，再做网络推广、做促销，最后做诊断，不断调整网络营销方案，并配合传统营销，打造企业农产品整体营销战略，从而达到企业最终的营销目的（图 1-7）。

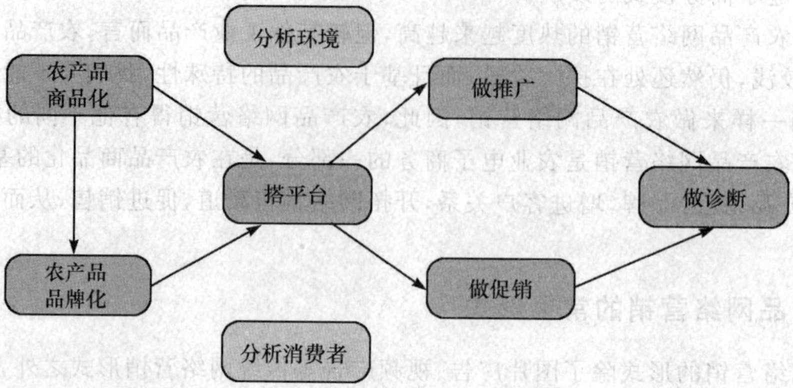

图 1-7 农产品网络营销实施框架

任务二 农产品网络销售特性认知

一、农产品网络销售商品特性

1. 什么是农产品

农产品是指种植业、养殖业、林业、牧业、水产业生产的各种植物、动物的初级产品及初级加工品。具体包括种植、饲养、采集、编织、加工以及捕捞、狩猎等业的产品。这部分产品种类复杂、品种繁多，主要有粮食、油料、木材、肉、蛋、奶、棉、麻、烟、茧、茶、糖、畜产品、水产品、蔬菜、花卉、果品、干菜、干果、食用菌、中药材、土特产品以及野生动植物原料等。

按照传统和习惯一般把农产品分为粮油、果树及花卉、林产品、畜禽产品、水产品和其他农副产品六大类。

农产品具有如下特点：①种类繁多、数量庞大；②对销售渠道功能要求高；③生产的地域性与消费的普遍性的矛盾，使其销售渠道更加复杂；④受自然条件的制约和影响，产量不稳定，有供给与需求之间的矛盾。

2. 什么是商品

商品是人类社会生产力发展到一定历史阶段的产物。商品是指用来交换、能满足人们某种需要的劳动产品。商品有狭义与广义之分，狭义的商品是指通过市场交换，能够满足人们某种社会消费需要的物质形态的劳动产品，是有形商品。广义的商品则指通过市场交换，能够满足人们某种社会消费需要的所有形态的劳动产品，包括知识、劳务、资金、物质等形态。

商品是人类有目的的劳动产品，是人和社会需要的物化体现，可以包括实物、知识、服务、利益等。实物商品的整体概念应包含三个层次的内容：核心商品、有形商品和无形商品。核心商品是商品所具有的满足某种用途的功能，是商品整体概念中最基本和最主要的部分。有形商品是商品的外在形式，也是实物商品体本身。商品体即商品的成分、结构、外观、质量、品种、商标、包装等诸多因素构成的有机整体。无形商品又叫附加商品，是指人们够买有形商品时所获得的附加利益和服务。

3.农产品如何商品化

农产品只有商品化以后才能实现农产品在市场上的流通，使生产者增收。农产品的商品化处理大致有三个步骤：采收、采后处理和运输、销售。

采收即是待农产品食用部分充分长成，产品个头达到品种应有的大小，营养物质积累充分，体现该品种应有色色香味以后，将农产品采摘、收获的过程。采收成熟度要考虑其用途和运输方便。

农产品采收处理就是为了保持和改进产品质量并使其从农产品转化为商品所采取的一系列措施的总称。其过程包括：整理、挑选、预贮愈伤、药剂处理、预冷、分级、包装等环节。第一步是整理与挑选，其目的是剔除有机械伤、病虫危害、外观畸形、老叶黄叶等不符合商品要求的产品，以便改进产品的外观，改善商品形象，便于包装贮运，有利于销售和食用。第二步是预冷，是将新鲜采收的产品在运输、贮藏和加工以前迅速除去田间热，将其品温降到适宜温度的过程。预冷是创造良好温度环境的第一步，恰当的预冷可以减少产品的腐烂，最大限度地保持产品的新鲜度和品质。第三步是清洗和涂蜡，它可以改善商品外观，提高商品价值；减少表面的病原微生物；减少水分蒸腾，保持产品的新鲜度；抑制呼吸代谢，延缓衰老。第四步是分级，是将产品收货后按不同销售市场要求的分级标准进行大小或品质分级，增加产品深度。我国农产品的分级一般是在形状、新鲜度、颜色、品质、病虫害等方面已经符合要求的基础上，按大小或者重量分级。第五步是包装，包装是产品标准化、商品化，保证安全运输和贮藏的重要措施。合理的包装可以是农产品在运输中保持良好的状态，减少机械伤、病害蔓延和水分蒸发，避免腐烂变质，提高商品率和卫生质量。另外，其他的采后处理还包括预贮愈伤、保鲜防腐处理、催熟与脱涩等。

二、农产品网络销售包装特性

1.农产品包装的含义及作用

包装是产品生产的继续，产品只有经过包装才能进入流通领域，实现其价值和使用价值。产品包装作为重要的营销组合要素，在营销实践中成为市场竞争中的一种重要手段。

(1)农产品包装的概念 农产品包装具有两个方面的含义：其一，包装是指为农产品设计、制作包扎物的活动过程；其二，包装即指包扎物。一般来说，商品包装应该包括商标或品牌、形状、颜色、图案和材料等要素。在现代营销中，以保护产品为主的传统包装观念已被突破，包装被赋予了更多的意义，已成为产品策略的重要因素，有着识别、便利、美化、促销和增值的功能。包装已成为有力的营销工具。

(2)农产品包装的作用

①保护商品。保护商品是包装最基本和最重要的功能，在产品运输储存过程中，难免会受到一定的冲击、震动及受潮、虫害等外部环境的侵袭，如包装不好，产品就会在运输储存过程中受损。农产品的特殊性使其对包装的保护功能更为严格，农产品的包装还必须要保护农产品的品质和鲜度(图 1-8)。

②方便物流。农产品在流通过程中，要经历无数次的运输、装卸搬运、储存。好的包装可以提高仓库的利用率，提高运输工具的装载能力，还可方便消费者携带、消费(图 1-9)。

③促进销售。包装是产品的无声推销员，能够促进商品销售。在农产品质量相同的情况下，精致、美观、大方的包装可以激发消费者的购买欲望。农产品包装往往给消费者形成第一印象。(图 1-10，图 1-11)。

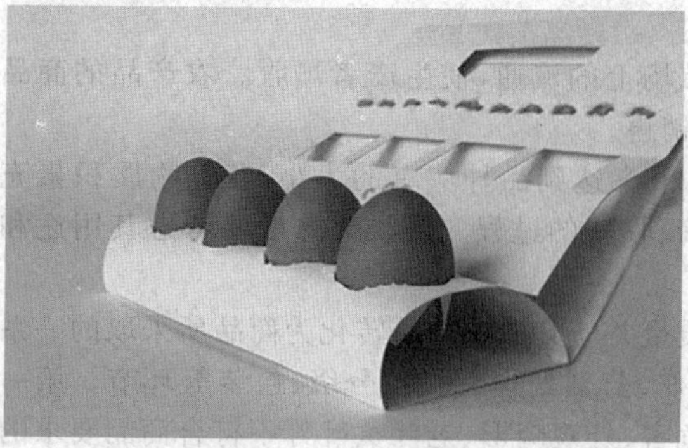

图 1-8 鸡蛋的包装

图 1-9 包装便于搬运

图 1-10 普通散装茶叶

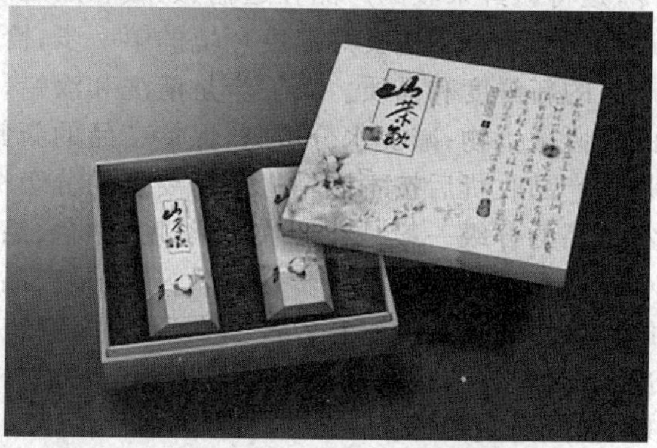

图 1-11 精美的茶叶包装

(3)农产品包装设计的原则 “人要衣装,佛要金装”,商品要包装。重视包装设计是企业市场营销活动适应竞争需要的理性选择。一般来说,包装设计还应遵循以下几个基本原则。

①安全。安全是产品包装最核心的作用之一,也是最基本的设计原则之一。在包装过冬的过程中,包装材料的选择及包装物的制作必须适合产品的物理、化学、生物性能,以保证产品不损坏、不变质、不变形、不渗漏等。

②便于运输、保管、陈列、携带和使用。在保证产品安全的前提下,应尽量缩小包装体积,以便于节省包装材料和运输、储存费用。销售包装的造型要注意货架陈列的要求。此外,包装的大小、轻重要适当,便于携带和使用。

③美观大方,突出特色。包装具有促销作用,主要是因为销售波安装具有美观。富有个性、新颖别致的包装更容易满足消费者的某种心理要求。

④包装与商品的价值和质量水平相匹配。包装作为商品的包扎物,经管有促销作用,但不可能成为商品价值的主要部分。因此,包装应有一个定位。一般来说,包装应与所包装的商品的价值好质量水平相匹配。

⑤尊重消费者的宗教信仰及风俗习惯。由于社会文化环境直接营销者消费者对包装的认可程度,所以,为使包装收到促销效果,在包装设计中,应该深入了解消费者特性,根据不同国家或地区的宗教信仰和风俗习惯设计不同的包装,以适应目标市场的而要求。切记出现有损消费者宗教情感,容易引起消费者机会的颜色、图案和文字。

⑥符合法律规定,兼顾社会利益。包装设计作为企业市场营销活动的重要环节,在实践中

必须严格依法行事。例如,应按法律规定在包装上注明企业名称及地址;对食品、化妆品等与消费者身体健康密切相关的产品,应标明生产日期和保质期等。

⑦绿色环保。包装设计还应兼顾社会利益,坚决避免用有害材料做包装,注意尽量减少包装材料的浪费,节约社会资源,严格控制废弃包装物对环境的污染,实施绿色包装战略。

此外,包装还要与产品价格、渠道、广告促销等其他营销要素相配合,并满足不同运输商、不同分销商的特殊要求。

三、农产品网络销售物流特性

1.农产品物流的概念

长期以来,人们将农产品物流视为农产品流通中的运输、储存和装卸,其实,这种认识是片面的。目前,物流正从传统物流向现代物流过渡。农产品物流是指为了满足用户需求、实现农产品价值而进行的农产品物质实体及相关信息从生产者到消费者之间进行的物理性运动。具体地说,它包括农产品生产、收购、运输、储存、包装、配送、流通加工、分销、信息活动等一系列环节,并且在这一过程中实现了农产品价值增值以及特定组织的利润目标。

2.农产品物流的特点

(1)农产品物流量大　广义上的农业不但包括种植业,而且包含林业、畜牧业、副业、渔业等。如今,不管是粮食、经济作物还是畜牧产品和水产品,都大量转化为商品。它们不仅满足人们生活需要,还向食品工业、轻纺工业、化工工业提供原料。因此,农产品物流的需求量大、物流量大、范围广,要求农产品进行空间范围的合理布局和规划。农产品生产受自然条件制约大,各地因气候、土壤、降水等情况的不同,适宜种植不同的农产品品种。如果某一地区不顾自然条件,盲目种植,其产量和质量均比适宜地区低得多,这样的农产品会因为销售困难而难以进入流通渠道,可能较长时间地储存于仓库,对农产品物流的通常形成障碍。另外,我国农产品物流相对全国全社会物流量来说相对较小,2014 年我国农产品物流额为 303 万亿元,占社会物流比例仅为 1.5%。

(2)农产品物流运作具有相对独立性　农产品自身的生化特性和特殊性决定了它的基础设施、存储条件、运输工具、技术手段等方面具有相对独立的特性。在农产品储运过程中,为使农产品的使用价值得到保障,需采取低温、防潮、烘干、防虫害等一系列技术措施。这要求农产品物流有配套的硬件错事,包括专门设立的仓库、输送设备、专用码头、专用运输工具、装设设备等等。而且,农产品物流中的发、收以及中转环节都需要进行严格的质量控制,以确保农产品品质、质量达到规定要求。这是其他许多商品所不具备的。

(3)农产品物流具有分散性　农业生产的异质性决定了农产品,特别是鲜活农产品,供应主体数量多、规模小。纵观从生产到消费所经历的各个环节,每一个个体生产者就会发现,以他们个人的生产率与市场衔接,根本无法达到规模经济,且交易成本很高。显然,相对于工业品物流,由众多分散的无差异的农户组成物流主体的一部分是农产品,特别是现货农产品物流的一个特性。这种特性决定了农产品运输和装卸比多数工业品要复杂得多,常常需要两个以上的储存点和两次以上的装卸工作,单位产品运输的社会劳动消耗大。只有科学规划农产品物流流向,才能有效地避免对流、倒流、迂回等不合理的运输现象。

(4)农产品物流的非均衡性　农产品生产是以自然再生产为基础的经济再生产过程,自然条件的差异决定了农产品的生产具有明显的地域性。一个品种只能在某个区域或某几个区域生产，并且农产品尤其是植物性产品，受自然条件的影响大，农业生产者不能在一个年度内均匀地分布生产能力，只能随着自然条件的变化在某一特定时期内集中生产某一个品种，因而同一种农产品的市场供给具有明显的区域性、季节性和集中性的特点，成熟季节则在产区集中大量上市，而其他季节又供应不足。这就与社会对农产品的需求具有地域的广泛、时间上的均衡性产生了矛盾，于是农产品物流组织就要在旺季时组织市场营销，同时进行必要的农产品储备，通过适时吞吐，平淡旺季之间的供求波动和价格波动，实现农产品的供求平衡。

3. 生鲜农产品电商物流模式

目前，我国生鲜电商市场物流模式可以划分为：自建物流和第三方物流两种模式。其中采用自建物流模式的电商包括易果生鲜、FIELDS（莆田网）、顺丰优选、沱沱工社、两鲜网、每日优鲜；采用第三方物流模式的电商包括喵鲜生、本来生活、拼好货、佳沃、一米线、许鲜（图 1-12 至图 1-14）。

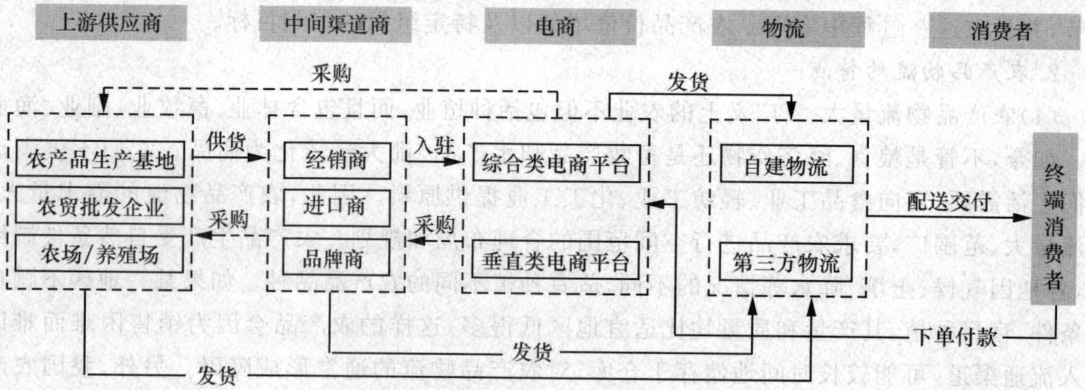

图 1-12　中国生鲜电商供应链结构分析

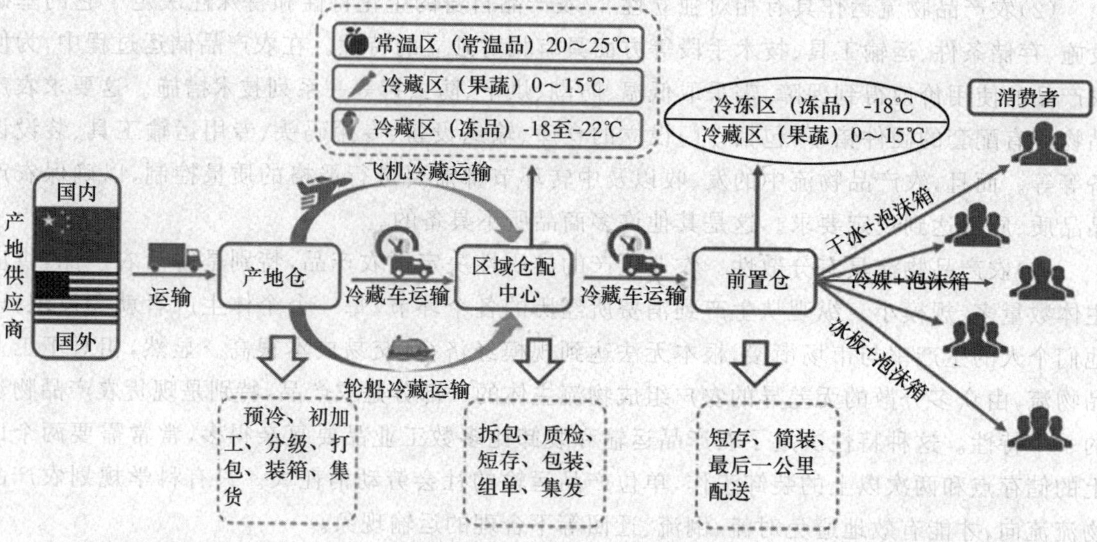

图 1-13　自建物流仓储生鲜电商企业全程冷链配送解决方案

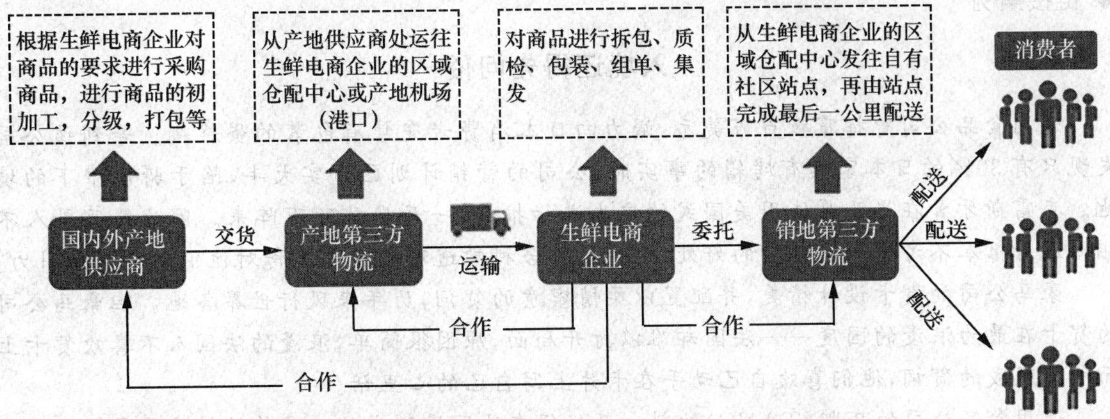

图 1-14　生鲜电商企业与第三方合作的流程及配送模式

任务三　农产品网络环境分析

一、什么是农产品网络营销环境

营销环境是一个综合的概念，由多方面的因素组成。环境的变化是绝对的、永恒的。随着社会的发展，特别是网络技术在营销中的运用，使得环境更加变化多端。虽然对营销主体而言，环境及环境因素是不可控制的，但它也有一定的规律性，我们可通过营销环境的分析对其发展趋势和变化进行预测和事先判断。农产品经营企业可以通过对内部因素的优化组合，去适应外部环境的变化，保持农产品经营企业内部因素和外部环境的动态平衡，使农产品经营企业不断充满生机和活力。因此，对网络营销环境进行分析是十分必要的。

1. 相关概念

市场营销环境是指向企业生存和发展的，直接或间接与企业网络营销活动有关联的因素的总和，它包括内部环境和外部环境或宏观环境（间接环境）和微观环境（直接环境）。所谓农产品网络营销环境，就是指影响农产品生产经营企业网络营销活动的各种内部和外部因素的总和。

2. 构成要素

网络营销环境包含微观环境和宏观环境。微观环境直接影响和制约企业的网络市场营销活动，而宏观环境以微观环境为媒介，间接影响和制约企业的网络市场营销活动。宏观环境与微观环境是网络市场环境系统中的不同层次，所有的微观环境因素都受宏观环境因素制约，宏观环境则通过微观环境发货作用。

网络营销宏观环境包括人口、经济、政治、法律、科学技术、社会文化与自然等不可控制的因素。网络营销人员必须了解宏观环境，否则，企业就不能制定正确的网络营销策略。

网络营销的微观环境是指直接影响企业网络营销能力的各种因素，包括供应商、企业内部、营销中介、顾客、竞争者、公众等因素。

◆ 链接案例

入境还得先问俗

通用食品公司曾挥霍数百万美元，竭力向日本消费者兜售有包装的蛋糕糊。等到该公司发现只有30%的日本家庭有烤箱的事实时，公司的营销计划已事实大半，陷于骑虎难下的境地。克雷斯牙膏在墨西哥使用美国式的广告进行推销，一开始就败下阵来。因为墨西哥人不相信或者根本不考虑预防龋齿的好处，哪怕是符合科学道理的广告宣传对他们也毫无吸引力。

豪马公司的贺卡设计精美，并配置以柔情蜜意的贺词，历年来风行世界各地。但豪马公司的贺卡在最为浪漫的国度——法国却难以打开局面，原因很简单，浪漫的法国人不喜欢贺卡上面印有现成的贺词，他们喜欢自己动手在卡片上写自己的心里话。

通用食品公司的唐牌(TANG)饮料一开始便在法国遭到失败。唐牌饮料是早餐橘子汁的替代产品，在美国市场，通用食品公司经过大肆促销后，唐牌饮料占领了相当部分的原来橘子汁占领的市场，取得了巨大的成果。但是通用食品公司未考虑到：法国人很少喝橘子汁。作为橘子汁的替代产品，唐牌饮料在法国自然也就没有了市场。

荷兰飞利浦公司发现日本人的厨房比较狭小，便缩小了咖啡壶的尺寸来打开市场，同时该公司发现日本人的手比西方人的手要小，于是缩小了剃须刀的尺寸，经过这些改进，该公司才开始在日本盈利。

可口可乐公司曾试图将两公升的大瓶可口可乐打入西班牙市场，但是销量甚小，美国可口可乐公司总部派员调查后认为，大瓶可口可乐滞销是因为在西班牙很少有人用大容量的冰箱。于是停止了销售大瓶可口可乐的计划，改为在西班牙境内销售小瓶可口可乐，结果大获成功。

麦当劳公司打入日本市场时进行促销，设计了“小白脸麦当劳”(RONNIE MCDONALD)的滑稽形象进行广告，结果失败。原因是因为在日本白脸意味着死亡。于是改为采用其在香港促销时用的“麦当劳叔叔”的广告形象，结果当年该公司的营业额翻了四倍。(资料来源：http://www.doc88com/p-679196308388.html)

二、农产品网络营销的宏观环境分析

1. 人口环境

人口是构成市场的基本因素，人口规模的大小决定市场规模的大小。人口的特征，如人口规模、人口年龄结构、地理分布及人口迁移等，都会对市场格局产生深远影响，并直接影响企业的网络营销活动。因此，人口状况是网络营销宏观环境的重要因素。

(1)总体网民的规模　截至2017年6月，我国网民规模达7.51亿，半年共计新增网民1992万人，半年增长率为2.7%。互联网普及率为54.3%，较2016年底提升1.1个百分点(图1-15)。

我国网民规模经历近10年的快速增长后，人口红利逐渐消失，网民规模增长率趋于稳定。2016年，中国互联网行业整体向规范化、价值化发展。首先，国家出台多项政策加快推动互联网各细分领域有序健康发展，完善互联网发展环境；其次，网民人均互联网消费能力逐步提升，在网购、OO、网络娱乐等领域人均消费均有增长，网络消费增长对国内生产总值增长的拉动力逐步显现；最后，互联网发展对企业影响力提升，随着“互联网+”的贯彻落实，企业互联网化步伐进一步加快。

图 1-15　中国网民规模和互联网普及率

(2)手机网民的规模　截至 2017 年 6 月，我国手机网民规模达 7.24 亿，较 2016 年底增加 2 830 万人。网民中使用手机上网人群的占比由 2016 年的 95.1%提升至 96.3%。

移动互联网发展推动消费模式共享化、设备智能化和场景多元化。首先，移动互联网发展为共享经济提供了平台支持，网约车、共享单车和在线短租等共享模式的出现，进一步减少交易成本，提高资源利用效率；其次，智能可穿戴设备、智能家居、智能工业等行业的快速发展，推动智能硬件通过移动互联网互联互通，“万物互联”时代到来；最后，移动互联网用户工作场景、消费场景向多元化发展，线上线下不断融合，推动不同使用场景细化，同时推动服务范围向更深更广扩散。

2. 经济环境

一个国家社会经济运行状况对企业的网络市场营销活动产生直接或间接的影响，企业的网络营销人员必须关心经济环境，并对经济环境做出反应。

(1)消费者收入　消费者收入指的是消费者从各种来源所得到的收入，通常包括工资、奖金、补贴、利息、分红及租金等。消费者的购买力来自消费者的收入，消费者收入水平直接影响市场规模和消费者的支出模式。消费者收入的变化，不仅直接影响从事产品和服务企业的营销活动，而且会间接影响从事生产资料和服务企业的营销活动。

(2)消费者支出模式和消费结构　消费者支出模式是指消费者个人或家庭的总消费支出中各类支出的比例关系。随着社会经济的发展，消费者收入的提高及消费观念的变化，消费者的支出模式及消费结构都会发生变化。企业应追踪这些变化，制定适当营销策略，为消费者提供对路的商品及服务，满足市场需求。

(3)消费者储蓄和信贷　消费者的购买力除了受消费者的收入影响外，还受消费者储蓄和信贷的直接影响。通常，消费者的个人收入不可能全部用于当前消费，而是会把收入中的一部分以各种方式储蓄起来，这是一种推迟了的潜在购买力。当收入一定时，储蓄越多，现实的消费量就越少，但潜在的消费量就越大；反之，储蓄越少，现实的消费量就越大，潜在消费量就越小。收集和分析消费者储蓄信息，制定有效的营销策略，提供适宜的产品和服务，是企业营销人员的任务和职责。

现代市场经济社会是信用经济社会，消费者不仅可以用货币购买其需要的商品，而且也可以用信贷购买商品。消费者信贷就是消费者凭信用先取得商品使用权，然后按期归还贷款的购买商品方式。实际上，这就是消费者提前支取未来的收入，提前消费。因此，企业必须重视对消费者的信用调查研究，避免因顾客无法按期还贷，最终导致企业陷入困境。

◆ 链接案例

星巴克进入中国市场的经济环境分析

1998 年 3 月，星巴克进入台湾，1991 年 1 月进入北京，2000 年 5 月进入上海，目前星克已成为了国内咖啡行业的第一品牌。2016 年 2 月 18 日，媒体报道：星巴克计划未来五年将在中国的店面从 1 900 家增至 4 400 家。

经济环境对任何类型的企业都有着重要的影响，星巴克咖啡在中国同样如此。我国目前处在正在工业化的经济阶段，这一阶段的特点是居民的收入不高但增长很快，我国国民生产总值持续保持高速的增长，自 1991—2009 年，我国年均 GDP 增长速度为 10%，2012 年，城镇居民人均可支配收入 24 565 元，比 1978 年增长 71 倍，年均增长 13.4%。

国民经济的高速增长和居民收入的稳步提高，为星巴克在中国的发展提供了稳定的经济环境，有益于星巴克咖啡在中国进行稳步的市场开拓。此外，从消费结构来分析，我国居民的消费日渐趋于多样化。随着居民收入的增加，生活饮品从过去的茶、白开水到矿泉水，再到今天的各种饮料和流行的咖啡。高收入人群的生活品位逐渐提高，对星巴克咖啡的需求越来越多，对星巴克咖啡在中国的市场扩大越来越有好处。（资料来源：http://www.wm23.com/wiki/138680.htm）

3. 政治、法律环境

政治是经济的集中体现，一国政治路线直接决定着该国的经济政策和对外政策。政治形势的好坏直接影响到经济政策和对外政策的贯彻实施，从而制约着营销活动的方向和目标。若一个国家政局不稳、人心不安，农产品经营企业不能安心生产和经营，也就谈不上制定营销战略。法律是人们必须共同遵守的行为规范，农产品经营企业的一切营销活动，都必须遵守国家的法律、法规。不允许背离，特别是经济法规对营销本身具有更为直接的制约作用。

例如，2005 年 8 月开始，内地放开了对我国台湾地区 18 中水果的进口限制，从而影响到沿海地区热带水果的生产和销售活动。随着我国经济体系、政治体制改革的逐步深入，我国农产品经营者会在一个更为开放、民主、法制化的经济管理体制和政治环境中运行。

4. 科学技术环境

现代社会生产力水平的提高主要依靠设备的技术开发，创造新的生产工艺、新的生产计划流程。同时，技术开发业扩大和提高了劳动对象的利用广度和深度，不断创造新的原材料和能源。例如，农业技术的不断改进，对农产品的成活率、产量、质量、口味等都有着重要的影响。科学技术的发展使产品更新换代速度加快，产品的市场寿命周期缩短。农业科学技术的发展也使名、优、特、新的蔬菜、水果、花卉新品种不断在市场上推出，炙手可热的技术和新产品转瞬间成为“明日黄花”。这要求农产品经营者不断地进行技术革新、更新品种，赶上技术进步的浪潮。市场营销人员也应顺应产品发展的形势，采取相应的对策。

人工智能（AI）现在已经不是一个新鲜概念，随着技术的日益成熟，人工智能正不断扩大在营销领域的应用，已经有许多AI技术被应用到企业的营销推广中。广告投放就是AI在营销中的应用之一。在广告投放中应用AI技术后，系统可以通过多个维度来判断投放对象与目标消费群体的契合度，并根据分析结果，给出不同的投放方案。除了广告投放，AI在营销中的应用还涉及销售情报、消费者洞察、营销优化、售后服务、机器人/虚拟助手、智能搜索界面、决策系统、内容生产、品牌建设等方面。

VR和AR同样是近来网络营销领域热门的话题，在网络营销推广中，不少企业已经开始使用这一模式，增强用户的体验。目前，VR和AR多应用在眼镜技术上，应用于浏览器正处于探索阶段。VR和AR技术的具体应用是建立在大数据分析的基础之上的，在使用中，用户在浏览画面用“目光”点击某一个东西，随即就调出了该产品的相关关键词或信息推荐给拥护，并且引导用户深度点击，进而推广相关的商品。大数据是人工智能的二维展现，VR和AR则是融合了大数据实现人工智能的三维空间的展现。利用大数据与VR、AR能把更好的信息推送给用户。例如近来淘宝推出的AR购物。

5.社会文化环境

文化是指在某一社会里，人们所共有的、由后天获得的各种价值观念和社会规范的综合体，即人们生活方式的总和。它包括各种社会组织、生活规则、信仰、艺术、伦理道德、风俗习惯、法律、审美观、语言文字等。

(1)价值观念　价值观念就是人们对社会生活中各种食物的态度和看法。在不同的文化背景下，人们的价值观念相差很大。消费者对农产品的需求和购买行为深受其机制观念的影响。一种新产品的消费，会引起社会观念的变革。对于乐于变化、喜欢猎奇、富有冒险精神、较激进的消费者，应重点强调农产品的新颖和奇特；而面对一些比较注重传统、喜欢沿袭传统消费喜欢的消费者，农产品经营企业在制定促销策略时最好把产品与目标市场的文化传统联系起来。

(2)风俗习惯　风俗习惯是人们在特定的社会物质生产条件下长期形成的风俗、礼节、习俗、惯例和行为规范的总和。它主要表现在饮食、服饰、居住、婚丧、信仰、节日、人际关系、心理特征、伦理道德、行为方式和生活习惯等方面。不同的国家、不同民族有不同的风俗习惯，它对消费者的消费偏好、消费模式、消费行为等具有重要的影响。例如，我国各地有不同的饮食习惯，八大菜系各具特色，对蔬菜的选择也各不相同。营销者应了解和注意不同国家、民族的消费习惯和爱好，做到“入境而问禁，入国而问俗，入门而问讳”。有如，不同的国家对化肥的种类和颜色有不同的禁忌、习俗等，因此园艺类农产品经营者要从事此类产品营销时，一定要了解其风俗习惯。

(3)宗教信仰　不同的宗教信仰有着不同的文化倾向和戒律，从而影响人们的生活态度、价值观念、购买动机、消费倾向等，形成特有的市场需求，这与营销活动有密切关系，特别是在一些信奉宗教的国家和地区，宗教信仰对市场营销的影响力更大。农产品经营企业应充分了解不同地区、不同民族、不同消费者的宗教信仰，生产适合其要求的产品，制定适合其特点的营销策略。

◆ 链接案例

“指南针地毯”热销

在阿拉伯国家，虔诚的穆斯林教徒每日祈祷，无论是居家或是旅行，祈祷者在固定时间都要跪拜于地摊上，且要面向圣城麦加。结果，比利时地毯厂厂商范德维格，巧妙地将扁平的“指南针”嵌入祈祷用的小地摊上，该“指南针”指的不是正南正北，而是始终指向麦加城。这样，伊斯兰教徒们只要有了他的地毯，无论走到哪里，只要把地毯往地上一铺，便可准确找到麦加城的所在方向。这种地毯一上市，立即成了抢手货。（资料来源：http://www.ycxy.com/cn/jpkc/2013/27460.html）

(4)教育水平　受教育程度的差异会导致消费观念和消费结构明显的不同，如花卉、高档水果与蔬菜在受教育水平高的群体中的销量远远大于受教育水平低的群体。在受教育程度高的城市和地区开发农产品市场、制定营销方案、进行广告策划宣传等方面，要有一定的文化品位，知识含量要尽量符合营销目标人群的文化欣赏习惯和审美要求。

6.自然环境因素

各种自然环境因素如气候、地形、生物资源、生态系统等都会对农产品的生产、营销活动产生直接或间接的影响，有时这些影响对农产品的生产、营销活动产生直接和间接的影响，有时这些影响对农产品的生产经营起着决定性作用。农产品生产经营企业营销者应注意以下3种趋势。

(1)自然资源或原材料的短缺　随着国民经济发展和生活水平的提高，自然资源尤其是土地资源日渐短缺。城镇建设用地的增加使得城郊生产农产品的基地日益减少，供应量也逐渐降低，远郊农产品经营企业就会有更多的发展机会。同时，农产品经营企业应尽可能从可持续发展角度出发，合理有效地利用有限的土地资源。例如，沙漠化会对某些农产品特别是植物花卉造成很大的影响。

(2)自然环境影响农产品的品种结构和质量　我国地域辽阔，各种自然资源的丰缺及组合状况不同，导致农产品的种类因地而异，形成了各地不同的产业结构、生产结构和产品结构。同时，环境的差异使得不同地区生产的同一种产品的质量存在较大差异，形成了独具特色的地方名、优、特农产品。农产品的生产经营者要最大限度地利用当地自然环境优势，生产独具特色的产品来赢得市场，还要不断地分析和认识自然环境的变化，根据不同的环境情况来规划、生产和销售产品。例如，冬季南菜北调进入东北地区销售的蔬菜、水果和花卉在储运中就要注意保暖，进入华南、中南地区销售就应注意散热，而且要考虑北方地区室温栽培蔬菜的数量和品种。

(3)环境污染日益严重　污染已成为举世瞩目的问题。目前，我国的污染主要是工业“三废”、农业污染、生活污染、放射性污染等，这些污染已对农产品生产环境造成严重影响。对此，我国政府采取了一些了措施，对环境污染问题进行控制，同时对农产品的质量标准也提出了严格的要求。

环境污染一方面限制了某些行业的发展，另一方面也为农产品经营企业提供了3种营销机会：一是为治理污染的技术和社会提供了一个大市场；二是为无公害或绿色农产品的销售提供了巨大空间；三是为不破坏生态环境的新生产技术和包装方法创造了营销机会。因此，农产品生产经营者要了解政府对资源使用的限制、对污染治理的措施和无公害农产品质量标准，力争做到既能减少资源浪费、减少环境污染，又能生产出无公害的绿色产品，以此来保证农产品经营企业的发展，提高经济效益。

三、农产品网络营销的微观环境分析

农产品网络营销的微观环境又称为农产品网络营销的行业环境，与企业紧密相连，对企业营销活动产生直接影响的各种组织和力量，它包括供应商、企业内部、营销中介、顾客、竞争者、公众等几个部分。企业的营销活动能否成功，除营销部门本身的因素外，还要受到这些因素的直接影响（图 1-16）。

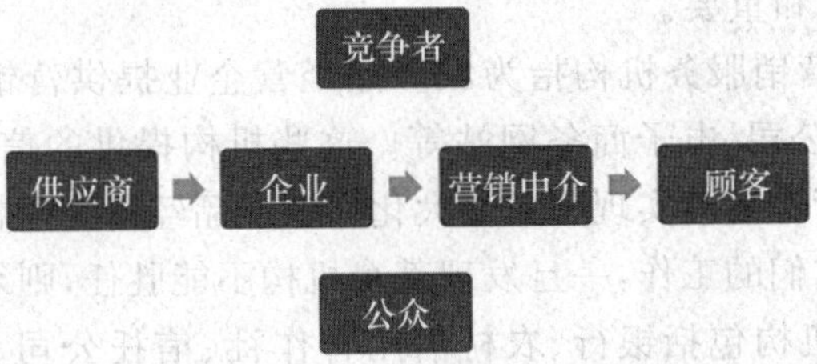

图 1-16　企业微观环境组成要素

1. 供应商

供应商是指向农产品经营企业、生产专业户和其他竞争者提供生产与经营所需资源的单位和个人。农产品供应商提供的资源包括种子、农药化肥、生产工具、生产器械等。农产品供应商所供原材料价格的高低、质量的优劣、交货是否及时、供应是否稳定等都会影响农产品经营企业和生产专业户产品的质量、成本、价格、利润和上市时间，从而影响农产品的销售。

农产品供应商对于农产品网络营销的影响主要表现在：一是供应的及时性和稳定性，这是营销活动顺利展开的基础和前提。例如销售精品水果的农户在收购水果后，还需根据水果的重量，品相等进行分类和包装，任何一个环节在供应上出现问题，都会导致销售者的生产活动无法正常展开。为此，销售者应和供应商保持良好的关系，及时了解和掌握供应商的情况以在时间和连续性上得到货源供应的保障。二是供应产品的价格变化。供应产品价格变动会直接营销产品的成本。因此，企业必须密切关注和分析供应商的货物价格变动趋势。三是供货的质量保证。企业必须了解供应商的产品，分析其产品的质量标准，从而保证自己产品的质量以赢得客户和市场。因此，企业除了要主动与供应商保持长期稳定的关系，还要建立广泛的购货渠道。

2. 企业内部

农产品经营企业是指生产农产品的农户、基地或公司等，也包括农业科技园区、产供销一条龙的贸易公司等。农产品经营企业中影响营销的主要因素有投资者和管理层。营销内部环境的一个要素是企业的组织结构，这主要是指企业营销部门与企业其他部门之间在组织结构上的相互关系。营销部门在整个企业组织中的地位影响到营销活动能否顺利进行。

而在农产品网络营销过程当中农户或企业自身对网络的熟悉程度也成为制约其发展的主要因素之一。学习使用软件、网络用语及进行网络推广是企业提高自身业务水平的重要一环。

3. 营销中介

营销中介组织帮助农产品经营企业或农产品生产专业户对农产品进行促销、销售并分销给最终购买者。主要包括中间商、货物储运公司、营销服务机构和金融机构等。

(1)中间商　中间商是协助农产品经营企业进行促销、销售以及配销等经营活动的中介组织，主要包括购销公司、经纪人、批发商和零售商（摊商、连锁店、超市）等。中间商负责帮助农产品经营企业或农户寻找顾客，为农产品打开销路来促成销售活动。中间商的工作效率和服务质量会直接影响到农产品的销售情况，所以选择中间商也是营销活动中重要的一步。

(2)货物储运公司　货物储运公司是帮助农产品生产者进行产品保管、储存保鲜以及运输的专业农产品经营企业，主要包括仓储公司、物流公司等。储存成本、运输费用、安全期和交货期等因素都是在选择货物储运公司时应考虑的。近年来，随着仓储和运输手段的现代化，货物储运公司的功能越发明显和重要。

(3)营销服务机构　营销服务机构指为农产品经营企业提供营销服务的各种机构，如营销调研公司、财务公司、广告公司、电子商务网站等。这些机构提供的信息可以帮助企业精确地进行产品定位，以便企业的营销活动实现利益最大化。农产品经营企业在面对众多的服务机构，需要谨慎的选择，定期检查它们的工作，一旦发现某个机构不能胜任，则须另找其他公司代替。

(4)金融机构　金融机构包括银行、农村信用合作社、信托公司、保险公司等，它们可以为农产品经营企业提供融通资金或信用担保，以促进交易，帮助农产品经营企业克服临时性的资金周转困难。

4.顾客

顾客是农产品销售的目标市场，是农产品经营企业服务的对象，也是农产品的直接购买者(包括最终消费者和农产品加工、经营企业)或使用者。产品经营企业和专业户要仔细地了解顾客市场，根据不同市场的特点更好地树立以顾客为中心的经营思想。农产品的顾客市场一般划分为三类：消费者市场、产业市场和再销售市场。

消费者市场由为了个人生活消费而购买的个人和家庭构成。消费者市场的需求是最终需求，最终需求是因消费者需要而产生的需求。例如消费者对西瓜的需求是最终需求，对西瓜需求的大小不仅决定了西瓜产品市场的需求规模，而且也对生产西瓜的相关产业起了决定性的作用。

产业市场是为了生产和销售其产品而进行购买的组织或个人构成产业市场，例如农产品加工市场，也被称为中间需求。中间需求如果能够转化为最终需求，即为真实需求，否则为虚假新需求。因此，农产品加工市场需要辨析真实需求和虚假需求，把握正确的营销发展方向。

再销售市场是为了把产品再次销售出去而进行购买的组织或个人，目的是为了从买卖中赚取差价从中盈利。在再销售的过程中，这些中间商市场也需要向顾客提供相应的服务，完成相应的营销职能。

5.竞争者

农产品经营企业在目标市场进行营销活动时，不可避免地会遇到竞争对手的挑战。竞争对手的营销战略及营销活动的变化会直接影响到农产品经营企业的营销。竞争主要体现在竞争对手的价格、广告宣传、促销手段的变化和力度、新产品的开发、售后服务等。因此，产品经营企业必须密切关注竞争者的市场活动，并采取相应的对策与措施。竞争者也被分为愿望竞争者、类别竞争者、产品形式竞争者、品牌竞争者。

6.社会公众

产品经营企业社会公众是指对产品经营企业、基地、专业户的生存和发展具有实际和潜在利害关系或影响力的一切团体和个人。主要有金融机构、媒体、政府、保护消费者权益组织、社区等。公众对产品经营企业营销方式的态度、企业营销行为对公众利益的影响，两者之间有着极强的内在联系。随着商品经济的高度发展，农产品交易日益复杂，人与人之间的相互交往及社会联系更为频繁和多样化，这就出现一种作为社会现象的公众关系，为此，处理好公众关系就成为产品经营企业营销活动顺利进行所不可缺少的重要因素。

◆ 链接案例

新疆葡萄干畅销欧美 出口大幅增长

据新疆出入境检验检疫局植检处的工作人员介绍，去年新疆农产品出口经历了人工工资上涨、农产品原料价格上涨及人民币汇率升值的情况。即使如此，去年该局共检验检疫出口葡萄干 303 批、7 161.025 吨，货值总额为 1 618.7969 万美元，同比分别上涨了 40.28%、52.99%和 68.02%，呈逆势上扬态势。

新疆吐鲁番盆地是中国重要的葡萄生产基地，这里种植了 50 万亩葡萄，其葡萄年产量约 50 万吨，拥有的葡萄品种多达 100 余种，吐鲁番的葡萄干产量更是占全国的四成多，新疆九成的葡萄干产自吐鲁番地区。

据了解，欧洲和美国市场对新疆的红色葡萄干非常感兴趣，这是他们传统食品面包的重要添加作料；而在东南亚市场，绿色的葡萄干深受欢迎，成为不可多得的休闲食品。

从事葡萄干物流项目的吐鲁番宋峰物流公司董事长宋保宪称，2011 年经该公司中转贸易的葡萄干已达 20 万吨，品种达 100 余种。该公司生产的葡萄干，经过深加工后，以小包装方式进入全国市场，也有代加工合作伙伴，通过长途运输，将其葡萄干运送至边境，出口欧美及东南亚地区。

新疆吐鲁番红柳园艺场党委书记表示，产自园艺场的葡萄是新疆葡萄中的上品，葡萄品种多达 146 种，尽管去年葡萄因减产而价格飙涨，但依然供不应求。新疆地产优势农产品在国际市场上的竞争力逐步增强。

宏观环境：

品种	地区市场	最高价	最低价	均价/(元/千克)
巨峰葡萄	新疆石河子	0	0	10
巨峰葡萄	新疆北园春	10	10	10

一是农产品加工程度低，出口品种单一、初级产品居多，技术创新能力薄弱，缺乏品牌产品，多数农产品出口规模不大。并且，国外技术壁垒对农产品出口形成很大影响，譬如日本于 2006 年开始实施的《食品中残留农业化学品肯定列表制度》。新疆农产品如：番茄酱、肠衣、哈密瓜出口已遭遇国外技术贸易壁垒。

二是特色农产品出口基地建设滞后，标准化生产水平不高，出口农产品的质量安全管理体系仍有待加强。

三是新疆出口商品的运输线长，农产品运输成本高，同时新疆鲜活农产品如：水果、蔬菜，出口季节性强，由于铁路运力紧张，离港口之运距较长，运输成本增加，致使农产品及其加工制品大量积压，削弱了新疆农产品出口竞争力。

四是目前新疆口岸物流仅限于装卸等简单配套服务，中方物流在中亚五国几乎没有影响力，远未形成真正的物流产业链。新疆物流业发展的相对滞后，不利于新疆形成内陆国际商品集散地功能和过境货物周转功能，更无法形成对周边国家经济的辐射作用。此外，中亚各国的物流业也处于起步阶段，据亚行数据，中亚地区总的运输费用占进出口总额的 17%～21%，而亚洲物流运输费用占进口额的 8.4%，世界平均数仅为 6.1%。物流业发展相对滞后，对新疆农产品进出口运输特别是储藏、配送增值服务 带来直接影响,不利于农产品贸易。

五是缺乏支持农产品开拓国际市场、加强营销方面的优惠政策措施。推动新疆农产品出口贸易需要制定一系列国际市场开拓计划和措施,需要农业、金融、保险、外贸、检验检疫、海关等多部门的通力合作和政策支持,但中央及地方促进政策对这些领域支持的活动及资金力度不够。

微观环境:

从整体看,该地区农产品生产经营情况存在以下问题:①果蔬质量不高。突出表现为果蔬整齐度不一致,果蔬形不正,农药残存量偏高;②栽培技术相对落后。多数产区仍沿用传统的高产栽培技术,产量增加,质量下降。如该区甜菜产量增长,但含糖量已由原来的16%~17%,下降到13%~14%;③果蔬采摘后商品化处理程度低,产品包装差,品牌意识不强;④该地区农产品价格高于国际市场价,市场竞争力不强;⑤检验标准与国际标准不接轨,如我国棉花检验用的是标准重量,而国际上通用毛重或净重,往往引起经济纠纷,导致外商索赔。

发展该地区外向型农业,需要一批农业龙头企业,需要具有国际竞争力的农产品,更需要得到社会各方面的大力支持。根据目前该地区农业发展现状,我们认为主要抓好以下几方面工作:

第一,认真贯彻中央一号文件和关于新疆发展稳定的十一号文件,按照自治区党委六届八次全委(扩大)会议发展农产品生产、出口,促进农业收增效的工作部署,大力推进粮食、棉花、畜牧业,林果业四大基地建设,大力发展现代畜牧业,利用新疆区位优势,开拓周边国家市场,发展该地区外向型农业产业。

第二,尽快建立适合该地区农产品出口的贸易促进体系和机制。积极争取国家对该地区发展农产品对外贸易的扶持政策,在农产品出口促进资金和其他扶持资金上给予倾斜,创造相对稳定的政策环境,以利于调动企业发展农产品出口的积极性。利用现有的外经贸政策,如中小企业国际市场开拓资金,鼓励企业走出去,积极参加国际展览会,商品展示、展销和推介等活动,促进该地区农产品的出口。

第三,积极培育农产品出口经营主体,大力扶持该地区现有农业产业化龙头企业,尽快形成一批具有较强开拓国际市场能力的重点企业,大力支持企业走外向型农业发展之路。

第四,从源头抓起,指导农民科学育种、种植,合理使用化肥,建立健全农产品种植基地、出口加工企业质量安全管理体系、检验检测体系和农产品标准化体系。

第五,发展该地区外向型农业经济,加快产业结构调整步伐。以市场为导向,认真研究市场容量,制定中长期发展计划。大力扶持农业龙头企业发展外向型农业产业,如建立番茄加工业、园艺林果加工业,形成布局合理,品质优良的农产品种植和加工基地,进一步推进产业化进程,提高农产品的出口规模。

第六,加快产品结构调整,不断提高农产品市场竞争力。对农产品进行深加工,延伸加工链,扩大产品品种,开发适销对路产品,提高产品科技含量和出口附加值。注重品牌意识,在产品包装上下功夫,对已经具有知名品牌的香梨、番茄、红花、葡萄、枸杞、啤酒花、哈密瓜等产品,进一步提高质量,努力开拓国际和周边国家市场。

第七,建立信息咨询服务体系。为农产品出口企业及时了解国际市场行情,如国际市场容量、价格、消费水平和习惯、进口国农产品质量标准、农药残留限量标准等,提供方便、准确、快捷和有效的服务。

(资料来源:http://wenku.baidu.com/view/24c861260066f5335a81211c.html)

任务四　农产品网络消费用户画像

交互设计之父 Alan Cooper 最早提出了用户画像(persona)的概念,认为"用户画像是真实用户的虚拟代表,是建立在一系列真实数据之上的目标用户模型"。通过对客户多方面的信息的了解,将多种信息集合在一起并形成在一定类型上的特征与气质,这就形成了用户的独特的"画像"。

对于农产品网络消费者而言,构建其用户画像,一是可以提升农产电商平台的服务水平和用户体验;二是可以加强用户生命周期的管理,维护用户,防止用户流失,提升活动效果等;三是通过用户画像找到平台的目标用户,针对用户的偏好达成购买,并且实现向用户精准推送个性化的农产品、使企业集中利用有限的营销资源,以获得比较高的投资回报率。

一、农产品网络消费数据抽取

在农产品电商盛行的时代,网上购买农产品所留下的数据痕迹为我们了解客户的消费和购物需求提供了十足的抓手。我们通过对用户的个体消费能力、消费内容、消费品质、消费渠道、消费刺激的长时间多频次的建模,可为每个客户构建一个精准的用户画像。而且,用户画像随着社会大数据信息的激增,可以说越来越丰富,越来越精细。对于农产品网络消费者数据我们应该怎样抽取呢?

用户基础数据可以分为静态数据和动态数据两个方面,用户画像模型应当能够根据提供的数据采用合理的方法来准确、全面、规范、合理的描绘出用户信息及各种属性,并且能够根据所描绘出的用户信息对用户进行分群,用户群的内部可以体现明显的相似性,各个用户群间则能够体现出不同的差异性,见图 1-17。用户静态属性是指平台用户的基本属性,包括性别、年龄、学历、职业、地区分布(省份、城市等),还包括用户的购买能力行为特征、兴趣爱好、心理特征、社交网络等,目的是确定用户来自哪里,基本情况如何;动态数据包括网络行为数据、平台内用户行为数据、用户内容偏好数据、用户交易数据这四类。网络行为数据包括:平台上的活跃人数、访问/启动的次数、页面的浏览量、访问时长、装机量、激活率、渗透率和外部触点等;平台内用户行为数据包括:用户的浏览路径、用户在页面的停留时间、用户访问深度、唯一页面浏

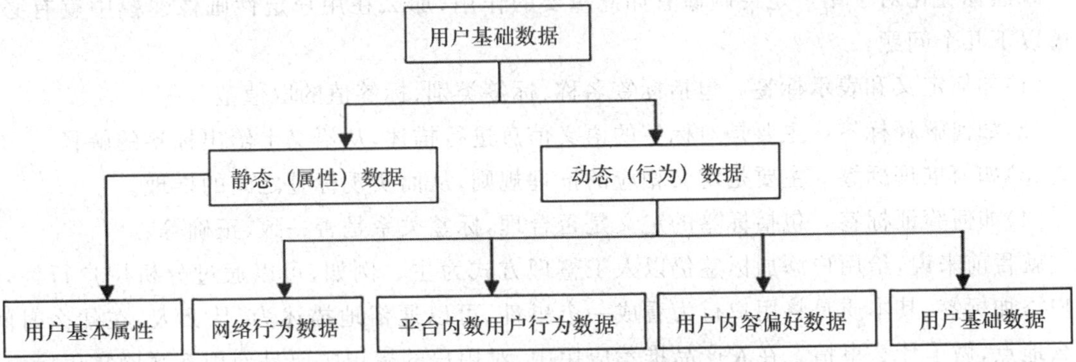

图 1-17　用户基础数据结构图

览次数、直接跳出访问数、进入和离开的页面等；用户内容偏好数据包括：用户登录平台的时间/频次、浏览/收藏的内容有哪些、评论内容、互动内容、生活形态偏好、品牌偏好、地理位置等；用户交易数据包括：贡献率、客单价、连带率、回头率、流失率、促销活动转化率、唤醒率等。

由此可见，静态(属性)数据往往用于刻画相对静态的画像，而丰富的大量的用户行为数据，则是用于捕捉动态画像的重要数据来源，相比于农产品网络消费者的静态(属性)数据，农产品网络消费者的动态(行为)数据更能准确地描述用户特征，是推荐系统中设计用户画像最为重要的数据来源。

此外，大数据时代可以获得用户方方面面的行为数据，从而较大程度地接近全样本，可以更为精准的勾勒用户，推荐结果也更加精确，大大提升用户的体验。但不可忽略的是，用户画像的获取不可避免地要收集用户的个人信息，因此，数据隐私是用户画像应用中应该关注的重大问题。

二、农产品网络消费者用户标签

标签通常是人工定义的高度精练的特征标识，如年龄阶段标签(儿童、青年)，地域标签(北京、上海)。语义化和短文本是标签呈现出的两个重要特征，其中语义化特征赋予标签一定的含义，使人能够很容易理解这些标签；短文本特征使标签本身无须再做过多文本分析等预处理工作，这也方便了计算机的标签提取、聚合分析过程。

用户画像通常包含定性画像和定量画像两个部分，其中定性画像主要包括用户的基本特征、行为刻画、兴趣模型等，定量画像主要包括用户基础变量、兴趣偏好等可量化的数据特征。相比于用户定性画像，用户定量画像相对比较简单。

标签化是用户定性画像的核心，标签化的用户画像既方便人们的理解，又方便计算机分析和程序化处理。标签化之后，首先，计算机可以自动完成分类统计功能。例如，可以统计喜欢购买新品种农产品的用户有多少，还可以进一步进一步统计喜欢购买新品种农产品的人群中男、女比例是多少。其次，计算机也可以根据这些标签进行深度挖掘。例如，可以利用关联规则计算用户年龄和喜欢农产品品种的关系，还可以利用聚类算法分析喜欢购买新品种农产品用户的年龄段分布情况。将标签信息与用户的农产品浏览、购买行为数据相结合，就可以进一步预测用户的喜好，这对于搜索引擎、广告投放等应用领域，都有着显著的意义。

既然标签化对于用户定性画像有如此重要的作用，那么在用户定性画像建模中就有必要考虑以下几个问题：

(1)如何定义和表示标签　包括标签名称、标签类别、标签值的取值范围等。

(2)如何解释标签　主要是对标签的语义信息进行描述，从语义上给出标签的解释。

(3)如何推理标签　主要是定义相应的推理规则，从而实现标签之间的推理。

(4)如何验证标签　包括标签的定义是否合理，标签关系是否一致、正确等。

就目前来说，给用户添加标签仍以人工整理方式为主。例如，可以通过分析用户行为，给用户添加标签，其本质是将用户行为看成一个事件，可以通俗地描述为：什么人，在什么时间、什么地点，做了什么事情。在农产品推荐应用中，对用户的标识主要是使用互联网常用标识方法，如表1-1所示。

表 1-1　互联网常用用户标识方法

用户标识方式	特点	局限性
Cookie	能够标识匿名、未注册用户	通常有一定的有效期，不易跨浏览器、设备
注册 ID	网站的用户标识	用户注册意愿低，需要投入大量推广运营成本
E-mail	互联网早期常用的用户标识方式	一个用户可能有很多 E-mail，此标识会损失准确性
微信、微博、QQ	互联网共识的第三方登录 ID，提供 OAuth 授权机制	标识具有准确性和持久性
手机号	移动端最精准的标识	较难获取到，视产品激励用户意愿
身份证	最官方的标识	难获取到，视产品激励用户意愿

在使用标签表示用户定性画像的基础上，还可以进行用户调研，根据目标、行为和观点的差异，将用户区分为不同的类型，在每种类型中抽取出典型特征。例如，一些个人基本信息，家庭、工作、生活环境描述，赋予一个名字、场景等描述，就形成了一个典型用户画像。人物角色一般会包含与产品使用相关的具体情景、用户目标或产品使用行为描述等。为了让用户画像容易记忆，可以用具体的名字、标志性语言、几条简单的关键特征进行描述。一个产品通常会设计 3～6 个标签代表所有的用户群体。

从以上所述可以看出，标签是用户定性画像的基础，如何表示、解释、推理、验证标签是用户定性画像建模的关键。

三、农产品网络消费用户画像呈现

用户画像的核心工作就是给用户贴上“标签”，而一个用户标签通常是高度精练的用户特征标识，比如用户的年龄、性别、地域、用户偏好等，最后去除特征权重较小、重合度很高的特征标签后，将用户的所有标签都整合起来，就能够比较准确地勾画出该用户的立体画像了。一般认为，农产品电商有平台类、过渡类、社交类和综合类四大类型，当为农产品网络消费用户画像时，首先要从战略的角度进行解读，不同电商平台实现的战略目标一般不尽相同，有的平台是想提升农产品的服务质量、有的平台是想实现精准的营销活动，还有的是想提升用户的价值等。正因为如此，用户画像构建时用户特征的选取就会有所区别。因此，首先需要明确用户画像平台的战略意义，平台建设目标和效果预期，才能有针对性地开展实施工作。其构建流程大致包括三个阶段，如图 1-18 所示。

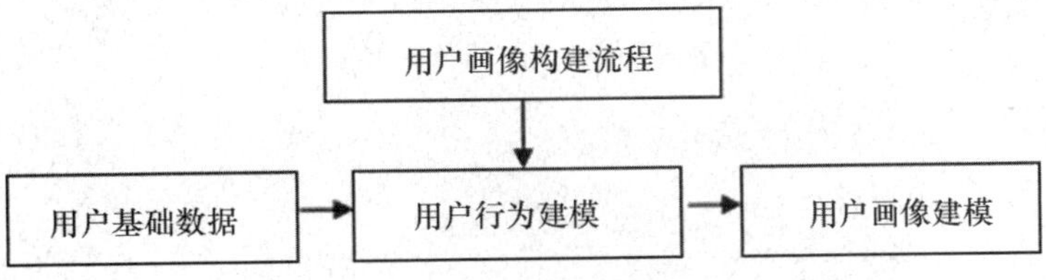

图 1-18　用户画像构建流程

用户画像作为一种刻画目标用户，链接用户需求与系统设计的有效工具，已经在各个领域得到了广泛的应用。用户画像的表现形式众多，常见的有：

1. 关键词法　即一组代表用户属性的特征词。

2. 评分矩阵法　以二维矩阵的行来表示用户，列表示特征项目，行列的交叉点为某用户对某特征项目的评分。

3. 向量空间表示法　给出一组关键词及对应的比重。

4. 本体表示法　以本体模型存储用户的属性和关系。

◆ 知识测试

一、单选题

1. 营销的中心是（ C ）。

A. 欲望　B. 交易　C. 需求　D. 利润

2. 下列关于网络营销的描述正确的是（ C ）。

A. 网络营销强调的是交易方式和交易过程各个环节的电子化

B. 网络营销是一个完整的商业交易过程

C. 网络营销是为促成交易提供支持

D. 实体交易不需要网络营销

3. 农产品网络营销的实施基础是（ B ）。

A. 搭平台　B. 商品化和品牌化　C. 做推广　D. 做促销

4. 农产品包装最基本和最重要的功能是（ A ）。

A. 保护商品　B. 方便物流　C. 促进销售　D. 产品价值增值

5. 以下哪个是自建物流模式的农产品电商（ B ）。

A. 喵鲜生　B. 易果生鲜　C. 本来生活　D. 许鲜网

二、简答题

1. 农产品如何商品化？

2. 农产品网络营销环境分析包括哪些内容？

3. 构建农产品网络消费者用户画像的目的是什么？

项目二　农产品网络调研与数据分析

◆ 知识目标

- 熟悉农产品网络调研的概念
- 了解农产品网络调研的特点
- 掌握农产品网络调研的方法
- 掌握农产品网络数据分析方法

◆ 能力目标

- 能够进行农产品网络调研
- 能够进行农产品数据分析

◆ 目标任务实施方案

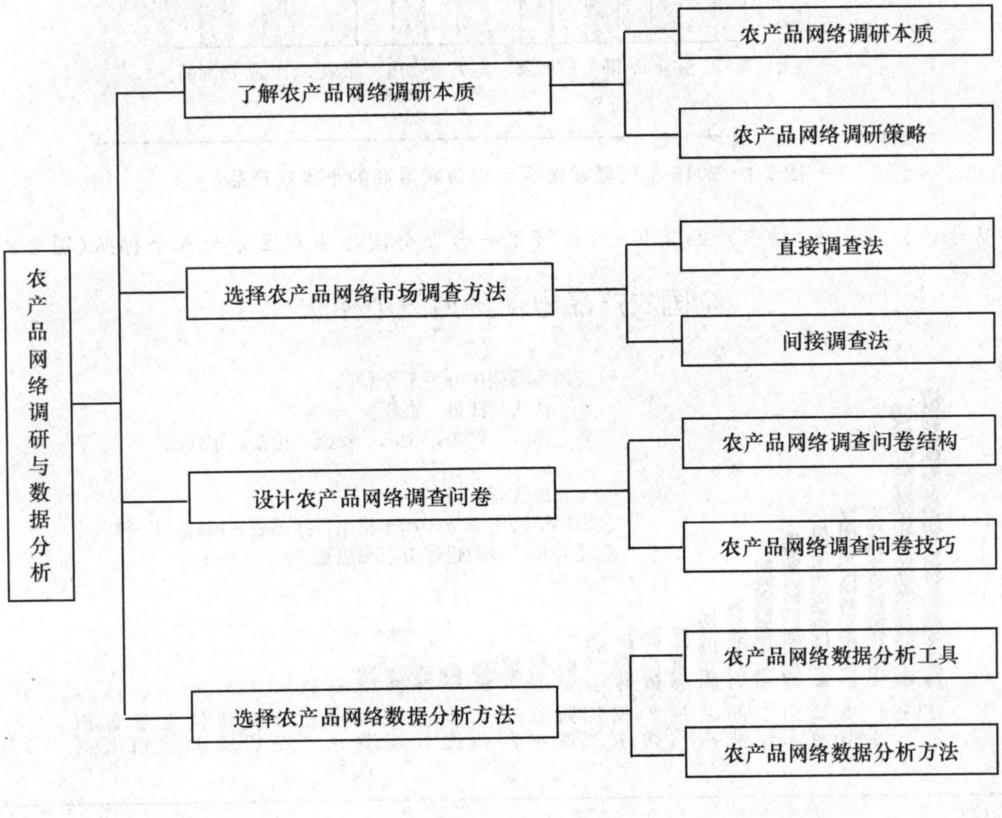

◆ 引导案例

从“客厅革命”到“厨房革命”
——阿里农产品电子商务白皮书 2016

一、阿里农产品交易额首超千亿元

白皮书数据显示，2016 年阿里巴巴平台农产品交易额超过 1 000 亿元，同比增速超过 40%。增长速度超过平台总体 20%多的增速，反映出农产品电商良好的增长势头。

从品类来看，2016 年在阿里平台销售额最高的农产品是坚果，超过 100 亿元，紧随其后的是茶叶和滋补品，第四至第十位依次为果干、水果、肉类熟食、饮用植物、绿植、水产品和奶制品。

与 2015 年相比，2016 年坚果超越茶叶、绿植超过水产品，其他八个品类排名不变。这反映出消费者对坚果、绿植钟爱有加，同时消费结构相对稳定(图 2-1)。

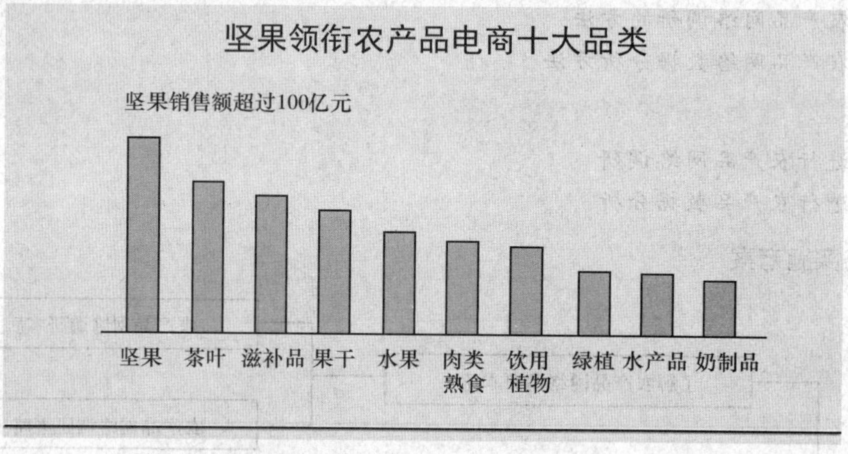

图 2-1 2016 年阿里零售平台销售额最高的十类农产品

再从地区分布上看，按农产品销售额，在阿里平台上全国各省市区分为五个梯队(图 2-2)。

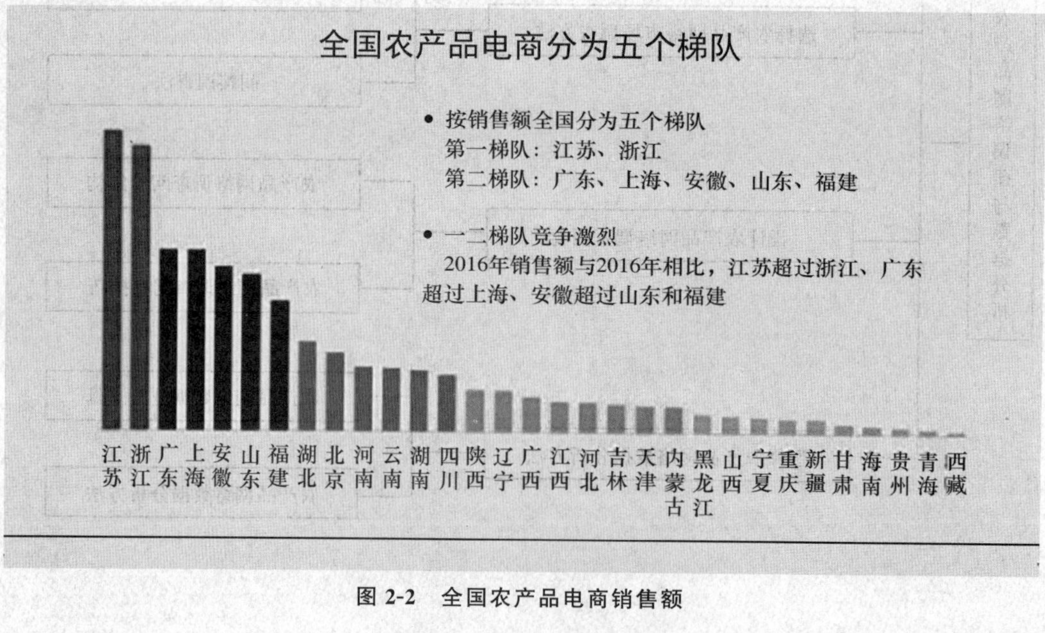

图 2-2 全国农产品电商销售额

第一梯队由江苏和浙江构成，其农产品销售额均超过100亿元，领先优势明显。在江苏，苏州的增长贡献最大，新增贡献度达70.4%。在浙江，杭州的增长贡献最大，新增贡献度达55.0%。

第二梯队包括广东、上海、安徽、山东和福建。一二梯队竞争激烈，与2015年相比，2016年江苏超过浙江，广东超过上海，安徽超过山东和福建。

第三梯队包括湖北、北京、河南、云南、湖南、四川，第四梯队包括陕西、辽宁、广西、江西、河北、吉林、天津、内蒙古，其他是第五梯队。

二、白皮书首度公布“农产品电商50强县”

基于农产品销售额排名，阿里研究院首次发布了“2016年农产品电商50强县”，这也是国内首次用大数据来揭示出县域农产品电商竞争格局。

“农产品电商50强县”广泛分布在全国十五个省区，其中浙江13个、江苏9个，福建7个、山东6个。东部占72%，中西部占28%。海宁、安溪、沭阳、临安、武功、义乌、武夷山、新郑、太仓和永康位居前十位队(图2-3)。

第一个特征就是三七开，发达省份的农产品，跟不发达省的农产品大概占30%～70%，这不发达地区有30%，那些县都纳入了50强县。

那么这些农产品当中有一个很大的特点，就是这张图是值得大家看的，就是产销合一的农产品和产销分离的农产品是不同的。那么产销合一意味着什么呢？意味着从原产地发货到全国，也就是说本地的商品已经跨越了那些原来的线下的采购商，直接在网上卖到全国的占比超过60%。

像五常的大米、安溪铁观音这些地标性产品已经实现了高度的产销合一，产销合一意味着原产地的生产者放到网上以后，把商品直接卖给消费者，这是非常重要的价值链转变，这个转变意味着当地的这些农民们或者网商们，他们可以不再依赖于原来传统的线下采购商来生存，他们可以实现直接把商品卖给全国消费者的这样一个过程，这就是电商的力量。

那么另外一些情况是在产销分离的情况下，来自义乌永康这些地方大部分是在贸易中心或者批发市场上，他们聚集了线下的采购，再把商品卖到全国，所以我们看到这个趋势也就是产销合一，未来会变成我们主要的一个发展的方向。

“农产品电商50强县”部分案例显示，电商给当地带来创新机会。比如在江苏沭阳县，电商销售带动花木实现了产业化，促成鲜切花、多肉植物等超过3000个新品种涌现壮大。陕西武功县聚合数百种西北特色农产品，通过发展电商实现“买西北、卖全国”。

三、大数据揭示各地农产品消费特征

2016年，在阿里平台，广东、浙江、江苏引领农产品消费，网购金额名列前3位。第4～10位依次为上海、山东、北京、福建、湖北、河南和四川(图2-4)。

通过挖掘海量数据，阿里研究院有意想之中、也有意料之外的发现。比如想到了浙江卖出的西湖龙井全国最多(占比超过85%)，但没想到浙江网购普洱茶金额是西湖龙井的2.4倍；想到了江苏卖出的大闸蟹全国最多(占比超过80%)，但没想到广东网购大闸蟹最多(网购金额比江苏多10.4%)；想到了榴梿是最受欢迎的热带水果之一，但没想到东北人最爱榴梿。

所以大家可以看到这些产品，他在不同的这个地区的销售情况，其实大家可以找到市场的方向，这个数据背后2016这一年来他有些什么特点呢？

第一个是进口产品变成农产品的一个热门话题，进口商品变成了今天农产品的爆款和热点。

2016年农产品
电商销售额最高的
50个县

排名	区域	省区	特色产品
1	海宁	浙江	坚果
2	安溪	福建	茶叶
3	沭阳	江苏	绿植
4	临安	浙江	坚果
5	武功	陕西	果干
6	义乌	浙江	坚果、滋补品
7	武夷山	福建	茶叶
8	新郑	河南	果干
9	太仓	江苏	蛋制品
10	永康	浙江	果干、坚果
11	栖霞	山东	水果（苹果）
12	昆山	江苏	水产品（大闸蟹）
13	苍南	浙江	水产制品、肉类熟食
14	安吉	浙江	茶叶
15	嘉善	浙江	水果、肉类制品
16	靖江	江苏	肉类熟食
17	德化	福建	茶叶
18	长葛	河南	蜂蜜
19	东阿	山东	滋补品（阿胶）
20	五常	黑龙江	大米
21	慈溪	浙江	蜂产品
22	江山	浙江	水果（猕猴桃）
23	兴化	江苏	坚果
24	南靖	福建	滋补品、绿植
25	寿光	山东	绿植、蔬菜
26	古田	福建	干货（木耳、龙眼）
27	贺兰	宁夏	滋补品（枸杞）
28	浏阳	湖南	米面制品
29	常熟	江苏	水产品、绿植、果干
30	苍山	山东	绿植、滋补品（牛蒡）
31	乐清	浙江	滋补品（石斛、枫斗）
32	温岭	浙江	滋补品
33	长沙	湖南	滋补品（养生茶）
34	柳河	吉林	滋补品（山参）
35	高邮	江苏	蛋制品
36	宜兴	江苏	茶叶
37	郫县	四川	肉类熟食
38	诸暨	浙江	坚果
39	肥城	山东	水果(桃)
40	礼泉	陕西	果干
41	广水	湖北	绿植
42	蒲江	四川	水果（猕猴桃、桔子）
43	桐乡	浙江	茶叶
44	闽侯	福建	肉、干货、茶叶
45	普宁	广东	滋补品、茶叶
46	荣成	山东	水产品（海参、海带）
47	东兴	广西	水果
48	龙海	福建	绿植
49	邳州	江苏	茶叶
50	霍山	安徽	滋补品（石斛、枫斗）

图 2-3　2016 年农产品电商销售额最高的 50 个县

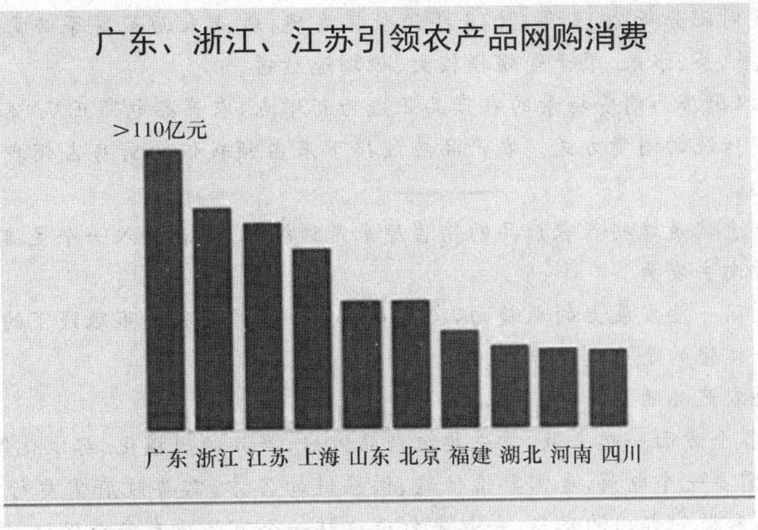

图 2-4　2016 年阿里零售平台消费额最高的 10 个省市

还发现网络的直播、网红经济，在农产品代言和消费互动营销体验、内容营销方面变成了一个非常大的亮点，由于视频的直播，可以直接把农村一些有特色的商品这个现场场景传递给消费者，带来消费者的关注及购买。

我们再看下面的一些特点就是消费的需求，反过来要求农产品标准化，原来都是个性化小量的商品，现在反过来要求要把这样一些商品成规模化标准化，大规模的生产来迎合消费者的需求。

四、从“客厅革命”到“厨房革命”

2016 年，在阿里平台上，消费额增速最快的五类农产品依次为蔬菜、蛋制品、肉类、肉类制品和米面(图 2-5)。

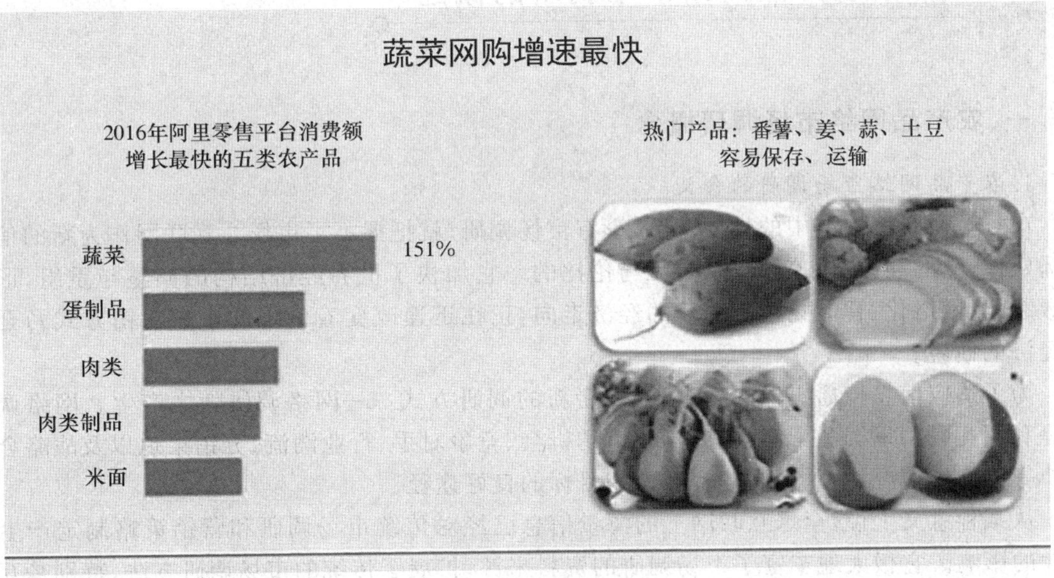

图 2-5　2016 年阿里零售平台消费额增长最快的五类农产品

阿里研究院对比分析2015年、2016年的数据发现，粮油米面菜蛋等必需品初具规模，且高速增长，而坚果、茶、水果、果干等规模较大、但增速放缓。

这反映出，以厨房为消费场景的农产品正成为新增点，农产品电商正从"客厅革命"扩展到"厨房革命，改变传统的消费方式。农产品应该接下来占领我们的厨房占领我们的餐厅，这是行业主攻的方向。

那么另外一个就是这些产农产品的销售原来是边缘的，现在进入一个主流的消费，所以农企可以在这个方向去发力。

我们也看到了一些发展上的新趋向，就是新零售——像天猫超市跟线下的一些店相结合，在做线上线下一体化的全渠道体验店。

我们要解决农产品的上行：

第一，需要各个方面一起来做，首先要把产品做好，产品的规模化、标准化做好；

第二，不光需要一个电商，也需要价值链、供应链的各方，需要政府需要行业协会，甚至需要消费者的参与和监管部门的参与，一起来打造这样一个有品质有安全保证，同时也能够让消费者放心的这样一套全生态全产业链。在这样一个全方位的生态链的打造过程当中，像商标的注册、产品质量溯源变得非常重要。

对于生鲜对于蔬菜这样的商品来讲，它的冷链的供应也变得非常重要，所以这些都需要我们在后面的整个服务业的打造上下功夫，来进一步去完善。

只有把整个农产品电商背后这些服务体系全方位地建立起来，那么农产品的上行才会有更好的解决方案，但更重要的需要让更多的创业者进入这个市场去不断创新和拓展，把握这样一种新的消费需求去满足消费者。(资料来源：http：//www. sohu. com/a/138830111_475921)

任务一　了解农产品网络市场调研的概述

一、农产品网络市场调研概念

1. 农产品网络市场调研的含义

市场调研是营销链中的重要环节，没有市场调研，就把握不了市场。互联网作为新的信息传播媒体，它的高效、快速、开放，是无与伦比的。它加快了世界经济结构的调整与重组，形成了数字化、网络化、智能化与集成化的经济走向，正在迅速改变着传统的市场营销方式乃至整个经济的面貌。

为了适应信息传播媒体的变革，一种崭新的调研方式——网络调研随之产生。网络调研就是利用互联网发掘和了解顾客需要、市场机会、竞争对手、行业潮流、分销渠道以及战略合作伙伴等方面的情况，互联网则是实现这些目标的良好途径。

从某种意义上说，全球互联网上的海量信息已经对传统市场调研和营销策略制定产生了很大的影响。它极大地丰富了市场调研的资料来源，扩展了传统的市场调研方法，特别是互联网在线调查、定性调查和二手资料调查方面具有无可比拟的优势。

基于上述分析，我们把基于互联网系统地进行农产品营销信息的收集、整理、分析和研究的过程，以及利用各种网站的搜索引擎寻找农产品竞争环境信息、客户信息、供求信息的行为统称为农产品网络市场调研。

2. 网络市场调研的优势

(1)网络调研信息收集的广泛性　互联网是没有时空、地域限制的，这与受区域制约的传统调研方式有很大不同。如果我们利用传统方式在全国范围内进行市场调研，需要各个区域代理的配合，而在互联网中的调查活动却相当方便。

(2)网络调研信息的及时性和共享性　在数字化飞速发展的今天，网络调研较好地解决了传统调研方法的调研结果的时效性这一难题。只要轻轻一点，世界任何一个角落的用户都可以加入其中；用户从输入信息到公司接收，只不过几秒钟的时间。利用计算机软件整理资料，马上可以得出调研的结果。而被调查者只要单击"结果"键，就可以知道迄今为止所有被调查者的观点所占的比例，有助于用户了解公司此次的调研活动，增强了参与感，提高了满意度，实现了信息的全面共享。

(3)网络调研的便捷性和经济性　在网络上进行市场调研，无论是调查者还是被调查者，只需拥有一台计算机、一个调制解调器、一部电话、一台多媒体电视机就可以进行。若是采用问卷调研的方法，调研者只要在企业站点上发出电子调查问卷，提供相关的信息，然后利用计算机对访问者反馈回来的信息进行整理和分析即可。这不仅十分便捷，而且大大减少了企业市场调研的人力和物力耗费，缩减了调研成本。

(4)调研结果有较强的准确性　首先，调查者不与被调查者进行任何接触，可以较好地避免来自调查者的主观因素的影响；其次，被调查者接受询问、观察，均处于自然、真实的状态；再次，站点的访问者一般都具有一定的文化知识，易于配合调查工作的进行；最后，企业网络站点访问者一般都对企业有一定的兴趣，不会像传统调研那样单纯为了抽号中奖而被动回答，所以网络调研结果比较客观和真实状。

二、农产品网络市场调研的本质和意义

1. 农产品网络市场调研的本质

市场调研的原始产出是资料。通过市场调研手段所取得的资料还需要加工处理，才能够用来指导企业的未来发展。通过市场调研手段取得的市场情报通常是以资料的形式存在的，这些资料的表现形式可能是数字、文字、图像，甚至是影音形式等，其中直接保存为数字形态的为数据记录，而能够存储于类似数据库、试算表或文本文件里的，称为结构化资料，不能直接以数字形式存储并进行内容检索比对的(例如声音、影像、文稿等)，则称为非结构化资料。资料经过适当的加工后，被人赋予意义的称为信息。正由于信息是有意义的资料，而赋予资料意义的又是不同的人，所以信息具有专有性的特质，即相同的资料，对于不同的人，其意义是不一样的。换句话说，相同的客观资料，基于不同的主观需要，可以获得种种不同的解释，这是市场调研的基本性质之一。市场调研的目的是服务于对它有需要的人群，因此对于资料的解读，自然包含了特定人群的主观需要。

当然信息还存在一些更高的阶段。一般认为，信息为人们所消化吸收，进而影响人们的行为，则成为知识。知识是信息的实践。站在市场调研的立场，市场调研的分析报告是需要被人"赏识"的，我们需要通过种种沟通与表达的技巧，让市场调研的成果很容易地被传递与理解。这些信息只有被正确接收了，才对人们的决策发挥作用，也才达到了进行市场调研的初始目

的。因此，信息的表达方式对于信息能否提升到知识的高度是很重要的，我们需要学习有效整理与表达信息的各种技术。

信息的最高阶段大概就是智慧，在知识的层次上，有意义、有结构的信息越多越好，可以增加判断的依据；在智慧的层次上，信息量却是越少越好的。丝竹乱耳，案牍劳形，太多的信息反而增添直觉的负担，压抑了人类的创造力，为清明智慧制造了莫大麻烦。因此，信息需要过滤，需要梳理，需要归纳，需要收敛，才能为有智慧的人类提供最大的帮助。

2.农产品网络市场调研的意义

市场调研的主要研究领域是讨论如何通过各种手段，以最高效的方式，收集各种有效资料，整理并分析资料以形成有意义的信息，最终达到创造特定知识的目的。收集资料的手段，除了大家都很熟悉的文献阅读、二手资料收集、深度访谈、焦点座谈、参与式访谈以及问卷调查外，由于现代信息技术的进步，还可以通过各种手段自动收集消费者在消费过程中不知不觉遗留下来的行为轨迹。例如销售时点系统(POS)里的消费记录、信用卡消费记录、各种付款记录、门店里无线射频(RFID)技术的消费行为采集、互联网上的网络浏览记录、论坛发帖、回应与讨论、微博互动、各种文件的上传和下载、网络浏览记录、论坛发帖、回应与讨论、微博互动、各种文件的上传和下载、网络点击、LBS签到，甚至网络爬虫(注：网络爬虫(又称为网页蜘蛛或网络机器人)，是一种按照预先设定的规则(通常是某种正则表达式)所撰写的电脑程序或脚本，能够自动地在互联网里游荡，沿着网页里的链接，一层又一层去穷尽万维网里的网页，并抓取其中的内容。所抓取的内容通常还可以自动进行索引，以方便后续的查询或进一步加工)等。

在现代生活中，那些被自动记录下来的行为轨迹，事实上更能够正确地反映我们的真实生活。可以这么说，我们无所遁逃于这些在我们的生活中自然存在的记录工具或者仪器，而与此同时我们通常却不愿意诚实地回答企业的问卷调查或者访谈。听过这么一句话：人们习惯用假名说真话，用真名说假话”，网络上的匿名留言最能真实地反映这一代人的生活。从商业视角来看，企业对于顾客最感兴趣的有四种信息，但是这四种信息不具备同等的战略价值：①顾客心知肚明，并且愿意告诉企业的信息；②顾客心知肚明，但是绝对不愿意与他人分享的信息；③顾客心知肚明，却说不明白、讲不清楚的信息；④连顾客自己也不清楚的愿望或需要。

通过各种访谈与问卷调查我们或许能够掌握上述四种顾客信息中的第一种，但是拥有这种信息并不能为我们带来任何竞争优势，顾客愿意告诉我们的事，通常不会是秘密，这种信息如果我们可以获得，竞争对手同样可以获得。特别是后三种信息，具有重要的战略价值，但都不是那么容易获得的。对后三种信息，企业通常只能通过实验设计来侦测顾客的真实心意，或者建立消费者行为模型，通过对大量顾客的行为轨迹进行挖掘，从顾客不小心留下的蛛丝马迹中推测出那些顾客不愿说、说不出，或者连自己都不清楚的信息。从这个角度看，市场调研确实是个技术活儿。

三、农产品网络调研策略和步骤

1.农产品网络调研的策略

任何市场调研都有其目的。真实世界里市场调研的需求动因通常来自于“当局者迷”。因为“当局”，所以身涉市场之中，若不是被大量信息淹没而不知所措，就是因为信息不足而无法判断，都必须借助“旁观者清”的客观分析来解开谜团。被信息淹没的原因是信息内容庞杂不纯，我们无法判定哪些信息是值得借鉴的，哪些信息是需要过滤掉的；信息不足是因为所面对的状况混沌不清，经验匮乏，不知从何下手。因此，市场调研的目的，一方面既希望能在拥有大量信息的情况下挖掘出有意义的信息来，以作为商业决策判断之用；另一方面也期待能在面对未知环境时，提供一条摸索的道路。

正由于真实世界里存在这两种截然不同的状态，所以市场调研也存在两种很不相同的设计：定量研究与定性研究。用“摸着石头过河”来比喻定性研究是最合适不过的。试想战争年代，面对波涛汹涌的大河，如何让大部队平安到达对岸？结论是：先派出一小队士兵，每个人拦腰系上粗粗的绳索，一端绑在岸边的树上，另一端抓在手上，逐一摸索着下水。水里有青苔滚石，有激水暗流，有陷阱漩涡，这些都要避让；小队士兵下水的任务是要在其中寻出一条满铺鹅卵石的河床路径，间或错落着坚固磐石，水仅及膝，水流平缓，人畜行走其上，可以安稳快速通过。

面对这条我们所知甚少的大河，就好像研究者面对一个未知的情境一样，除了设法进行摸索，别无其他出路。定性研究的本质就是观察与探索，而且必然是先观察然后探索。摸索之后呢？小队士兵肯定必须描绘出一条大河里的行军路径来。他们必须通过摸索来猜想出一条可能可以让大军安全渡河的路径来。对这个路径的考虑，可能包含了对河段不同位置水深的估计、对水流速度的测量、对磐石厚重的揣度等，而这些变量的组合，构成了一张对河床里安全路径的猜想。

“猜想”就是定性研究的结论，猜想就是假设(hypothesis)，研究者通过定性研究，来摸索一个未知的情境，然后归纳出一些对情境的假设来。构成假设的元素是变量，以及变量与变量之间的关系。变量与变量之间的关系，就是研究模型。最简单的研究模型，不外乎自变量与因变量之间的关系。比如我们说，A 导致 B，意思是说，B 的行为或现象，可以通过自变量 A 来进行预测或估计。如果这个模型获得了统计检验的确认，就可以将新观察到的 A 现象，代入这个模型里来，得以推测出 B 的可能行为来。

到这个地步，就已经超出定性研究的阶段了。定性研究开始于面对一个未知的情境，而结束于构造出对情境的猜想。有了猜想以后呢，就由定量研究接手了。我们说，这里的猜想就是假设，而假设其实是研究模型的一体两面。于是接下来对假设的验证，或者说，对研究模型的验证，就是定量研究。定量研究开始于研究假设，而结束于对假设的验证。

用一句话来比喻定量研究：“实践是检验真理的唯一标准。”这里的实践，指的是现实生活中的真实样本，我们必须通过随机抽样，在市场里抽取具有代表性、能够反映真实情境的样本，来进行对假设的检验。我们检验的其实是假设，而不是真理，只有通过科学的统计检验以后，我们才承认假设可能真是真理，而这个检验必须是有标准的，是什么标准呢？就是显著水平(通常称为 p 值，英文是 probability)。在统计学上一般认定显著水平 p 值必须小于或等于 0.05，才算显著，我们所假设的现象才被承认确实存在。借用前面摸着石头过河的比喻，假定小队士兵在摸清楚河流的底细以后，果真绘制了一幅河床里的行军路径图，于是部队领导马上调集一组 100 名战士的小部队，对这幅地图进行测试，那么判断这幅地图确实可以引导大部队通过大河的条件是什么呢？必须是这 100 名战士在遵循地图指示渡河后，至少还存活 95 名或以上才行，换句话说，损伤率不能超过 5%，这就是显著水平的意义。定量研究的核心就是验证，而绝不是研究中带着数字可以进行计算，就叫作定量研究了。

不论定性还是定量研究，在研究逻辑上都是一样的：观察→思考→行动。所有的研究都包含了探索的成分在内，即使是验证性的研究也不例外，在验证的过程中不免偶遇意外的发现，由于意外发现，而引发进一步探索的必要，这是市场调研中最引人入胜的地方。探索，就是观察、思考与行动的集合体。在定性研究时，我们可能通过深入访谈来观察问题的本质，得以归纳并思考问题的范围，如此才能够采取行动，构造研究所需的分析框架；在定量研究时，我们或许通过问卷调查进行大规模的样本观察，然后分析并思考所收集到的数据的内涵，得以确定核心问题(图 2-6)。

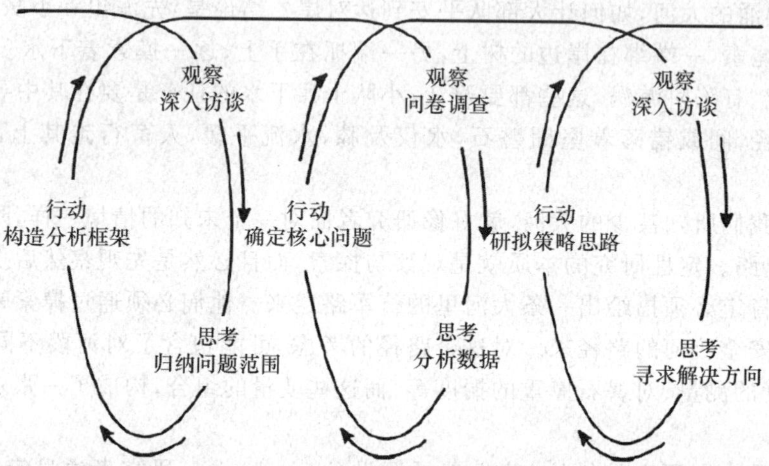

图 2-6　观察-思考-行动

在市场调研上，通常期待看到一种同时整合了定性研究与定量研究的研究设计模式。理想上是先进行定性研究，对于我们感兴趣的市场情境进行观察，甚至进行深度的探索，然后根据探索的结果，提出一些对市场状况的猜想来。有了猜想以后，再发展定量的测量工具，并收集足量的样本，对这些猜想进行定量形式的验证。在定量研究的过程中，研究者可能会有一些意外发现，为了对这些意外发现进行更深入的探讨，于是又通过定性研究对这些特定情境进行新的探索。如此循环不已，而每个循环都是不断重复观察、思考与行动的过程的集合体。

2. 农产品网络市场调研的程序

网络市场调研应遵循一定的程序。一般而言，应经过以下几个主要步骤：确定问题和调研目标、确定调研计划、收集信息、整理与分析信息、提出调研报告。

(1)确定问题和调研目标　为保证网络调研的成功和有效，一定要明确所需调研的问题，即对问题的界定既不要太宽，也不要过于狭窄。将问题的范围定得太宽，会造成所收集的信息没有用途，既浪费精力，也浪费其他资源。将问题的范围定得太窄，则可能漏掉一些重要信息，造成调研结果的不可靠或错误，从而导致企业做出错误的网络营销决策。问题界定之后，基于所要调研的问题，提出特定的网络调研目标。网络调研目标随着问题的不同而不同，一般有三大类：收集调研问题的初步资料，以进一步确定问题和建立假设；描述目标市场的实际情况；论证有关营销问题的因果关系等。实际工作中依据问题的性质、类型、范围等因素提出具体明确的调研目标。

(2)确定调研计划　解决调研目标中的问题需要收集不同的信息，而这些信息在来源渠道、获取方式等方面可能会有很大的差别。所以需要制定一个有效的信息收集计划，以保证能够收集到所需要的各种信息。在制订调研计划时，主要涉及确定所需的信息资料及资料来源、确定网络调研对象的总体、确定网络调研的方法等问题。

①确定所需的信息资料及资料来源。这实质上是确定网络市场调研的内容。前面对网络市场调研的一般内容做了概括，对具体的调研项目而言，所需的信息资料是有差异的，制订网络市场调研计划必须依据网络市场调研所要解决的问题和所要实现的目标，确定所需的信息资料，包括要确定所需信息资料的种类、范围、形式、数量、程度等。确定所需的信息资料必须兼顾需求和可能，还必须考虑获得这些信息资料的成本。根据收集的信息资料逐项考虑其可能的来源，本着先易后难的原则，从各种可能的来源中做出最后的选择。

②确定网络调研对象的总体。网络调研对象总体是所有能提供网络市场调研的、与调研问题相关的信息要素或对象的集合，它包含要素、抽样单位、范围、时间四个组成部分。要素是指与网络市场调研问题相关的信息对象；抽样单位是被抽样总体中含有要素的基本单位（有些情况下，要素与抽样单位是相同的）；范围是被调研对象的界限；时间是指确定调研对象的时间界限。例如，要素：25～30 岁网民中进行网上农产品购物的人；抽样单位：25～30 岁网民；范围：大中城市；时间：2017 年。

网络调研对象总体必须尽可能正确地界定，否则将会导致网络调研活动出现偏差。有时确定网络调研对象并不容易，需认真分析才能确定。对农业企业而言，网络市场调研的对象主要涉及三个方面：农产品的消费者或潜在消费者，企业的竞争者，以及与企业相关的、能给企业提供有价值信息的其他网络组织。

③确定网络调研的方法。按照调研者组织调研样本的行为，网络调研大体可分为主动调研法和被动调研法。主动调研法是调研者依据调研内容、调研目标、调研对象在网络上主动进行信息检索或主动组织调研样本，完成网络市场调研的方法。被动调研法是调研者被动地等调研样本造访，完成网络市场调研的方法。按网络调研采用的技术可以分为网上问卷调查法、网上讨论法、网上观察法、网络信息检索法等方法。

网络调研方法都有其各自的优点和缺点，如网络信息检索法的最大困难是如何快速、准确地从大量信息资源中找到自己最需要的信息；网上问卷调查法中网站难以对调研对象进行控制和选择；网络讨论法的调研结果难以用于定量分析；而网络观察法调研周期较长，不易取得被调研者的有效配合等。在制定网络调研计划时，要依据所调研的问题和目标，本着经济、有效、适用的原则对上述方法灵活地进行组合选取。

(3)收集信息　收集信息的过程是网络市场调研计划的执行过程，相比较而言，这一过程是最易出问题，花费较多时间、人力、物力、财力的一个环节，因此，对这一过程中的组织实施必须进行认真管理。在使用网络信息检索法收集信息时，要注意选择合适的搜索引擎，充分利用搜索引擎，同时，要确定适用的信息服务（要考虑信息的来源、信息服务所发布信息的更新速度、信息传输方式、网络上分享信息或打印信息有无特殊规定等问题），以确保检索到的信息符合调研要求。使用其他网络营销调研方法收集信息时，要考虑问卷的合理设计，如被调查者的个人隐私保护、减少回答误差、提高受众参与的积极性、对样本的过滤、被调查者身份的验证等一系列问题，努力提高所收集到的信息的价值。

(4)整理与分析信息　对从互联网上获得的市场调研信息，有关人员应根据调研的目标和用途进行认真的筛选、分类、整理等科学加工，从而形成相应的调研结果。信息的整理是分析信息的基础性工作。网络市场调研中收集到的和储存的信息往往是片段零散的，不能反映系统的全貌，甚至其中可能还有一些是过时的、无用的信息。通过信息的整理，可删去不真实或无关的内容，对信息进行合理的分类组合，提高信息的价值和提取效率，为信息的加工和分析做好准备。信息的整理和分析是一个信息再创造的过程。经过分类整理的信息资料，要运用各种方法进行分析研究，掌握网络市场营销活动的动向和发展变化趋势，探索解决问题的措施和方法。信息分析的方式主要有两种：一是人工分析，二是机器分析。人工分析是由人工，包括专家或专家集团进行信息分析；机器分析则是指由计算机进行信息分析。两种方式各有优劣，比如当网络调研中问卷使用开放式问题较多时，就不宜用计算机进行全部统计分析，这时就需要借助人工对统计分析结果进行进一步的补充分析，以得出更可靠的分析结果。当前信息分析较好的方法，是综合两种信息分析方法的优劣，形成一种合理的“人—机”信息处理系统。

(5)提出调研报告　调研报告是一项网络市场调研项目最终成果的主要表现形式。对收集到的信息进行分析，得出相应的分析结果后，还要根据网络市场调研项目的提出者或委托者的需要提出调研报告。调研报告的形成有多种，可以是书面形式或是口头形式，或是同时使用书面和口头形式，还可以是其他形式。无论哪种形式，都应包括调研目标、调研问题、分析方法、研究的结论与建议等方面的内容，以供决策者参考。撰写调研报告时，应坚持遵循客户导向（即重视市场调研报告特定的阅读者和使用者）、实事求是、突出重点、精心安排等要求，提高报告的针对性、适用性，从而提高其价值。

任务二　选择农产品网络市场调研方法

农产品网络市场调研包括网络直接调研和网络间接调研，根据需要选择调研方法。

一、网络直接调研

1. 网络直接调研的方法

根据调研采用技术的不同，网络调研可以分为网上问卷调查法、网上讨论法、网上观察法和网络信息检索法等，常用的是网上问卷调查法。

(1)网上问卷调查法　网上问卷调查法是将问卷在网上发布，被调查对象通过互联网完成问卷调查。网上问卷调查一般有两种途径。一种是将问卷放置在 WWW 站点上，等待访问者访问时填写问卷，如 CNNIC 每半年进行的“中国互联网络发展状况调查”就是采用这种方式。这种方式的好处是填写者一般是自愿的，缺点是无法核对问卷填写者真实情况。为达到一定问卷数量，站点还必须进行适当宣传，以吸引大量访问者。

另一种是通过 E-mail 方式将问卷发送给被调查者，被调查者完成后将结果通过 E-mail 返回。这种方式的好处是，可以有选择地控制被调查者，缺点是容易遭到被访问者的反感，有侵犯个人隐私之嫌。因此，用该方式时首先应争取被访问者的同意，或者估计被访问者不会反感，并向被访问者提供一定补偿，如有奖回答或赠送小件物品，以降低被访问者的敌意。

(2)网上讨论法　网上讨论法是一种定性调研法，实质上是小组讨论法在互联网上的应用。网上讨论法可通过多种途径实现，如 QQ、飞信、微博、微信等。

(3)网上观察法　网上观察法是通过对网站的访问情况和网民的网上行为进行观察和监测的网络调研方法。该方法重点是监测网络用户的网上行为，主要特点是从大量的基于人口统计资料中抽出样本，招募自愿受试者，下载软件到用户的计算机中，由此记录受试者全部网上行为。

(4)网络信息检索法　网络信息检索法是利用各种网络信息检索工具直接从网上查找、收集调研问题所需信息资料的方法。该方法类似于传统市场调研中第二手资料调研方法。网络信息检索法属于主动调研法。

2. 网络直接调研的方式

网络直接调研的方式有以下五种

(1)利用自己的网站　网站本身就是宣传媒体，如果企业网站已经拥有固定的访问者，完全可以利用自己的网站开展网上调研。这种方式要求企业的网站必须有调查分析功能，对企业的技术要求比较高，但可以充分发挥网站的综合效益。

(2)借用别人的网站　如果企业自己没有网站或网站还没有建好，可以利用别人的网站进行调研。这种方式比较简单，企业不需要建设网站和进行技术准备，但必须花费一定费用。

(3)混合型　如果企业网站已经建设好但还没有固定的访问者，可以在自己的网站调研，同时与其他著名的 ISP/ICP 网站建立广告链接，以吸引访问者参与调查。这种方式是目前常用的方式。

(4)E-mail　直接向潜在客户发送调查问卷，这种方式比较简单直接，而且费用低。但要求企业必须积累有效的客户 E-mail 地址，且客户的反馈率一般不会高。采取该方式时要注意是否会引起被调查对象的反感，最好能提供一些奖品作为对被调查对象的补偿。

(5)参与或成立讨论组　在相应的讨论组中发布问卷信息，或者发布调查题目，这种方式与 E-mail 一样，成本费用低且是主动型的。但在 Web 网站上的讨论组或论坛上发布问卷信息时，要注意网上行为规范，调查的内容应与讨论组主题相关，否则会导致被调查对象的反感甚至是抗议。

3. 网络直接调研应注意的问题

(1)注意信息采集的质量监控　对采集信息实施质量监控，可以采用“IP＋若干特征标志”的办法作为判断被调查者填表次数唯一性的检验条件。同时，在指标体系中所有可以肯定的逻辑关系和数量关系都应充分利用，并列入质量监控程序。

(2)答谢被调查者　给予被调查者适当的奖励和答谢对于网络调研来说是十分必要的。这既有利于调动网上用户参与网络调研的积极性，又可以弥补因接受调查而附加到被调查者身上的费用(如网络使用费、市内电话费等)。答谢的有效办法是以身份证编号为依据进行计算机自动抽奖，获奖面可以适当大一点，但奖品价值可以尽量小一些。

(3)了解市场需求　设想自己就是顾客，了解顾客需求。调查对象可能是产品直接的购者、提议者、使用者，对他们进行具体的角色分析。

(4)网络直接调研的局限性　如果是调研有关具体产品，往往采用详细调查的方式。详细调查针对小的客户群体，调查时需要面对面进行访谈，以得到更准确的信息。

4. 网络直接调研的技术

网络调研的实施涉及超文本、电子邮件、网上视频会议、模糊归类、网上用户身份检验、随机 IP 自动拨叫、数据接口、Java、ActiveX 或 Java script 等计算机和网络技术。

二、网络间接调研

网络间接调研是利用互联网收集与企业营销相关的市场、竞争者、消费者以及宏观环境等信息,这是从互联网收集二手资料的调研方式。企业用得最多的还是网络间接调研方法,因为它信息广泛,能满足企业管理决策需要,而网络直接调研一般只适合于针对特定问题进行专项调查。网络间接调研渠道主要有搜索引擎、电子公告牌、新闻组、E-mail 等。网络间接调研的方法有以下几个方面。

1. 利用搜索引擎收集资料

通过搜索引擎搜索有关站点的网址,然后访问想查找信息的网站或网页。选择搜索引擎时,首先要区分的是查中文信息还是外文信息。如果是中文信息,使用较多的搜索引擎有百度、360、必应、网易有道、搜狗等,如果是外文信息,用得较多的搜索引擎有 Excite、Infoseek、AltaVista 等。

国内中文引擎分别可以按分类、网站和网页来搜索关键字。国内搜索引擎一般都是采用分类层次目录结构,使用时可以先找大类再找小类,直到找到相关网站。为提高查找效率和准确度,可以通过搜索引擎提供的搜索功能直接输入关键字查找相应内容。需要注意的是,按分类只能粗略查找,按网页可以精确查找,但查找结果比较多,因此搜索最多的还是按网站搜索。

搜索引擎搜集网站很有限,因此同时搜索多个网站是非常必要的,而 AltaVista 搜索引擎恰好提供该功能。目前国内的搜索引擎使用的技术大多都是 AltaVista 的搜索技术。在搜索时,可以用一些高级命令,同时搜索多个关键字,以提高检索的命中率和效率。

2. 利用电子公告牌收集资料

电子公告牌就是在网上提供一个公开"场地",任何人都可以在上面留言回答问题或发表意见,也可以查看其他人的留言。电子公告牌的用途多种多样,一般可以作为留言板,也可以作为聊天(沙龙)、讨论的场所。

电子公告牌软件系统有两大类:一类是基于 Telnet 方式的文本方式,查看阅览不是很方便;另一类是基于 WWW 方式,使用方法如同浏览 WWW 网页。利用电子公告牌收集资料主要是到相关主题电子公告牌网站去了解相关资讯。

3. 利用新闻组收集资料

这些计算机可以交换以一个或多个可识别标签标识的文章(或称之为消息),一般称作 Usenet 或 Newsgroup。

4. 利用 E-mail 收集资料

E-mail 是 Internet 使用最广的通信方式,它不但费用低廉,而且使用方便快捷,很受用户的欢迎。目前许多 ICP 和传统媒体,以及一些企业都利用 E-mail 收集信息。

任务三　设计农产品网络调查问卷

设计一份理想的在线问卷,首先必须融合传统问卷的设计原则,同时要考虑互联网的特殊环境。总的要求是:简明扼要,可有可无的问题或者没有太多实际价值的资料一律不得出现在问卷中;站在被调查者的位置让问题变得容易回答,让被调查者有一种参与某种重要活动的感觉,填写问卷就好像帮助自己或所关心的人解决问题;不应有偏见或误导,避免使用晦涩、纯商业以及幽默的语言,以免引起人们误解;不要把两个及两个以上的问题放在一个题中;问卷中的所有问题都应设计得在具体操作上能够得到精确答案。

1.题项的信度和效度检验

设计好问卷题项，也决定了对题项的测量方式以后，问卷就大功告成了吗？假如设计问卷的人就是行业内的专家，那么这份问卷可能基本没有问题了。问题是，大多数设计问卷的人，如果不是外部顾问，就是企业内部资历较浅的员工，他们对行业的认识，远不如公司的高管，或者身处一线老员工，而通常高管与行业前辈都是不负责设计问卷的，于是这份问卷的有效性与可信度，就值得怀疑。

在统计学上，使用效度(validity)与信度(reliability)来度量我们上述的怀疑。效度的意思是，在问卷里所放进去的那些题项，对于我们所想要研究的问题，是否对症？是否有效？如果选择的题项切合问题的主旨，而且能够协助研究者正确把握问题的结构与范围，就说这组题项效度高；反之，如果我们所选择的题项与所面对的问题，牛头不对马嘴，表述问题的方式让行业内相关人士看不懂，那么这组题项的效度就差。

信度呢？信度测量的是题项的稳定性。所选择的题项，在相距不长的时间范围内，面对同样的受测对象，能否测出很近似的结果？如果使用若干题项从多个视角同时来测量同一个变量，这些题项的组成结构会稳定吗？假如在其中添增或者移除一两个题项，这组题项还能够很好地测量这个变量吗？这些就是对题项信度的检查。请注意，这里所说的信度与效度，指的是问卷里题项本身设计得好不好，与后来大规模施测后，受测者的答案好不好毫无关系。

统计学者开发了许多技术手段来检查关于题项信度与效度好不好的问题。就实践性很强的市场调研而言，受限于时间与预算，通常不会对问卷里的所有题项进行全盘彻底的检查，这里需要特别说明的是，由于信度与效度是检查问卷设计的品质，并不是收集我们最终需要的问卷答案，所以研究者通常会将调研过程区分为两个阶段：前测与正式调研。信度与效度的检查就是在前测时做的，前测的样本采用方便样本即可，例如大学生去做网络市场调研，一般30～60人就足够了。在前测阶段满足了信度与效度的要求以后(可能需要调整题项表述的方式，或者删除部分题项)，再利用这份修改好的问卷，针对正式的样本进行较大规模的正式调研。

在效度检查方面，最高目标是确定所选择的题项对于我们想解决的问题是有效的。既然要证明这些题项有效，首先自然需要去确定我们所询问的确实是“点在要害上”的问题，这就是内容效度。找到正确问题的手段主要有两种：①去询问行业内的前辈精英、真实的消费者，或者对这个问题精通的人；②查阅前人做过的研究，看看他们都询问了哪些问题。对于前者可以通过定性访谈、焦点座谈，甚至参与式访谈等来实现；而对于后者，则是通过文献梳理，从中寻找适用的问卷题项。

最常见的问卷题项，其实来自于国内外不计其数的硕士与博士论文，这些论文通常可以无偿地从公共图书馆、大学图书馆，或者图书馆的数字典藏里借阅或下载。由于不同国家或地区的研究氛围不同，在挑选论文来源时，建议优先考虑欧美顶级研究型院校的学生论文，其次是中国大陆、中国香港、中国台湾、新加坡的公立高校的学生论文。在这些论文里，不仅可以轻易地找到许多问卷的具体题项内容，而且还有对这些题项来源所做的清晰介绍与统计检验，这是比较放心的来源。

题项初步确定后，还需要检查其表面效度。表面效度要确保的是题项的表述方式清晰易懂，受测者一看就明白这些题项在问些什么。例如针对儿童的问卷，所使用的语言就应该童言童语，让儿童能够充分领会题项的含义(还要能够正确反映所要研究的问题)。保证表面效度的技巧就是在问卷正式定稿前，让部分预定的受测者协助检查问卷的语句是否通顺、易于理解。不过并不是所有的问卷都需要表面效度，有些心理测量的量表在问卷里隐藏了一些不想让受测者知道的秘密，如果表面效度太高，也就问不出我们想要旁敲侧击的答案了。

在效度之后接着讨论信度问题，首先介绍再测信度(test-retest reliability)。为了确保问卷题项在不同时间范围内的稳定性，可以考虑使用同一份问卷初稿，针对同一批受测者，在两个不同的时间点进行实名的检测。这个时间间距的选择一般是两个星期，原因是如果间隔时间太长，问卷内容已经失去了意义；如果间隔时间太短，又怕受测者对自己的答题记忆犹新，结果可能导致对题项信度的过度高估。再测信度就是在这两次问卷施测之后，对两两相同题项所计算的相关系数。如果某一个题项的相关系数不显著，就代表这个题项的再测信度有问题，可能需要进行文字调整，然后再重新进行再测信度的检查。

2.问题的结构安排

以一定原则安排问题的先后顺序，如先易后难、先熟悉后陌生、先客观后主观等。在问卷的首页上方，应写出问卷的主题和调查的简要介绍，如致欢迎词、问卷目的和用途等，也可采用网页互动的形式分出层次。在问卷的最后应有一段结束语，以对填表者表示感谢。感谢方式有多种，除设立奖励外，可附加问卷设计者或赞助机构的网址链接。

3.对象的过滤

对象的过滤是通过对期望样本特征的配额，来限制一些自我挑选的不具代表性的样本。许多上网的人可能会凭着心情填写问卷，而这些人并不符合调查对象的目标要求。因此，网上问卷应在开始时设置几个过滤性问题。或以分支、跳问的形式安排问卷，以确定被选者是否适宜回答全部问题。利用网络优势，也可以根据过滤性问题实现即时的市场分类，使受访者按其所按其所确认的类别进入适当的问卷页面填写问卷。

4.提高问卷的参与度和完成率

一般而言，网上问卷应比传统问卷要短，常规调查应尽量把篇幅控制在8道选择题以内，在10分钟内答完为宜。如果要完成较长问卷，可以采取奖励的办法。一种奖励办法是在问卷简介中声明，凡是完成所有问题的填表者可参加大抽奖，奖品由农产品赞助商提供，抽奖办法在问卷中公布，提供姓名和电子邮件地址，以便参加抽奖；另一种奖励办法是提供在线折扣券，凡是完成问卷的人可经电子邮件获得一个密码，然后可利用密码进入一个享受特别优惠的农产品网站。

5.增强互动效果

可以利用在线计数器这种小型程序来记录浏览过问卷网址的人数，也可以比较访问网址的人数与实际填写问卷的人数之间的差异。另外，可以及时显示调查结果，并以彩色图表的形式呈现。

设计一份理想的在线问卷，一般应遵循以下几个原则：

(1)目的性原则　即询问的问题与调查主题密切相关，重点突出。

(2)可接受性原则　即被调查者是否回复有自己的自由，问卷设计要容易被调查者所接受。无论是西方国家还是东方国家，对涉及个人的问题，如个人收入、家庭生活中比较敏感的问题等，被调查者一般不愿意或拒绝回复，所以，有关个人隐私的问题不应出现在调查问卷中，以免引起被调查者的反感。

(3)简明性原则　即询问内容要简明扼要，使访问者易读、易记，同时回复内容也要简短省时。因此，调查问卷的设计应多采用二项选择法、顺位法、对比法等技巧；调查问卷应保证合理长度；调查问卷中问题的答案应给访问者提供相应的选项信息，以便访问者回答。设计调查问卷时，调研人员可在每个问题后面设立两个按钮（YES 或 NO），以方便访问者表达他们的观点。

（4）匹配性原则　即使访问者对问题的回复便于检查、统计和分析，提高市场调研工作的效率。

任务四　农产品网络调研数据分析

一、网站数据库的查询

网络营销是在网络环境中进行的，企业与消费者之间沟通的主要手段和内容就是数据库。数据库是整个网络营销信息系统的基础，也是网络市场调研定量分析工作的基础。

目前各类商务网站开发工具大多都提供了相应的数据库功能，企业在进行网络市场调研时应充分利用这些数据库功能，通过建立和运用网络数据库来获得有关产品、顾客服务以及其他市场营销信息，并分类保存有用的商务信息，为网络营销分析提供支持。

1. 网站数据库的类型

企业网站上常设的数据库类型主要有三种。

（1）顾客数据库　顾客数据库被认为是企业网络营销过程中最主要的数据库，主要涉及内容有：顾客的 E-mail 地址或网址；顾客历次购买产品的信息；顾客历次询问有关产品的信息情况；顾客对产品的要求以及顾客历次提出的建议和意见等。除上述内容外，顾客数据库还应包括传统营销中所需建立的顾客档案。

（2）产品数据库　产品数据库主要涉及有关产品的内容，如产品介绍、使用说明、功能、设计说明、产品及价格，以及介绍配套产品的网页。

（3）网络下载数据库　网络下载数据库是指从网络上下载的相关产品、企业及产品供需信息的数据库，即将其他一些大型商务网站中与本站产品或经营相关的供需信息下载后保存到企业网站的数据库中，以便企业营销及相关人员查阅、参考。

企业网络市场调研人员建立和使用数据库，一般有两种措施和途径，即利用互联网上已有的数据库或建立企业自身的数据库。

2. 利用互联网上已有的数据库

企业可将互联网上网络服务商已有的数据库链接到企业的网页上，这样就可以使访问本企业主页的用户，能较便捷地进入链接的数据库。企业市场营销调研人员根据市场调研的目的、内容及目标市场，选择合适的搜索引擎，查找所需的数据库，并保持经常查看每个已链接的数据库，以此来保证数据库信息的及时性和准确性。网络服务商数据库获取方式主要包括以下几种方式。

（1）万维网（WWW）方式　万维网（WWW）现在是互联网上最受欢迎、最为流行的信息检索服务环境。它是一种基于超链接的超文本系统，能把各种类别的信息（图像、文本、声音影像）有机地集成起来，供用户查找、阅读。例如，想了解某公司的业务范围、产品与服务等内容，只要在 WWW 方式下访问该公司的主页即可。因此，了解该公司的网络地址十分重要。随着互联网的发展,网址数量激增,营销调研人员要记住大量的相关网址是不可能的。因此需借助Web搜索站点查询,利用搜索引擎能及时发现调研人员所需要的调研对象内容。互联网上可供选择的搜索引擎有许多,如百度、360等,它们都能阅读、分析且储存数以百万计的私人网页资料。这些资料和信息又可借助于一系列的关键词和基本参数进行识别。市场调研人员可以利用搜索引擎进入有关的主题检索,同时将所获取的信息通过互联网复制到自己的计算机硬盘上,插入文件中,或直接打印出来以便今后利用。不同的搜索引擎有各自的特点和相对优势,选择哪一个搜索引擎,应根据市场调研对象和内容的不同而定。

利用WWW方式,除了直接进入某一网站进行浏览外,还可进入专业性或行业性的商务信息网站进行网络市场信息收集。所谓"专业信息网"也是互联网的一部分,它们是由政府或一些业务范围相近的企业或某些网络服务机构开办的。专业信息网能提供的信息主要有:相关网点介绍、行业信息、企业信息、产品发布信息、贸易机会等。中国农业信息网(http://www.agri.cn/)就是由农业部主办的专业信息网,如图2-7所示,主要介绍中国农业宏观信息、政策及应用等信息。类似的还有中国糖网、中国经济信息网等。这些专业信息网多为子网一级的链接,几乎涵盖了所有的经济、商务类网络。在某些服务性网站中往往也有很大一部分比例内容是有关商务信息的。专业信息网中的站点信息具有针对性、即时性、长期保存性等特点,对开展网络营销调研具有很大的参考价值。此外,一些科研、学术类信息网络也是市场调研的重要信息来源(图2-7)。

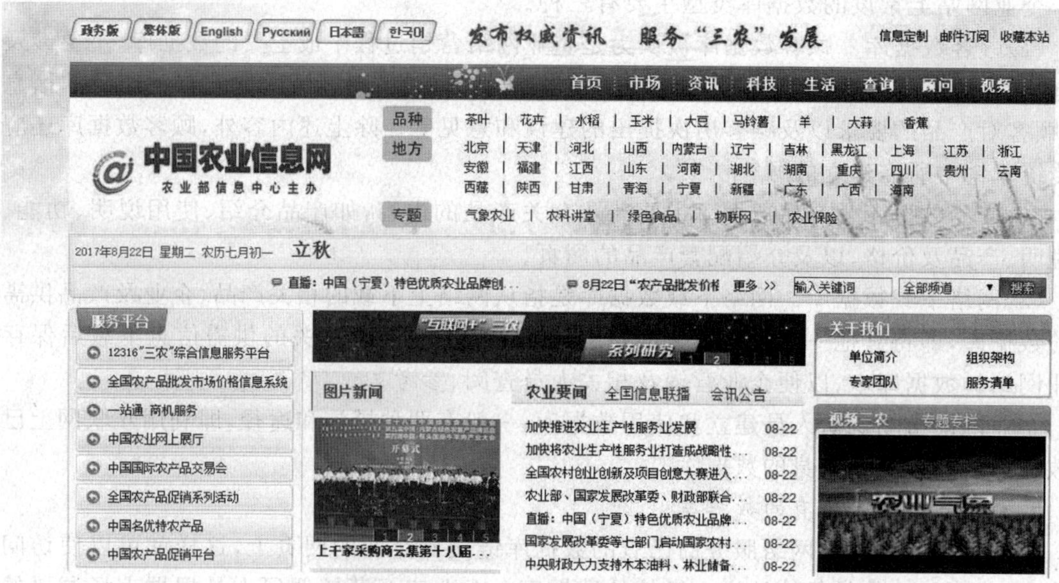

图 2-7　中国农业信息网

(2)其他方式　其他方式主要有电子公告牌、新闻组、电子邮件、微博等。

电子公告牌与现实生活中的公告板的作用一样,是在网上开辟一个"电子的公共空间",供用户自由发布或读取信息。我们今天也把它叫作"论坛"或者"社区",从某种意义上讲,电子公告牌是信息和文件的储藏库。目前,互联网上专用的商用电子公告牌已经很多,如百度贴吧中的农业吧,如图2-8所示也有很多网络服务机构在一些已经存在的网上论坛站点上开设了商务讨论区。

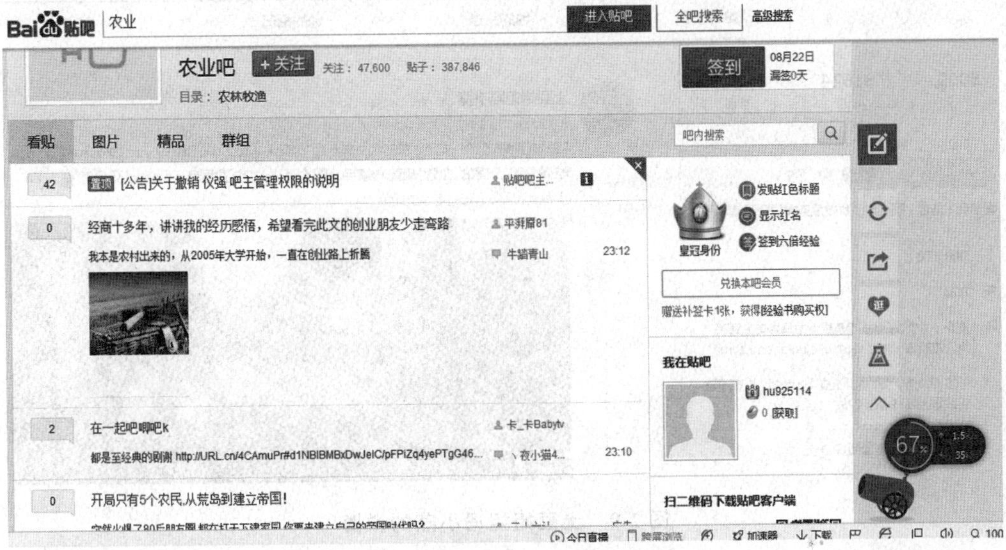

图 2-8　百度贴吧中的农业吧

新闻组是具有共同爱好的互联网用户相互交换意见的一种无形的用户交流网络，它相当于一个全球范围内的电子公告牌系统。新闻组是按不同的专题组织的，市场调研人员可以通过互联网随时阅读新闻服务器提供的分门别类的信息，并可以在新闻服务器上发表自己的见解。

电子邮件是用户或用户组之间通过计算机网络收发信息的服务。使用电子邮件可以发送或接收文字、图像、语言等多种形式的信息。数据库或账目报告等更加专业化的文件也可以以电子邮件附件的形式在网上收发。通过电子邮件，营销调研人员可在互联网上的许多信息服务中心查询资料，只要向其指定的电子信箱发送含有查询命令的电子邮件，就可获得相应服务。邮件列表(Mail List)是电子邮件的扩展应用之一，互联网上许多电子报纸杂志就是依赖邮件列表形式存在的。调研人员可以向相应的邮件服务器发送一份订阅邮件，调研人员就作为一个用户被加入到该邮件发送的列表中，从而定期地获取所需要的信息。

微博，即微博客(MicroBlog)的简称是一个基于用户关系的信息分享、传播以及获取的平台。用户可以通过 Web、WAP 以及各种客户端，尤其是移动终端组建个人社区，以 140 字左右的文字更新信息，并实现即时分享。2009 年 8 月，中国知名门户网站新浪网推出“新浪微博”内测版，成为门户网站中第一家提供微博服务的网站，微博正式进入中文上网主流人群视野。至 2016 年月，中国的微博月活跃用户总数达到 2.97 亿。微博最大的特点就是：发布和传播信息速度快。例如，你有 200 万听众，你发布的信息会在瞬间传播给 200 万人。国内知名微博平台如图 2-9 所示。

微博营销是指通过微博平台为商家、个人等创造价值而执行的一种营销方式。该营销方式注重价值的传递、内容的互动、系统的布局、准确的定位，微博的火热发展也使其营销产生了较好的效果。

随着网络通信技术及全球经济一体化的飞速发展，一些基于未来网络技术的信息交互手段必然得到更快的发展，网络市场调研人员能利用的营销信息将更加全面、更加丰富。

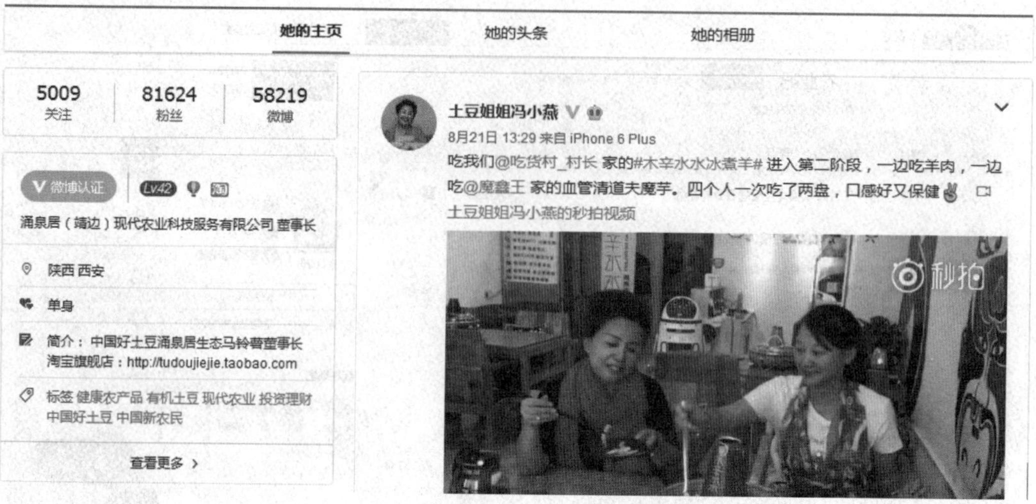

图 2-9　土豆姐姐冯小燕的微博

3. 建立企业自身的数据库

企业建立自身的数据库需要投入大量的人力、物力和资金。但是，一个能够随时给用户提供相关信息并能开阔用户眼界、娱乐身心、打破了时空局限的数据库，必然会吸引更多的访问者，企业也会因此获得更加及时、准确、客观的市场信息。企业自己的数据库主要有以下两种形式。

(1)基于浏览器的数据库　基于浏览器的数据库简单易用，用户只需启动浏览器，就可以方便地使用数据库中的信息。在这类数据库的设计过程中，应注意以下问题：

①数据库文件组织应大小适当，结构合理。因为浏览器一般会下载整个数据库文件来搜索目标对象，文件过大且分类不合理，会造成资源浪费，引起用户反感。应通过合理的结构设计与内容设计来保证访问者快速方便地选择自己感兴趣的信息。

②为方便使用，可在此类数据库文件中加入在文本文件中常用的链接技术，这样做会改变传统的数据库结构，同时也增加了数据更新的难度。然而对于访问者来说，这类数据库使用简单方便、实用有效。

(2)基于服务器的数据库　当企业建立的数据库信息结构复杂、信息量大且需频繁更新调整时，则可选择基于服务器的数据库。基于服务器的数据库在自己的主页上向使用者提供各项功能按钮或选择操作，在服务器上接受并完成访问者的操作请求，并将处理结果格式化后传送到访问者所在的计算机上。这种方式的最大特点是提供的功能更为灵活复杂，数据库的组织及处理更为规范标准。

上面论述了在网络上调研利用数据库的策略。营销人员必须熟练掌握使用网络上已有的数据库和自身建立的数据库，以便从网络中获取大量有关的产品和市场信息，为调研活动的顺利开展提供信息基础。

二、利用 SPSS 软件进行数据分析

数据分析的基本流程为明确分析的目的和内容—数据收集—数据处理—数据分析——数据展现—报告撰写，如何利用 SPSS 进行数据分析，也就是整个数据分析流程的中间部分(是

指从将数据导入 SPSS 工具到利用 SPSS 工具产生分析结果，对结果进行整理，形成图表并解读分析的过程）。利用 SPSS 等工具进行统计分析时，需要经过数据准备、数据清洗、数据分析和数据展现这样四个阶段。

1. 数据准备

数据准备过程主要包括两部分内容：SPSS 数据文件的建立和变量编辑。在 SPSS 数据文件建立之前，我们需要分析的数据可能以各种各样的形态存在，可能需要手动录入（小批量的数据，但通常数据的录入不在 SPSS 中直接进行），也可能是以其他格式形态存在，例如：. xls/. xlsx/. xlsm 格式，. txt 文本格式或. CSV 格式，SPSS 支持多种数据格式文件的导入。除此之外，SPSS 还可以直接从数据库中导入数据，利用数据库导入方式导入数据。这里需要注意的是，SPSS 每执行一条指令，都会重新读取所需的数据，如果你所取的数据是利用 SQL 语句从远程数据库中调用的数据文件，那么将会非常耗时，此时的小技巧是利用好 Cache data 功能，建立活动的数据缓存区，那样 SPSS 的运算速度会提升很多。

SPSS 数据文件成功建立后，接下来的准备工作则是对变量属性进行适当的调整和完善。例如你从公司的网站后台提取销售数据，后台数据库为了记录方便通常是将各种渠道销售数据用数字代码表示，而将这些数据成功的建成 SPSS 数据文件后，此时你需要对渠道代码进行编码说明，对缺失值进行标记等等。

2. 数据清洗

此过程主要为下一步数据分析做进一步的准备，最终将数据清洗为满足分析需求的具体数据集。期间主要内容包括：

(1)数据集的预先分析。对数据进行必要的分析，如数据分组、排序、分布图、平均数、标准差描述等，以掌握数据的基本特点和基本情况，保证后续工作的有效性，也为确定应采用的统计检验方法提供依据。

(2)相关变量缺失值的查补检查。

(3)分析前相关的校正和转换工作，如根据销售额对观测值进行分类，形成新的分类变量，从对应的身份证信息中提取出地区、年龄、性别等新的变量信息等。

(4)观测值的抽样筛选。

(5)其他数据清洗工作。

3. 数据分析

此阶段主要根据需求，选择合适的统计方法进行统计分析和数据图表的制作，这里选择合适的方法是关键，相关操作 SPSS 软件已经标准流程化，我们只需要选择合适的参数进行相关操作即可。

除了上述方法外，SPSS 17.0 以上的版本还提供了一个直销模块，这部分内容是对市场营销活动中的用得比较多的模型的整理浓缩。

4. 数据展现

常常听到有人抱怨 SPSS 输出的图表太丑，修改编辑起来太麻烦，真的是这样吗？其实 SPSS 软件有提供很多的图表供大家选择，我们所使用的只是其中的一种而已。除此之外，SPSS 也提供自己定义图表模版功能供我们自由操作。

SPSS 的菜单操作通常会输出很多多余的结果，对这些结果进行有针对性的挑选和组合才是工作的重点，而不是一味地将所有分析结果全部搬到报告中去，在写报告前对这些结果进行合理的简化和整合是必需的，与此同时，相应的结果解释(探讨是否接受或拒绝研究假设，解释结果形成的原因)以及相关含义衍生都在此部分完成。

三、撰写网络市场调研报告

网络市场调研作为一种研究手段，已经被广泛地应用到各行各业，如何将调研结果清晰明了地表现出来？这就要求撰写的调研报告有明确的主题，清晰的条理，简捷的表现形式。调研报告是整个调查工作，包括计划、实施、收集、整理等一系列过程的总结，是调查研究人员劳动与智慧的结晶，也是客户需要的最重要的书面结果之一。它是一种沟通、交流形式，其目的是将调查结果、战略性的建议以及其他结果传递给管理人员或其他担任专门职务的人员。因此，认真撰写调查报告，准确分析调查结果，明确给出调查结论，是报告撰写者的责任。

1.调研报告的结构

一份相对比较完整的调研报告的结构主要包括以下内容：

(1)题页　题页点明报告的主题，包括委托客户的单位名称、调研的单位名称和报告日期。调研报告的题目应尽可能贴切，表明调研项目的性质。

(2)目录表　如果调研报告的内容、页数较多，为了方便读者阅读，应当使用目录或索引形式列出报告所分的主要章节和附录，并注明标题、有关章节号码及页码。一般来说，目录的篇幅不宜超过一页。

(3)调研结果和有关建议的概要　概要是整个报告的核心，要简短，切中要害，使阅读者既可以从中大致了解调查的结果，又可从后面的内容中获取更多的信息。有关建议的概要部分则包括必要的背景、信息、重要发现和结论，有时根据阅读者的需要，还可提出一些合理化建议。

(4)本文(主体部分)　本文包括整个市场调研的详细内容，含调研使用方法、调研程序、调研结果。要尽量讲清调研使用的方法，并说明选择此种方法的原因。在本文中相当一部分内容应是数字、表格，要用最准确、恰当的语句对分析做出描述，结构要严谨，推理要有一定的逻辑性。在本文部分，一般必不可少地要对自己在调查中出现的不足之处，说明清楚，不能含糊其辞。必要的情况下，还需将不足之处分析清楚，以提高整个市场调研活动的可信度。

(5)结论和建议　应根据调研结果总结结论，并结合企业或客户情况提出所面临的优势与困难，提出解决方法，即建议。对建议要做简要说明，使读者可以参考本文中的信息对建议进行判断、评价。

(6)附件　附件内容包括一些过于复杂、专业性的内容，通常将调研问卷、抽样名单、地址表、地图、统计检验计算结果、表格、制图等作为附件内容，每一内容均需编号，以便查寻。

2.调研报告的内容

调研报告的主要内容如下：

(1)说明调研目的及所要解决的问题。

(2)介绍市场背景资料。

(3)分析的方法，如样本的抽取，资料的收集、整理、分析技术等。

(4)调研数据及其分析。

(5)提出论点，即摆出自己的观点和看法。

(6)论证所提观点的基本理由。

(7)提出解决问题可供选择的建议、方案和步骤。

(8)预测可能遇到的风险、对策。

◆ 技能训练

技能训练一 设计网络调研方案

一、实训目标

学会如何设计网络调研方案。

二、情景描述

大学生李明是雅安人，毕业后他选择返乡创业，经营起自家的茶园。他将自己产自蒙顶山的茶叶散装在当地市场进行销售，有时也能拿到一些小型茶楼的订单。但是他觉得这样的销售方式过于单一，销量也不稳定，他想进一步拓宽销售渠道，将茶叶拿到网络上进行销售。不过他不确定互联网另一端的消费者对包装、茶叶种类、广告推广等有什么样的偏好，为了更好地了解消费者的偏好，以便更顺利地销售茶叶，他需要进行网络调研。

请你帮助李明设计一份关于网络消费者对茶叶需求及偏好的网络调研方案，包括在线调研问卷的设计。

三、操作步骤

(1)指导教师要求学生课前预习实训材料。

(2)将全班同学进行分组并讨论。

(3)各小组记录工作过程，学会设计层次清晰、内容完整的调研方案。

(4)各小组对本次实训进行总结和点评，撰写报告。

技能训练二 整理和分析网络调研资料

一、实训目标

学会科学地进行调研资料的整理和分析。

二、情景描述

将投放到网上的“关于网络消费者对茶叶需求及偏好的网络调研问卷”回收、整理、审计。拟定“于网络消费者对茶叶需求及偏好的网络调研问卷”的整理分析计划。

三、操作步骤

(1)指导教师要求学生课前预习实训材料。

(2)将全班同学进行分组并讨论。

(3)各小组记录工作过程，学会有效地回收调研问卷。

(4)学会利用图表进行调研资料的整理和分析。

(5)各小组对本次实训进行总结和点评，撰写报告。

◆ 知识测试

一、单选题

1. 在网络营销中，以下哪项是沟通企业与消费者的重要内容和手段，是整个信息系统的基础，也是网络营销市场调研定量分析工作的基础。(C)

A. 数据　　B. 信息　　C. 数据库　　D. 数据库系统

2. 下面哪项不是网络市场调研的优势？（ C ）

A. 网络调研的及时性和客观性　　B. 网络调研的便捷性和经济性

C. 网络调研的生动性　　D. 网络调研的互动性

3. 下列调查问卷中的问题最恰当的是（ D ）

A. 这种酱油很润口吧？

B. 最近两个月你从这家电器商店购买了什么家电产品？

C. 请问你每天看杂志的平均时间为（　　）小时（　　）分？

D. 你的教育程度：(1)不识字(2)小学(3)中学(4)大学(5)大学以上

4. 以下哪项不属于网络直接调研的方法（ D ）

A. 网上问卷调研法　　B. 网上讨论法

C. 网上观察法　　D. 利用搜索引擎收集资料

5. 以下描述中，不属于网络市场调研特点的是（ C ）

A. 网络调研信息收集的广泛性

B. 网络调研信息的及时性和共享性

C. 网络调研经济成本较高

D. 调研结果有较强的准确性

二、简答题

1. 简述农产品网络调研的步骤。

2. 如何利用 SPSS 软件进行数据分析？

项目三　农产品网络品牌

◆ 知识目标

- 熟悉农产品网络品牌概念
- 了解农产品网络品牌现状
- 掌握农产品网络品牌系统
- 掌握农产品网络品牌塑造方法
- 了解农产品网络品牌案例

◆ 目标任务实施方案

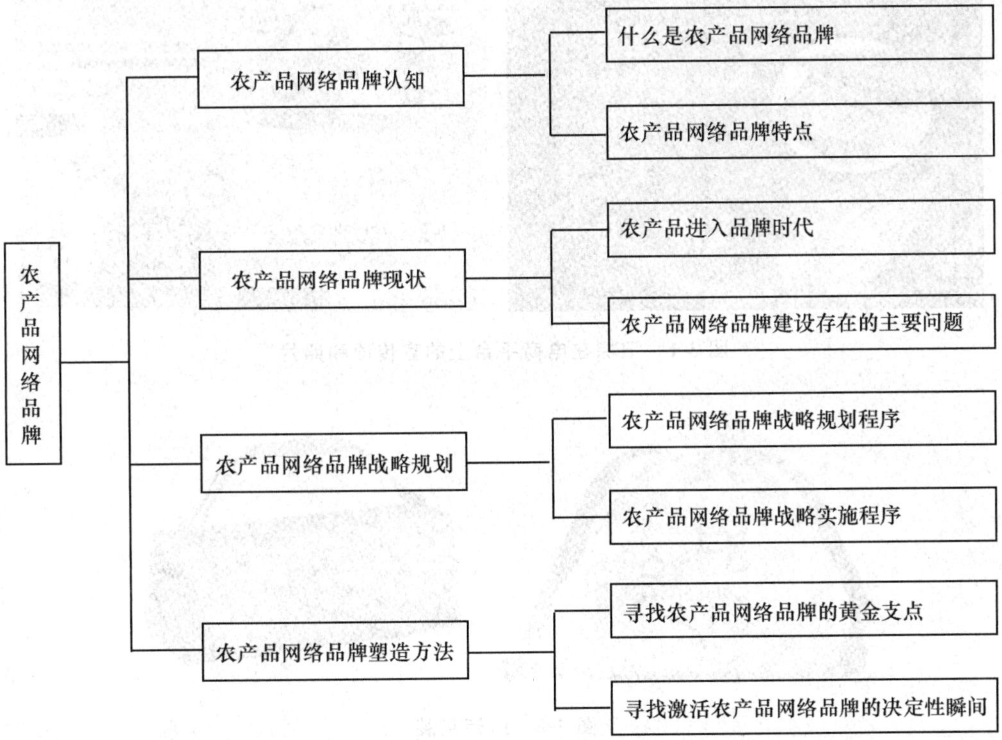

◆ 引导案例

汨粽：拿文化做粽叶 让原生态返璞归真

中国粽子市场品牌林立，超过30余种，但迄今无一家能绝对引领整个行业。当前，该行业销售冠军五芳斋也仅占10%左右的市场份额。

在市场争夺中，一款打着来自端午源头的粽子——汨粽，通过融入端午正宗文化、互联网极致思维等开始在市场上崭露头角。

汨粽产自湖南汨罗，这里是端午文化的源头，有着千年历史文化底蕴，每年大量全球游客来此游玩。在汨罗做粽子，有着得天独厚的优势。

从市面上看，粽子已被传统食品企业深耕多年，但真正能让消费者体验到端午文化的并不多。所以要发展现代粽子产业，就必须在品牌塑造中打好“传统文化牌”。

汨粽包装中有四根长度不足15厘米，厚度与雪茄接近的艾条。一根细艾条的创意拉近了消费者参与端午节的仪式感，深受市场青睐。

在外形上，汨粽还融入其他更多端午元素。例如每个汨粽都用五彩丝缠绕，寓“辟邪除恶”之意。为突出汨粽的原生态和历史厚重感，梅强率先在行业中使用布袋及牛皮纸包装，不仅让汨粽有返璞归真之感，还可从外观上和其他品牌区别开来。此外，在汨粽包装袋里，放置着一张龙舟形状的四折页，上面图文并茂介绍端午节传统习俗，以及汨粽的特点。这些独特的创意，让吃汨粽的人有了端午文化归属感。

虽然市场竞争激烈，但真正能附着深厚端午文化的粽子企业屈指可数。品牌或产品烙上端午文化，企业才会有核心竞争力(图3-1、图3-2)。

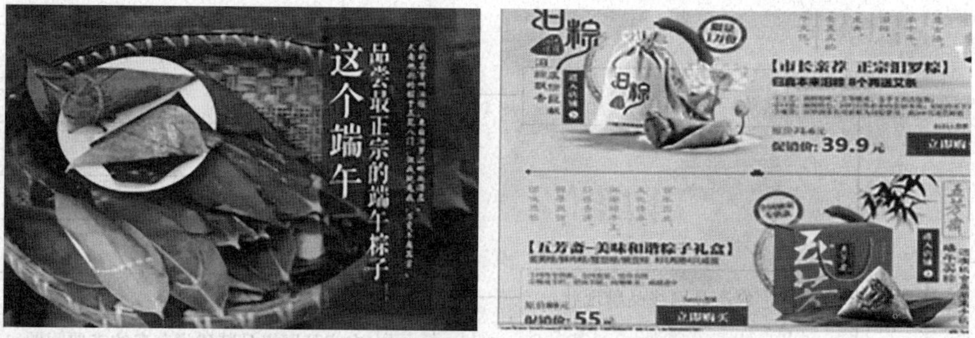

图3-1 汨粽在电商平台上的宣传语和照片

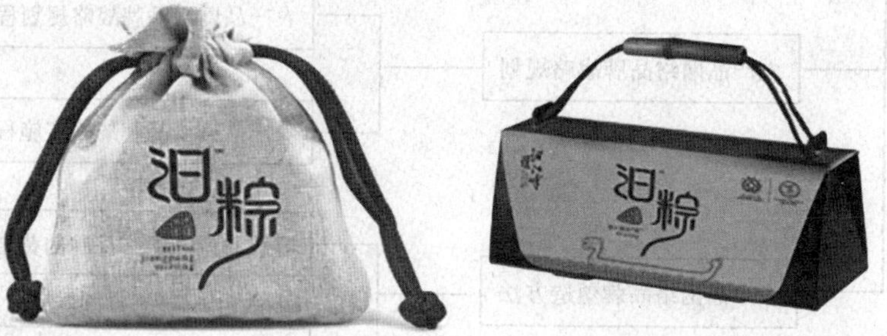

图3-2 汨粽包装

(参考资料：http://www.sohu.com/a/14001522_114990)

任务一　农产品网络品牌认知

一、什么是农产品品牌

“品牌”一词源于古斯堪的那维亚语 brandr，意思是“烧灼”，人们用这种方式来标记家畜等需要与其他人相区别的私有财产。到了中世纪的欧洲，手工艺匠人用这种打烙印的方法在自己的手工艺品上烙下标记，以便顾客识别产品的产地和生产者。16 世纪早期，蒸馏威士忌酒的生产商将威士忌装入烙有生产者名字的木桶中，以防不法商人偷梁换柱。到了 1835 年，苏格兰的酿酒者使用了“OldSmuggler”这一品牌，以维护采用特殊蒸馏程序酿制的酒的质量声誉。

随着时间的推移和经济的发展，品牌承载的含义越来越丰富。被誉为“现代营销学之父”的美国西北大学终身教授菲利普·科特勒博士则将品牌定义为一个名称、名词、符号或设计，或者是它们的组合，其目的是识别某个销售者或某群销售者的产品或劳务，并使之同竞争对手的产品和劳务区别开来。到今天，品牌代表着消费者对产品及其服务的认知认可程度，已成为各类企业参与市场竞争的敲门砖和吸金石。有位世界知名广告研究专家曾预言：未来的营销大战将会是品牌争夺市场主导地位的竞争，是一场品牌之战。

中国是一个农业大国，但中国不是一个农业强国，中国没有强势农产品品牌，因此品牌化已成为当下中国农产品发展的一个重要时点，品牌的创建和形成，本质就是构建起产品和消费者间的信任关系，它已成为农产品发展不可逾越的关口。

农产品品牌，指由农民(包括新农人)等农业生产经营者，通过栽培农作物、饲养牲畜、形成观光农业、创意农业等生产经营活动而获得的特定的产品(服务)品牌。该品牌是以农产品及其初级加工产品、农业生产、农产品消费过程产生的物质成果、体验性服务为基础，经由一系列相关符号体系的设计和传播，形成特定的消费者群、消费联想、消费意义、品牌个性、通路特征、价格体系、传播体系等因素综合而成的有机整合体。农产品品牌起源于农产品的独特识别与差异化，并经由各相关利益者认知、认同甚至忠诚、信仰，并包括独特的消费者生活世界在内。

因此，农产品品牌，是基于农业生产与经营所产生的物质产品与服务体系、消费者对农产品的体验感知、品牌符号体系与意义生产等要素的系统生产、互动沟通、利益消费而形成的，独特的利益载体、价值系统与信用体系。

农产品品牌属于农业品牌范畴，但农业品牌比农产品品牌的范畴要大得多。农业品牌不仅包括农产品产品品牌，也包括农业生产经营全产业链过程中出现的系列不同类型的品牌，如农业服务品牌、农业产业品牌、农业企业品牌、农业商业(流通)品牌、农业综合品牌等等。因此，农业品牌是基于农业生产过程所产生的农业生产资料、农业生产物质产品与服务体系、不同类别消费者对农业生产资料、农业生产物资产品与服务的体验感知、品牌符号体系与意义生产等要素的系统生产、互动沟通、利益消费而形成的，独特的利益载体、价值系统与信用体系。

就品牌注册的商标性质而言，根据《中华人民共和国商标法》的分类，涉农商标可分为商品商标、服务商标、集体商标、证明商标。其中，以集体商标、证明商标注册的品牌，又可以称之为农产品“区域公用品牌”，以商品商标、服务商标注册的品牌，为农产品企业品牌或产品品牌。

二、品牌营销理念

品牌营销理念,就是用品牌管理的思想和方法对市场营销活动进行管理。它强调,企业要在选定的市场环境中,通过品牌战略创造竞争优势,向包括顾客在内的所有参与者提供最大的利益。

品牌营销理念的核心要素首先来源于战略的基本特征。

(1)方向性 品牌营销强调方向性,即效能。它首先关心的是向什么方向进行营销。它包括了顾客导向的思想,并把顾客导向放到一个更加广泛的社会背景中。

(2)长期性 战略是今天对未来的决策。品牌营销就是不仅能发现顾客当前的需求并满足之,并且能发现顾客潜在的需求,加以开发,使其成为企业长期的宝藏。

(3)竞争性 竞争是战略的本质。目前的现实是过多的企业追逐过少的顾客,而且产品的同质化很严重。在此情况下,仅提供顾客导向、满足顾客现实的需要就显得过于软弱。因此,必须以竞争对手更有持久竞争力地满足顾客的需要。

(4)创造性 战略是高瞻远瞩、聪慧睿智的创造,而不是模仿。品牌营销的创造性过程贯穿于市场营销分析、规划、执行、激励和控制的全过程。创造也包括"有所为,有所不为",有所为就是集中资源于目标市场,有所不为就是防止战线过长,顾此失彼。在很多情况下,"放弃"就是"获得"。战略管理不仅要学会扩张,还要学会放弃。

(5)协同性 品牌营销是一个体系,是系统。它要求市场营销所涉及的各项职能、各项目标、各项政策、各项活动等等必须具有高度的内在统一性。只有协同才能消除抵触、消除浪费,才能使各项创造顾客价值的分散的活动形成紧密链环,才能使系统效益最大化。

(6)参与者共赢 品牌营销将市场营销的目的由企业获利扩展到使所有参与者获得利益。参与者包括所有关心企业活动的个体与组织,如企业的员工、管理者、银行、顾客,企业所在的社区、公众、政府等,当然也包括企业的股东(表 3-1)。

表 3-1 品牌营销与市场营销的主要区别

有差别的观点	品牌营销	市场营销
时间架构	长期的。决策具有长期的指向性	短期的、日常的。决策与给定财务年度相关
思维取向	归纳性的、直觉性的	演绎性的、解析性的
决策过程	主要是自上而下的	主要是自下而上的
同环境的关系	认为环境是不断变化和动态的	认为环境是恒定的,偶尔波动
对机会的敏感性	不断寻求新的机会	只注重搜寻某一个机会
组织行为	取得企业横向的、纵向的不同部分之间的协同	注重分散的业务单位的利益
工作的性质要求	要求高度的创造性和新颖性	要求成熟、经验和控制导向
领导风格	要求领导有前瞻性的理念	要求领导要有反应性的理念
使命	解决哪些企业应予以强调的问题	处理已被指定的业务如何计划与经营的问题

三、农产品网络品牌的特征

当今互联网思维下的品牌创建与以往传统品牌创建的路径大为不同。传统品牌往往需要长时间的培育过程，甚至是历史的传承。但现在要创建一个风靡全国的知名品牌只需要 1～2 年甚至数月就够了。就像褚时健的“褚橙”，短短 1～2 年的时间久从零开始成为国内水果行业的领先知名品牌。那么它的创建路径和核心因素是什么值得深究。

其实褚橙的成功并非只是品牌的人格化和故事营销，那些只是表面现象，而对表象的复制往往是很难成功的。我们先来看褚橙是如何成功的，又是如何人格化和故事营销去溢价的。

总结褚橙的成功表明两大核心因素缺一不可。一是它很好地满足了人们对果品消费的 2 大诉求：安全和好吃。二是充分利用了互联网快速、全地域、全时段无缝传播覆盖的特点，让成千上万的消费者在短时间内都获得了这一资讯。

具体说来褚橙生长于海拔 800～900 米无污染的云南玉溪市新平县的哀牢山群上，周围五公里内无居住村庄，方圆 20 千米内无工矿企业，生长的果品完全无污染；长达 2 000 小时的年日照量，以及 1 200 毫米的年降雨量和最佳的昼夜温差使褚橙形成了 24∶1的甜酸比，表明这是最佳栽植地。加上褚老认真做事一心钻研的态度，只用有机肥并采用人工除草、防治病虫，先进的采后处理机械和流程保证了果子的质量以及一致性，这是保证褚橙品质的基础。

另外，互联网传播的成功则是其以胡海卿老师领衔的褚橙策划团队充分且有效的借助互联网技术的杰作。市场上一般的脐橙售价一般在每千克 8～14 元，而褚橙的售价在每千克 30～32 元，跟美国进口脐橙和澳洲进口脐橙是同一价位。通常情况下，价格定高了，相应的市场就会变小。而褚橙在高价位依然能够取得不错的销售量，则是褚橙的内功奠定了坚实的基础，然后通过品牌的塑造进一步把市场变大。

真正的农产品网络品牌具有以下 8 个基本特征：

(1)拥有广大而稳定的消费者群体。

(2)拥有较大的市场占有份额，企业的市场占有率较高。

(3)拥有从产品开发到市场销售的独特运作方式。

(4)拥有强大的技术开发与创新能力。

(5)产品的高质量得到消费者的普遍认同。

(6)拥有较高的盈利水平。

(7)品牌商标都具有相当高的价值。

(8)拥有品牌产品的企业都十分注意维护品牌的形象与信誉

任务二　了解农产品网络品牌现状

一、中国农产品进入品牌化时代

有研究表明，在短缺和独一无二两种情况无须品牌建设。我国经过 30 多年的改革开放，农产品生产已得到巨大发展。据国家统计局《中国住户调查年鉴 2013》数据，同期城市家庭人均全年鲜菜消费量已达 115 千克，鲜瓜果消费量已达 57 千克。这些数据已达到甚至超过一些西方发达国家的人均消费水平，但我们的生产却仍然在快速发展中。有人据此判断，一些鲜活农产品的供给出现了阶段性、区域性、结构性过剩。另一方面看，由于经济全球化及贸易便利化的推进，我国逐步开放了国外鲜果的大量进口限制，现在美国、加拿大、澳大利亚、智利以及波兰等中东欧国家的苹果、樱桃、梨等就可进入我国市场更加剧了供给的饱和。

从消费需求层面看，由于人们越来越富裕，对农产品的安全性、口味口感的要求也越来越高，已经不满足于吃到这种农产品，要求农产品即安全又好吃。但农产品种类琳琅满目、林林总总，如何挑选到自己满意的农产品就需要品牌的指引。

实际上，美国在20世纪30—40年代，欧盟和日本在50—60年代，韩国在80年代，农产品供求关系、市场结构及有关制度安排都发生了重大变化，农业品牌也大体在那个年代开始培育与起步。

创建于19世纪初的美国“新奇士”橙子品牌是一个利用区域公用品牌模式创建农产品品牌最为成功的案例。经过100多年的发展它已成为一个西方世界80%的消费者知道和信任，也是全世界知名度、认可度极高的品牌。它由美国加利福尼亚州与亚利桑那州六千多名柑橘种植者共同拥有并运营，其中大部分都是小型的个体果农。

1907年，新奇士第一次作为一个种植者协会组织为一类易腐烂的产品在全国范围内开展广告运动；1908年，新奇士第一个成为以柑橘和柠檬注册商标的农业合作组织；1916年，新奇士第一次开展促销柑橘果汁的广告运动，鲜明提出“喝一个橙子”的口号，从而为果汁工业的开创和发展奠定了基础；1916年，美国食品协会第一次提供奖励给买新奇士果汁的消费者；1922年，新奇士第一次在广告中使用了维生素C作为诉求点，明晰地走上了把健康作为产品营销主题的道路；1926年，新奇士商标第一次直接印在新鲜的水果上，品牌视觉标志建设进入了自觉的阶段；20世纪20年代后期，新奇士第一次赞助加利福尼亚州和东海岸之间的商业电台，并第一次启用电影明星做广告；1981年，新奇士进入美国全国和世界十大畅销软饮料之列；1993年，新奇士成为第一个超过100年的商业性的农业合作组织。“新奇士”利用全球辐射与本土策略所结合的品牌营销，则为一个橘子提供了广泛的品牌空间。在形成巨型品牌的过程中，广告起着一个品牌定位的重要作用，而商标授权计划和托权经营等策略，则让新奇士不仅拥有了在全球具有相当知名度和口碑的初级产品链，更形成了由初级产品到工业品到服务业的整个“新奇士”产业链。从一个橘子，新奇士历经一个多世纪成了知名世界品牌，新奇士协会成为了世界上最大的水果营销合作组织。而这一切，都构成了一个世界品牌的重要价值。

很多情况表明，我国农业也正处于类似的关键节点上，开始进入农产品品牌时代。

二、中国农产品网络品牌存在的主要问题

1. 政府越位

品牌不是政府任命的和指定的，而是市场认同的。政府作为区域性公用品牌的打造主体有很多负面作用，它不是一种市场行为，无法按目标消费者的需求，有针对性地进行品牌塑造和策划宣传。这些宣传多是在产地而不是消费地区进行，无法起到促进消费和引领消费的作用。另一方面，由于政府动用大量的公共资源进行品牌宣传，会减弱企业在自有品牌方面的投入，产生依赖思想，使企业产品品牌的塑造和建设滞后。政府应该运用市场手段包括税收、信贷、用地等方面促进企业培育品牌、做大做强，而不是直接参与其中。

对烟台苹果而言，只有区域性公用品牌是远远不够的，没有企业和产品品牌的成名做大，

烟台苹果依然难有未来。

2.企业不到位

中国是农产品生产大国,历史悠久,但全国性农产品品牌企业却很少,更没有有号召力的产品品牌。而品牌是一个企业最核心的资产。企业品牌和产品品牌创建的要建立一套严格的农产品品质质量管控体系,使消费者购买的同一品牌的农产品口感质量一致,如果这方面缺失,出现消费者买到的产品不同批次甚至同一批次之间也会有很大的质量差异,出现问题时又没有商家负责售后服务,所以,时间长了消费者便逐渐失去对这一品牌的兴趣,从而在当前供过于求的市场上被遗忘。

3.缺乏品牌超级符号

品牌是给拥有者带来溢价、产生增值的一种无形资产,它的载体是用于和其他竞争者的产品或劳务相区分的名称、术语、象征、记号或者设计及其组合,增值的源泉来自于消费者心智中形成的关于其载体的印象。

作为中国果业第一品牌,一提到烟台苹果,大家却想不到统一的符号。烟台苹果现在的口号是:烟台苹果果真出色。这一口号过于笼统。无法体现烟台苹果在安全性和口感体验上满足消费者的关切,因此难于指引消费者的消费倾向。

三、中国农产品品牌建设需要实现五个基本突破

当前,中国农业品牌建设,需要根据农业产业特别是中国农业的特殊性,实现五个基本突破:

(1)打破单一的工业思维局限,遵循农业产业特征,创建区域公用品牌与企业(产品)品牌互动共赢模式。

农业产业,特别是中国农业产业的区域化特征显著,组织化程度较弱,应当打破单一的工业思维局限,针对并遵循中国农业产业特征,借助区域整合力量、区域联动价值,创造区域公用品牌与企业(产品)品牌互动共赢的模式。

(2)打破机械的行政区划疆界,遵循农产品生长特征和区域文脉特征,创建跨区域、集聚共性特征的强势品牌。

以往,中国农业的品牌建设,多以县域及以下区域为基本范畴 ,机械实施"一县一品"、"一村一品",造成了如今品牌多而杂、小且乱的局面。应当根据农产品的生长特性,区域文脉特征,打破机械的以"村"、"乡"、"县"为区域范畴的行政划分习惯,集聚农业地理文化共性、优势产业带资源,创造跨区域、集聚效应的强势品牌。

(3)打破唯规模量化模式,遵循生态链原则,创建强弱、大小、虚实、功能互补共赢的科学品牌生态系统 。

以往,市场上更多的是着眼于龙头企业的老大定位,未来,当正视品牌消费、互联网消费中"去中心化"的多元个性消费趋势,遵循生态链原则,立足资源禀赋,建设可持续的品牌生态系统,形成有机、有效、互补共赢的品牌生态链。

(4)打破农业第一产业的传统定位,遵循产业链互动原则,使农业真正成为区域经济的原生动力,使农业品牌成为国家品牌与产业联动的支柱体系 。

农耕文化,是中国乃至世界的原生文化;农业产业,是中国乃至世界的原生产业。农耕文化是现代文明的母亲,农业产业是现代产业的父亲,其所具有的原生动力、原生价值,是现代文

明、现代产业的原生基因。不拘泥、不限制，打破对农业产业的传统定位，遵循产业链互动原则，通过品牌战略，激发区域经济的原生动力，使农业品牌真正成为国家品牌与产业联动的自主体系。

(5)打破农业产业的传统交流格局，遵循品牌传播原则，以现代品牌的方式进入消费市场，赢得消费者心智。

传统农业“鸡犬相闻，老死不相往来”的生存方式与交流模式，与当代的传播环境、沟通需求已然格格不入。应当打破传统的交流格局，遵循品牌传播原则，借助现代元素与现代技术，利用符号传播、文脉传播、场景体验传播、媒体互联传播、消费体验传播等，扩大品牌知名度、提升品牌好感度、增强品牌互动性，让农业及其品牌真正走进消费者心里。

任务三　农产品品牌战略规划

品牌战略，目前更多地以品牌化、品牌创建、品牌塑造、品牌经营等词汇表述，英文则表达为 Branding。指的是对产品或服务进行一系列的品牌战略建设与管理的过程。品牌战略的规划及实施程序，从战略到策略，从策略到方法及工具运用，是一个层次高、系统性强、涉及面广、效果要求立体化的系统工程。

一、品牌战略规划程序

1.品牌战略环境测评

洞察品牌的目标消费者及消费趋势，判断产品、产业、品牌的竞争态势，寻找并确定差异化满足消费者的品牌核心价值、品牌系统价值链。已有的测评的模型已经非常丰富。如波特五力模型、日本电通蜂窝模型、SWOT 等等。可借助相关模型，进行有效的品牌战略环境测评。

2.品牌战略目标确立

确定品牌的未来路径与目标。包括消费者目标、竞争目标、发展目标、价值目标等四个方面。消费者目标，强调以消费者为中心，提供符合消费者本质需求的品牌产品(服务)、创造消费者体验价值，建立与消费者的特殊关系；竞争目标，强调成为同业中的引领者或提供特殊价值者(第一，或者其他富有竞争力的地位)；发展目标，强调品牌发展的阶段性成长效果、生存与发展的协同延伸链、品牌资产与利润获得，百年品牌的终极目标选择；价值目标，强调品牌价值的不断累积，实现品牌价值与未来收益的最大化。

3.品牌战略规划设计

战略的本质，就是解决问题的方案[①]。品牌战略规划应当根据品牌所处的现实状况与战略目标，选择不同的品牌战略、实施不同的品牌战略规划。以往，有多种战略模式可以借用，如经典性战略(在可预测的行业，进行分析、规划、实施，目标是做大品牌，战略实施稳定性高)、适应性战略(在不可预测的行业，实施适应性应对，应对并驾驭环境因素的不断变化，不断选择、不断推广品牌，没有一以贯之的战略规划，变是常态，创新是根本)、挑战型战略(建立愿景、蓝

① 参见(美)马丁·里维斯(Martin Reeves)，(挪)纳特·汉娜斯(Knut Haanaes)，(印)詹美贾亚·辛哈(Janmejaya Sinha)著. 王喆，韩阳译.《战略的本质——复杂商业环境中的最优竞争战略》. 中信出版集团，2016 年 6 月.

海战略、颠覆经典、创造未来，创造新型价值体系，创造消费者 USP，并抢先快速发展，时机是品牌的生命）、重塑型战略（定义或重新定义产业规则，并吸引、协调、共同发展同业，如平台战略，改变行业竞争格局，形成新型协同生态系统；在品牌面临竞争力低下的落后局面时，实施转型、变革、提升、重塑，重塑品牌的竞争力与价值体系）。

由于消费与产业竞争的性质及其可预测性、产品与产业的可塑性、竞争环境的严苛性程度）等不同，进行品牌战略规划时需要充分分析各种传统战略规划的优劣势，并选择适合品牌自身资源的战略类型，进行战略规划。

如我国的农业品牌战略规划，在目前的行业性质、预测性、可塑性、严苛性四方面来看，选择以重塑型为战略主体，协同经典型、适应型、挑战型战略，则更能够提供有效的解决方案。比如"品牌定位"、"品牌核心价值提炼"、"品牌价值支撑体系建设"等都是品牌价值重塑战略。

4. 品牌战略实施控制

品牌战略规划如果不实施，只是一纸空文。品牌战略，须由专业团队实施，实现品牌管理。在实施过程中，品牌战略决策者、目标制订者、战略选择者、策略提供者均需要协同作战，有效控制品牌战略的有效实施。农业品牌战略规划实施过程中，政府、协会、企业、专业团队及第三方力量、合作社、农户、专业媒体与大众传媒等各方力量的有效协同，控制品牌战略实施程度、方向、科学性等，十分重要。

二、品牌战略规划的实施程序

品牌战略规划的实施程序，应当基于消费者需求，研发、生产消费者需求的、品质良好的产品或服务。同时，进一步延伸品牌的生产环节，通过符号生产、关系生产、价值赋予或价值重塑等实施品牌战略。

1. 品牌识别系统创建与管理

品牌源于识别。因此，生产具有特色的产品（服务）、创造独特的系统符号并建构象征意义体系、管理识别系统的一致性、系统性，是品牌战略实施程序中重要的步骤。其中包括：

（1）品牌命名与商标注册　品牌命名与商标注册，是将一个符合消费需求的产品（服务）通过以标志为核心的符号系统的创造与注册，成为一个有法律保护、具有商标专用权，获得特定的品牌权益的行为过程。在中国，相关法规规定必须进行商标注册的商品，须经过商标注册。并且，获得注册的商标必须按照《中华人民共和国商标法》中的相关规定，具有明显的特征。经国家商标局核准注册的商标为注册商标，它包括商品商标、服务商标和集体商标、证明商标。就目前的情况来看，商品商标、服务商标一般由自然人、法人或企业申请；而集体商标、证明商标则一般由协会、科研机构、研发机构、甚至政府职能部门提出注册申请。在农产品品牌的商标注册中，由于地理特征依赖，比较工业品品牌有更多的证明商标和集体商标；在品牌命名上，也体现出了浓厚的地理色彩。农产品区域公用品牌，一般以集体商标或证明商标注册；农产品企业品牌或产品品牌，则一般以普通商标注册。

（2）品牌符号及意义系统设计　品牌就是一个符号，品牌与品牌之间的竞争就是符号之间的竞争。依照该符号，消费者可以放心购买；生产者则可以围绕该符号进行品牌的再生产和再创造。过去，人们以为品牌的符号表达仅仅是 LOGO，因此，误解为商标就是品牌，只要注册了商标，就成就了一个品牌。但确切地说，品牌不仅是一个符号，更是一个符号与意义系统。

20 世纪 70 年代以来，国际上风行 CIS（企业形象识别系统）设计，其中的 MI、BI、VI 三大子系统，表现了一个企业的理念符号系统、行为符号系统和视觉符号系统。理念符号系统的设计，强调对一个企业的目标、价值观、对社会的责任等方面的表达；行为符号系统的设计，强调对企业成员的行为特别是服务系统的符合企业形象和企业理念的表达；视觉符号系统的设计，则强调在标志、企业标准色、标准构图、设计应用等。当品牌战略在国际范畴越来越盛行之后，盛行在20世纪的CIS，在新的时代体现为整合品牌传播（IBC，integrated brand communication）下的品牌识别系统设计。

品牌识别系统的创建与管理，强调符号、理念、行为等形象与个性的一致性表达，强调外在符号形象对品牌内在核心价值的有效呈现；强调识别的系统性及系统内部各部分之间的协同整合。

2.品牌传播与接触点管理

建立在消费需求基础上，所实施的独特的产品（服务）研发与产品（服务）生产、符号识别及意义系统的设计，均属于品牌经营者单方面的品牌识别系统创建与管理过程。要使产品（服务）及符号、意义的识别系统与消费者产生联系，发生特定的关系，应当经过品牌传播与接触点管理过程。只有通过品牌传播，才能搭建起与消费者及其他相关利益者之间的关系；只有建立关系，才能获得真正的品牌资产。通过传播，才能搭建关系，获得消费者与相关利益者对品牌的支持，才能拥有品牌资产。

品牌传播与接触点管理过程通常包括三个步骤：

（1）品牌识别系统的有机整合　将品牌理念识别、品牌行为识别、品牌符号识别等按照品牌核心价值及核心理念进行有机、有效的整合。

（2）有效接触点的选择与管理　接触点指的是产品（服务）与消费者接触的场所或地点、品牌信息与消费者接触的媒体、场所与地点。接触点的选择与管理是否有效，直接决定了产品（服务）及其他品牌信息与消费者接触的有效性。在互联网时代，不仅需要选择传统的物流渠道，更需要选择互联网接触点、特色接触点，才能够使产品（服务）可与消费者、相关利益者产生全方位的有效接触。同时，各种品牌信息需要通过各种有效的品牌传播通道到达消费者，才能让一个品牌与消费者构建有效的关系。从传播效果管理的角度，分析传播接触点的有效性、传播内容的目的性、传播形式的互动性，并持续进行传播活动实施，才能达到接触点的有效选择与管理。

（3）监控传播过程　传播过程开始，品牌经营者所建立的品牌识别系统已经脱离品牌经营者的可控范畴，进入了与消费者之间互动的传播循环系统。在这个循环系统中，所有的传播内容、传播形式都直接与消费者见面，而传播之间的互动主动权则掌握在消费者手上。传播过程，是品牌识别系统转化为品牌形象的过程。消费者从传播的内容和形式中了解传播者的意图、核心价值、品牌承诺，并在自己的心目中形成一个模糊或清晰的品牌形象。因此，品牌形象掌握在消费者心中。如果要有效地达到传播目的，不至于在传播过程中出现严重的信息误读、信息扭曲，就应当严格监控传播过程。

传播过程的监控，一般分事前、事中、事后三阶段。事前监控主要在整合品牌识别系统的过程中，着眼于识别系统的一致性目标；事中监控主要是在传播进程中，强调传播过程中的信息一致性表达；事后监控是在传播结束之后，强调对传播过程的效果把握，总结前一阶段的传播经验，并为下一阶段的传播延伸，提供有价值的数据支持和方向确定。

在互联网时代，人们对事物的判断和评价往往“认知大于现实”①，品牌传播将在该认知特征的作用下，起着前所未有的作用。消费者甚至将完全基于品牌传播而形成品牌认知、品牌个性理解、品牌态度及其对品牌的购买选择。因此，品牌传播与接触点管理过程，是十分重要的品牌化过程。

3. 品牌价值管理

当产品（服务）及品牌符号与意义系统通过品牌接触点，实现了品牌传播，并被消费者所认知、体验、感知，产品（服务）与消费者之间便会产生特殊的关系。这种关系可以形成品牌的有效价值，也可以形成无效的甚至是负面的价值。当形成无效或负面的价值时，品牌的传播效果是失败的。而当传播形成了正面效果之后，品牌的正向品牌价值形成。一旦形成了品牌价值，就需要对品牌价值进行有效的、科学的管理。

品牌价值管理包括对品牌的核心价值以及相关价值体系的管理。品牌价值管理过程的规范性和品牌价值管理的有效与否，直接决定了品牌价值是否被稀释、被降低、被分化。

在利用品牌价值进行品牌延伸时，品牌价值管理的作用显得尤为重要。品牌延伸策略实际上是对品牌已有价值的延伸利用，而这一策略是否有效、是否会产生不良影响，都属于品牌价值管理的课题。

4. 品牌整合管理

品牌的整合管理包括品牌发展过程中的综合性内容，大致可分为：产品（服务）研发管理、产品生产过程管理、产品符号与意义系统管理、传播内容与过程管理、品牌价值管理、品牌创新管理、品牌保护与品牌延伸系统管理、消费者管理、品牌管理制度设计与管理、人力资源管理等众多内容。

品牌整合管理的整合性，不仅体现在协同整合各方资源，实现对一个品牌的全方位、系统管理，更可以进一步形成立体的产业扩展链，实现品牌溢出及溢出效应管理。②

任务四 农产品网络品牌塑造方法

一、寻找激活农产品网络品牌的黄金支点

我们经常遇到这样的情况，产品的品质很好，色香味形都属上乘，但产品的品牌却不尽如人意，没有展现出产品的特点，也不能打动消费者购买。如何让消费者在一瞬间就能领悟到品牌所想表达出来的核心价值？

答案就是：挖掘产品的“黄金支点”。找到黄金支点，就意味着拥有了强大的传播力。

正如世界上没有两片相同的叶子，所有的农产品品牌都有其独特之处，都隐藏着可以表达好自己的黄金支点。只是多年以来，这些黄金支点一直未被挖掘出来，美不自知。还有，只要你努力去做好了产品，它一定有很值得欣赏的地方。挖掘产品之美，就是寻找激活品牌的黄金支点。

---

① （美）丹·E·舒尔茨.《整合营销传播》. 内蒙古人民出版社，1999.

② 胡晓云，等.《中国农产品的品牌化——中国体征与中国方略》. 中国农业出版社，2007.

农产品的黄金支点具有多面性，因为产品背后有自然、人文、文化等方方面面的影响。总体来看，农产品的黄金支点可以从七个方面“发现”：①产品特色，②产地特征，③科普知识，④传统工艺，⑤人文历史，⑥种植者，⑦意义发现。

1. 产品特色

从产品的品类或品质特点出发，从产品的五觉“色、香、味、形、触”及其在人们潜在的文化认识、意识联想入手，进行价值系统的发现与梳理，通过符号创立与系统传播，塑造品牌价值。

北京天下星农投资发展有限公司策划的“红唇之吻”樱桃品牌就是从产品特色入手，这款山东大樱桃售价为 336 元/3 千克，价格与进口美国车厘子相当，尽管价格高，但仍然获得了消费者的追捧。这款产品品牌的“黄金支点”，是来自樱桃品类在中国消费者意识联想中的“象征物”——性感的“樱桃小嘴”。大樱桃品牌取名为“红唇之吻”，并相对应地设定了选品标准：高(甜度高)、挑(挑大果)、熟(成熟)——当消费者看到这个品牌时，联想到一位风韵成熟女性的“烈焰红唇”。“红唇之吻”大樱桃生长在烟台福山区张格庄镇，大樱桃果树都种植在海拔 300 米的山坡梯田上，光照好，云雾多，得天独厚的地理环境让这里成为烟台最佳的樱桃产区之一，有“中国大樱桃之乡”的美誉。大樱桃如性感美女一般的红唇颜色，让人不禁联想：是咬一口还是吻下去？还是咬吻它？原来，樱桃也可以性感，“樱桃如唇，小心轻咬”，一句性感的语言用以形容“红唇之吻”大樱桃，还有谁抵得住这般诱惑？

2. 产地特征

很多区域品牌都在主打生长环境的品牌基因，比如美国新奇士，得益于得天独厚的种植条件，新奇士向消费者传递了生态、健康的理念——离太阳最近的地方。其最早广告中的新词是“sunkissed”(太阳亲吻过的)，而后才演化成今天我们看到的商标“sunkist”。

我国云南省大理州宾川县西部，是红提的重要产地。在宾川，远离城市喧嚣，海拔 2 050 米的一处以火山石圈起的海拔 2 050 米的一处以火山石圈起来的 300 亩红土地上，种植了绿泱泱一大片的“宾川红提”。这里便是幸福社的红提合作基地。从开花开始，这里的红提就要接受严格的“计划生育”。每株葡藤只保留三个穗，多余的都要手工剪掉。这个过程异常烦琐，但唯有如此，才能把养分集中供给红提，让红提口感颗颗都有保证。这样的产地，结出的红提粉嫩娇艳，好似一个个亭亭玉立的淑女，北京天下星农策划团队用“淑女红”为之命名——她从遥远的小村庄里走来，带着清爽的口感，有一点点害羞却又焕发出青春的活力。

3. 科普知识

自然界的知识，往往充满着趣味，若一个农产品能“第一时间”将这种趣味点与自己的品牌相关联，建立起与消费者兴趣点、记忆点的连接，其品牌印象即可沉淀下来。北京天下星农策划团队策划的“四大美莓”这款产品的“黄金支点”就在于科普的有趣知识。他们把四种草莓集中放到一个套装内，品牌名不叫草莓，而是取名为“四大美莓”。产品推广语就用“不同色香味，各有各妩媚”，并且每一个品种的草莓都制作一个小标签，告诉消费者，你吃的是什么品种，将“色、香、味、形”分别科普一下。他们在“四大美莓”的产品卡片上，这样介绍道：

好看好吃的红颜：红颜果实鲜红，呈鸡心形，外观非常漂亮，硬度好，味甜，风味浓，有香气。红颜是日本静冈县久枥木草莓繁育场以幸香为父本、章姬为母本杂交选育成的早熟栽培品种，因草莓苗根茎基部颜色发红而得名。

硕大浓甜的章姬：章姬果实整齐，呈长圆锥形，果实健壮，色泽鲜艳光亮，香气怡人，果肉细嫩多汁、浓甜美味、回味无穷，在日本被誉为草莓中的极品。章姬是日本引进品种，是原章弘先生于 1985 年以久能早生与女峰两品种杂交育成的。

酸甜可口的弥生姬:弥生姬果实较大,呈圆锥形,硬度稍高,甜酸比高,并且随气温升高口感仍能保持初产时的味道。“弥生”在日文中是阳春三月的意思,弥生姬草莓于阳春三月最盛产,草莓红艳鲜甜,形似春季少女,故取名“弥生姬”。

香甜漂亮的枥乙女:果实呈圆锥形,表面鲜红光泽好,漂亮诱人;果肉细腻,口感香甜,基本无酸味,品质极佳。枥乙女是日本引进品种,1990 年在枥木县园艺场杂交,因果实漂亮形似少女,1996 年正式定名为枥乙女。

提炼出产品的科普知识之后,草莓就不再只是草莓,而是四位有名有姓的“美女”,她们可以像明星一样,被人们了解、喜欢和追捧,享受聚光灯下的美妙——与小伙伴在品尝食物美味的同时再分享一下科普小知识。

4. 传统工艺

农产品生产工艺流程,具有鲜明的地方特色、民族风格的传统加工工艺,在特色物种、特殊地理条件等的基础上,添加了人类的智慧和手工技艺,使得一些产品具有经年流传的独特魅力。

北京天下星农在策划“汨粽”这个品牌汨罗江的这款产品的“黄金支点”就是传统工艺——它的产生地在汨罗江,而屈原正是在湖南汨罗投江,这里可是端午的发源地。根据人文历史这个品牌基因,他们让汨罗当地的合作伙伴寻访汨粽传人,查找古书,按照最古老的粽子制作方法,还原“汨粽”——90 多岁的汨粽传人彭协和老人,手工制作出的“白米”“碱水”两款经典粽子,形状为长锥形,蒸熟之后,由细到粗的,在一个粽子的不同节段,人们能够品尝到糯米由糯到富有嚼劲的口感。有了展现最初形象、原味口感的“汨粽”后,他们大胆地写下了它的广告宣传语:汨粽,汨罗粽,正宗端午粽。

发现了产品的黄金支点,传播想象力一下被打开。当他们拿着汨粽去找天猫谈合作时,天猫的负责人说当年(2014 年)的端午节页面专题已经做好了,囊括了各大知名品牌粽子,没有办法再新增产品。而他们则问他:“你们没有上架最正宗的端午粽,怎么能说自己已经找齐了国内最全的粽子品牌呢?”这句话勾起了对方的兴趣,接着向他介绍了何为正宗的“汨粽”。最终,产品历史文化的独特性,为其赢得了天猫端午节专题的置顶位置,几乎高于“五芳斋”品牌粽子一倍的售价,三天接近 9 000 单的销量,让汨粽一炮而红。

5. 人文历史

一个地方的、有特色的农产品常常与该地的人文历史有着极深的关联,若能合理利用好当地千百年来沉淀下来的产地声誉,可以让自己的品牌价值获得急速提升。

北京天下星农公司在孵化“董爱”西瓜品牌的时候,从历史文化切入,找到其“黄金支点”,激活了品牌内在密码。“董爱”西瓜产地东台市位于江苏省中部,被称为“黄海明珠”,享有“江苏现代农业第一县”的美誉,是“全国首个西瓜之乡”,同为“黄海明珠”,享有“江苏现代农业第一县”的美誉,是“全国首个西瓜之乡”,同时也是董永与七仙女故事的发源地。长久以来,当地却没有人结合古代文化,塑造出一个叫得响的品牌。小西瓜是东台特产,董永和七仙女的故事也只在东台有,何不把两者结合起来呢?

受到传统爱情故事的启发,他们给小西瓜取名“董爱”,希望每个吃到“董爱”西瓜的人,能够“品味人间天上的甜蜜”,也希望大家懂得爱,懂得珍惜。一个流传千年的爱情故事,在新的时代,遇上优质的产品,依然能焕发活力,成为产品的黄金支点。

6. 种植者

一款好的农产品，背后往往都有一个值得深挖的"星农人"的匠心故事，他们常常能够赋予一个产品品牌以人格化的魅力。

众所周知，2012 年 10 月，我们做了一个农产品品牌案例——褚橙。冰糖橙很多，但为什么最好的冰糖橙出现在云南？原因很简单，我们讲一个故事，褚时健 10 年种橙哀牢山，人生那么多苦难，褚橙可能是他人生的最后一个"作品"——褚橙确实甜美，但我们没有讲这个橙子到底多么好吃，我们只是讲"人生总有起落，精神终可传承"。

这个水果与众不同、具有传播力的"黄金支点"就是其种植者。褚老年过 80 岁，身体状况不好，还要亲自下地种橙，这种亲力亲为的精神本来就令人感动。更难得的是，他有着不屈不挠的钻研精神，种出了酸甜度标准化的褚橙，不管是作为一个新农人，还是一位企业家，褚老都是时代的榜样。

具有强大力量的种植者、养殖者，能够为产品创造出意想不到的可能。比如"俞三男状元蟹"，正因为有了俞三男这个养蟹状元，其品牌才具备了扎实有力的黄金支点。

7. 意义发现

农产品的生长受到多重影响。一方面，农产品本身是一个物体，种植、养殖环境和技术直接决定了农产品的品质优劣；另一方面，农产品具有精神意义，与种植者、历史人文等方面密切相关。农产品或许可以有同样的大小、颜色和口味，但背后很可能具有不同的精神意义。

因为存在不同，所以我们常常从意义层面挖掘产品的"黄金支点"，赣南脐橙就是发现了产品的意义才找到了产品的灵魂。

2015 年 12 月 12 日，中国品牌建设促进会、中央电视台、中国资产评估协会、中国国际贸促会等联合举办的"2015 年中国品牌价值评价信息发布暨 2015 中国品牌发展论坛"评定：赣南脐橙以区域品牌价值 657.84 亿元名列初级农产品(含花卉)类地理标志产品榜首。

对于赣南脐橙而言，能够拥有如此荣誉，是一件自豪的事。然而，品牌问题一直是赣南脐橙的痛。当人们提起赣南脐橙时，想到的只是江西赣州的一个地方特产。与之相比，人们想起佳沛、新奇士等国际知名水果品牌时，就会想到高品质、高价值、高档次。赣南脐橙的品质已是一流水平，若想摆脱地方特产的低档印象，只有从品牌上下功夫。那么，在品牌上，赣南脐橙缺的是什么？缺"魂"——品牌灵魂。要想抓住赣南脐橙的魂，就必须跳出脐橙，把眼光放到更广的领域。

结合赣州的发展史分析，北京天下星农团队找到了三个能够代表地方特点的关键词。

(1)关键词一：客家摇篮　赣州是客家民系的发祥地和客家人的主要聚居地之一，赣州的客家人口占赣州市人品的 95%以上，有"客家摇篮"之称。

(2)关键词二：红色故都　赣州，被称为"红色故都"，这里是长征精神的发源地。赣州是中央红军长征出发地，中华苏维埃共和国临时中央政府在这里成立。参与长征的 86 000 多名红军将士当中，有 60 000 余人来自赣州，平均计算下来，在漫漫长征的每一里路上，都曾倒下两三名赣州子弟。

于都河畔，一曲悲壮而赤诚的《十送红军》，赣州人民为新中国的成立付出了巨大的牺牲。

(3)关键词三：世界橙乡　赣州人民用 30 多年时间，将赣南脐橙"从 0 到 1"，打造成为估值最高的中国初级农产品区域公用品牌，赣州是世界脐橙主产区。

客家摇篮、红色故都、世界橙乡，这三者的关系是什么？什么词能过概括这三者的意义？

一个字：干！实干、肯干！

因为实干，客家人在赣州代代生息。哪里有一片土，客家人就在哪里聚族而居，艰苦创业，繁衍后代。所以有人说：哪里有阳光，哪里就有客家人。

因为实干，赣州人为革命奋斗，经过艰苦斗争，才换来了新生活。中国红色革命的精神，也是实干。

从 20 世纪 80 年代开始，赣州历届党委政府常抓不懈，广大果农艰苦奋斗，全市上下齐心协力，实干、肯干，赣南脐橙才取得今天的成绩。

所以，赣南脐橙的"魂"就一个字：干(赣)！围绕品牌灵魂，天下星农团队推出了一个全新的脐橙商业品牌——实赣派。当找到赣南脐橙的"黄金支点"后，后续的品牌激活计划都会围绕灵魂而来。品牌背后的意义早已存在，关键是发现这种意义，并附着在农产品品牌之上(图 3-3)。

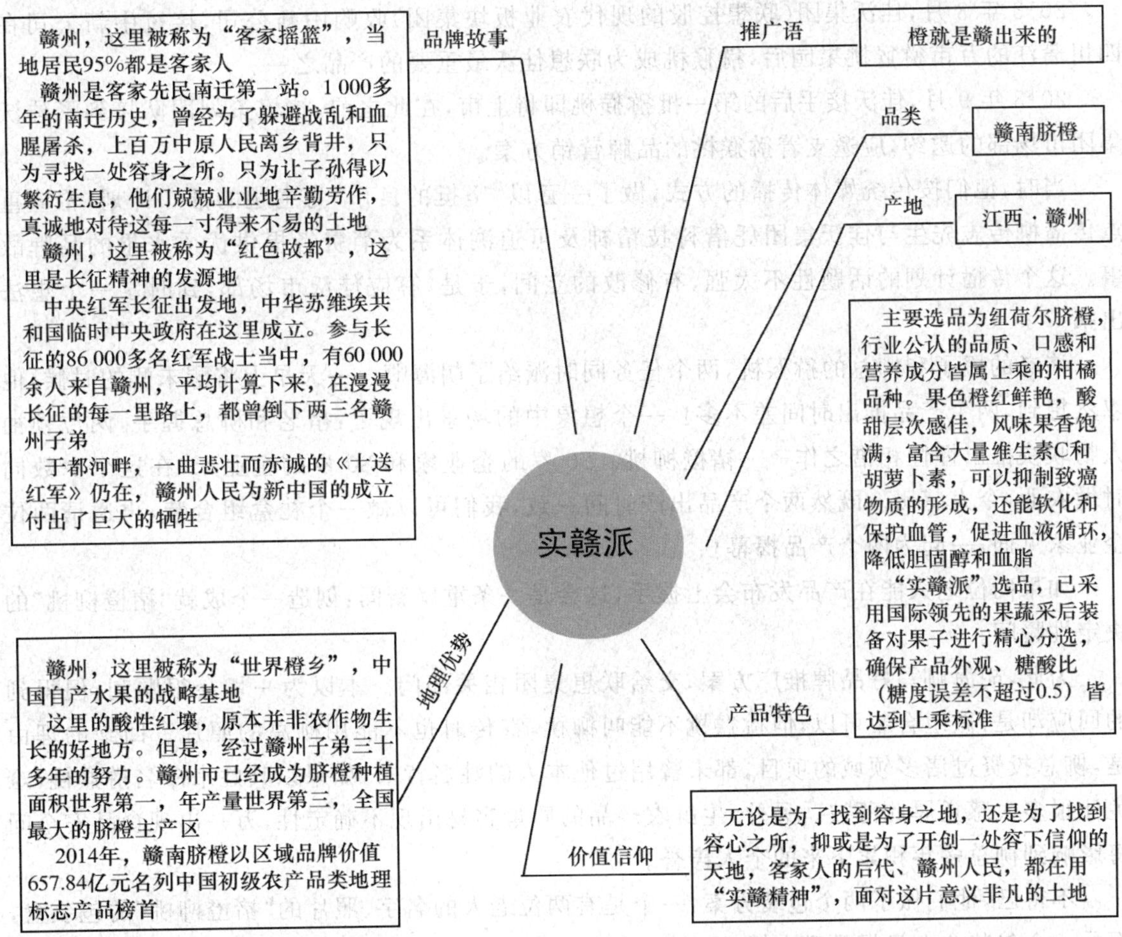

图 3-3　赣南脐橙的品牌运作

二、寻找激活品牌的决定性瞬间

世界级摄影大师亨利·卡蒂尔·布列松有一个关于"决定性瞬间"的摄影理念，即拍摄任何一张照片，都有一个"主宰着怀疑和决定同时并生的瞬间"，记录下这一刻的照片，才能真正"赋予世界以意义"。

于品牌塑造的时机而言，让一个品牌的内涵"最闪亮地呈现"，也存在属于它的决定性瞬间。只是这一刻，需要我们耐心地等待或者充满想象力地去创造。

1."柳桃"的激活时刻

2013年，褚橙策划团队遇到的一个很重要的产品是猕猴桃。早在2011年11月，柳传志就开辟了联想控股现代农业板块，进军农业和食品业务。2012年8月，佳沃集团在原联想农业投资事业部的基础上正式成立。佳沃两个字，取意"佳品天成取意"佳品天成，源自沃土"，更有人、土、水、天的元素，寓意深远。而在"柳桃"推出之前，这一切都在低调中默默进行。

2013年3月，佳沃集团(联想控股的现代农业板块集团)收购中新公司，接过中新公司在四川蒲江的万亩猕猴桃果园后，猕猴桃成为联想佳沃最重要的产品之一。

2013年9月，佳沃接手后的第一批猕猴桃即将上市，在此之前，褚橙策划团队接到了佳沃集团市场部的邀约，应邀支着猕猴桃的品牌营销方案。

当时，他们按传统媒体传播的方式，做了一套以"坚挺的良币"为主题的推广计划，希望重点传播柳传志先生与佳沃集团凭借科技精神及可追溯体系为消费者提供优质水果的品牌故事。这个传播计划的话题性不太强，有修改的空间，于是，答应佳沃市场部，到时拿一个想法出来。

褚老的橙子和柳总的猕猴桃，两个任务同时派给了胡海卿。一天早上将醒未醒的时候，他忽然想到，两个产品推出时间差不多！一个想象中的场景出现了：褚老和柳总握手，两位领袖人物联袂推出惺惺相惜之作——褚橙柳桃。70岁的企业家和80岁的企业家，在这个岁数同时做农业，令人感慨。既然两个产品出产时间一致，我们可以做一个礼盒组合装，再邀请两位企业家见面，一起为两个产品揭幕！

如果两位老人能在产品发布会上握手，这会是一条重磅新闻：创造一个成就"褚橙柳桃"的决定性瞬间。

为此，胡海卿写好品牌推广方案，交给联想集团相关部门。本以为一切会很顺利，但得到的回应却是：做组合装可以，但猕猴桃不能叫柳桃，宣传时也不能用柳总的照片。回绝的理由是，柳总投资过诸多领域的项目，都未曾用过他本人的姓名背书，如果以其姓来命名猕猴桃，难免让很多人感觉厚此薄彼。另外，生鲜农产品的质量容易出现不确定性，万一出现食品安全问将影响到柳总多年积累下来的个人声誉。

不得已，他们做了两个包装方案：一个是有两位老人的名字、照片的"褚橙柳桃"的包装盒，而另一个包装盒上只提及励志橙、金艳果，没有两位老人的名字和肖像。当看到新设计的第二套包装盒后，胡海卿觉得异常失望——这套"励志橙、金艳果"的包装，根本没办法一眼识别是如此重要的两位老人的作品！第二天，就是包装盒下厂印刷的时间，半夜12点，他们抱着最后一丝希望，致电给联想佳沃市场部负责人说："我们努力了这么久，在最后关头，这个组合装却不能叫‘褚橙柳桃’，太令人遗憾了，我们是不是可以再争取一次？”

对方回应说，第二天上午，她和柳总有一个汇报，可以当面再和柳总提一下。按常理说，绕过柳总的秘书和相关部门，直接与柳总商议此前被否决的事情，于联想的内部纪律是不允许的。第二天上午，胡海卿他们守在电话前，希望中午12点之前，能够得到柳总最后的决定。另一头，包装设计正等待着下场印制，时间非常紧迫。时间来到11点30分，他们终于接到回复电话，对方说，柳总觉得这事挺好的。挂掉电话，胡海卿立即拨通包装厂电话："我们用第一套方案，做‘褚橙柳桃’包装。"在设计柳桃推广语时，他们总结了柳传志先生进军农业时的愿望，写了一句新的推广语：奉献良心佳果，致力产业报国。在组合装的宣传册上，加上了一句推广导语："中国农业出现了两位新的领军人物，他们有了一次伟大的握手，联袂推出了惺惺相惜之作——褚橙柳桃。"

对消费者讲，一位是昔日的烟草大王，一位是科技兴国的典范；一位一手创造了中国最大的烟草帝国，一位虽年近古稀却是中国企业的精神领袖。在经历了不同的人生跌宕与风雨后，两位老人竟然如约好一般，戴上斗笠，走向田间，成了两位惺惺相惜的"新农人"。

本来生活网将2.5千克特级褚橙与2.5千克柳桃放入同一个盒子里之后，这个礼盒中所承载的，就不仅是飘香的果实了，还有还有两位老企业家的一部分精神世界：对得与失的淡泊之心，经得起挫折而不消沉的韧劲、无论何时都不放弃梦想的决心。希望通过"褚橙柳桃"，传递褚老一辈企业家身上那些难能可贵的品质。生活需要精神领袖的存在，才显得不那么乏味琐碎。生命也因有了梦想，更加熠熠生辉。

为了创造这个"褚橙柳桃"的决定性瞬间，他们也积极邀约两位企业家亮相发布会。但因为褚老不便出行，两位老人无法在新闻发布会上同台。很多时候就是如此，或许你想到了一个极其激动人心的爆发瞬间，但是由于客观条件不允许，无法达成。这时候，不应该放弃，但也不能强求，而是要想到替代计划，去尽可能实现。最终，他们请到了两位"接班人"代表，在新品发布会上完成了握手——稍许满足了广大消费者的美好愿望，而"褚橙柳桃"在那一瞬间，引爆了上百家媒体的关注。

柳总曾在一次采访中回忆："20多年前，我曾经跟他（褚老）一起开过一次领奖的会，他讲他怎么把一个亏损的企业做起来，其中亲自到地里边去看土壤的改良其中亲自到地里边去看土壤的改良，什么样的土壤适合种烟等，当时我被他所讲的数字震撼，红塔山利税就有200亿元，这非常了不起。褚时健后来那么大岁数，仍然还能够去研究一个新的水果品种，70多岁出来种橙子，另外还改良了品种，心里头就格外感到对他很敬重，一个人遇到挫折以后，还能够有这样的追求，我觉得这种精神——人活着的这种精神，让我觉得非常了不起。

想去看褚老，其实一直是我的心愿。那时正好送了一盒橙子到我们这儿来，让我们品尝，正好我们也是做农业，我和绍鹏（佳沃集团总裁）商量去看看。我们去看他的时候，他没有一句埋怨的话，他只是更多地谈到他对烟的了解，对水果的了解，以及土地他遇到什么困难，给我们做了这方面的介绍。去看他本身，其实跟做水果没有太大关系，去看他，就是我的一个心愿，我就想去看看他。另外是表示敬意，老人在这个时候，有人对他精神尊重，我觉得对他也是一种支持、内心的支持，或者说是或者说是安慰。"

褚橙柳桃发布后，柳总面对媒体极为谦逊地说了一句话："能够把柳桃配在褚橙的背后，是我的荣幸。"这句话，让闻者动容，亦成为大批一线媒体的头条新闻。

与此同时，胡海卿他们带着"褚橙柳桃"在电商平台进行了一次隆重发售，在与一号店、京东、聚划算、淘宝和天猫分别沟通后，他们选择了承诺最多流量的聚划算进行"褚橙柳桃"的第三方首发，可以说，这次销售问鼎了聚划算生鲜农产品的最高销售纪录：两天时间销售了33 000单，销售额突破420万元(因为爆仓，无法及时发货，推掉了后三天的广告位)。聚划算推出当天，"褚橙柳桃"品牌瞬间被激活了。媒体纷纷报道称："褚橙柳桃，是2013年最具分量的水果礼盒。"

2. 三果志：褚橙、柳桃、潘苹果

"褚橙柳桃"还不是企业家水果品牌系列的终点，那一年，褚橙策划团队还完成了"潘苹果"的品牌重构以及品牌激活。

当"褚橙柳桃"正火热的时候，潘石屹先生在一天晚上给胡海卿打了一个电话，说家乡天水的花牛苹果上市了，很是愁卖，量卖不起来，价格也上不去，家乡领导也请他为乡亲们想想办法。胡海卿提议说："要不您家乡的苹果就叫潘苹果吧！"在胡海卿的设想里，"褚橙、柳桃、潘苹果"，正好组合成"水果连连看"。潘石屹代言"潘苹果"，不仅是该品牌的决定性瞬间，同时还能把"褚橙柳桃"的营销效应再次推高，完成一次新的传播议程设置。

潘总听完提议后说："这个想法好，我去问问县领导，是否同意我代言，明天再给你电话。"第二天他的助理给胡海卿打电话说，潘总决定15天后召开新闻发布会，公益代言家乡苹果，请一些名人到现场助阵。

当时胡海卿他们提了一个要求，潘苹果的包装设计由褚橙策划团队来做，发布会结束前，让三个水果一起亮个相。在半个月不到的准备期内，他们进行了产品包装设计，还请潘石屹拍摄了代言形象海报。潘总把拍摄过程和一些样片发到微博上后，为产品发布做了很好的预热。

11月27日，潘石屹出席"潘苹果"发布会，为家乡苹果代言，同时在场的还有前任美国驻华大使骆家辉先生和羽毛球世界冠军运动员林丹。发布会后，李开复、任志强、刘春、张泉灵等微博大号们都纷纷支持，并各自调侃了潘石屹一番："隔壁的陕西苹果很着急，不少人开始自发为同为果业大省的陕西寻找代言人；最上心的，当然，还是一直说要做商业地产界'苹果'公司的潘石屹，为'潘苹果'拍了宣传照，亲自写信给朋友推销，拐了个弯实现了自己的'苹果梦'，也为家乡做了好事。"

而借着"潘苹果"的决定瞬间，褚橙、柳桃又被爆炒了一把，再次助推了当年的整体销量。

在多个决定性瞬间的作用下，"褚橙、柳桃、潘苹果"成为中国农产品营销的一个标志性事件，不仅有名人背书，还在互联网上赢得了良好的口碑效应。

2013年，"潘苹果"收获颇丰。2014年9月，褚橙策划团队与"潘苹果种植合作社"推出潘苹果升级版，合作社负责品质和选品，他们继续负责品牌塑造及新渠道开拓，将"扶苹运动"进行到底(图3-4)。

“2013版三果志：褚橙、柳桃、潘苹果”回顾

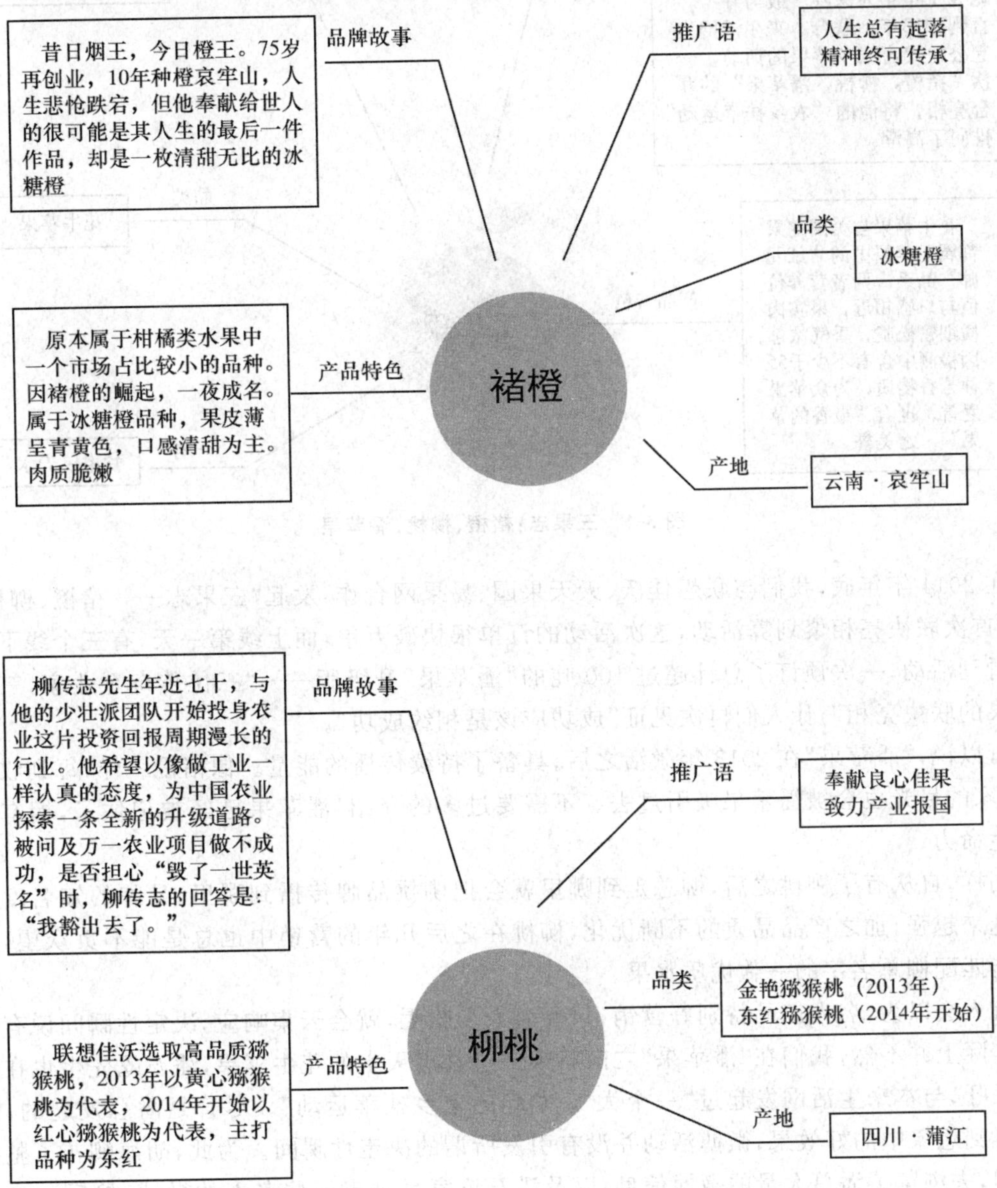

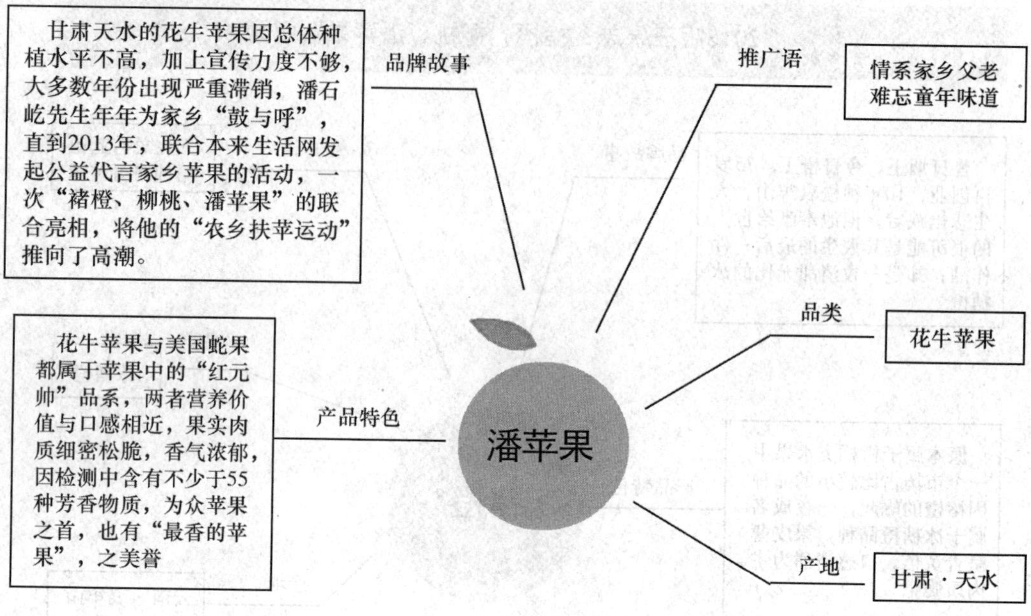

图 3-4 三果志:褚橙、柳桃、潘苹果

在 2014 年年底,我们与联想佳沃、天天果园、易果网合作,发起“三果志——褚橙、柳桃、潘苹果”首次联袂亮相聚划算活动,这次活动的订单很快破万单,而上线第一天,有三个线下渠道因为看到活动,一次预订了总计超过 100 吨的“潘苹果”升级版——“三位传奇企业家,三款超级水果的联袂亮相”,让人们再次见证“成功应该是相约成功”。

可以说,“潘苹果”在 2013 年激活之后,具备了持续传播的能量。像褚橙一样,每到收获季节,大家的目光也会被潘苹果吸引过去。不需要过多的介绍,潘苹果已经被记住了,拥有了长久的生命力。

同样,自从有了柳桃之后,柳总走到哪里就会把柳桃品牌传播到哪里,品牌的知名度和美誉度越来越强,加之产品品质的不断优化,柳桃在之后几年的营销中也总是能不负众望,真正做到能匹配柳总名字的一款优质水果。

有人会以为,名人产品特别好营销,只要名人一吆喝,就会云集响应,决定性瞬间说有就有了。实际上并不然,我们在“潘苹果”之前就推广过甘肃天水的花牛苹果,潘石屹先生也在微博为之呼吁,与本来生活网发起过“一个大 V 发起的家乡扶苹运动”。尽管是潘总发起的,但并没有得到想象中的好效果,微博活动并没有引发所谓的决定性瞬间。为此,胡海卿花了整整两天时间,去浏览了潘总大量的微博信息,以及潘石屹家乡甘肃一些名人的微博,然后一条一条写私信给潘总的好友,给甘肃的名人大号发私信,告诉他们潘石屹先生正在为家乡的苹果发起“扶苹运动”,希望大家能响应。这才有了更多的大 V 回应转发、推广了此次活动,掀起了一股北京与地方互动的传播,引发了甘肃省两个政府官方微博大号的转发和评论,以及中国青年报、南方都市报等一线媒体的报道。我们可以看到,就算是名人,也不是轻易就能创造一个决定性瞬间的。往往为了一个决定性瞬间,背后要付出很大的心血。

不管是褚橙进京,还是褚橙柳桃组合,抑或是潘苹果加入后的“三果志”,都不是随便挑选一个时间点就能达到引爆关注的目的。如果要创造品牌的决定性瞬间,就要具备“天时、地利、人和”的条件。具体到农产品品牌，天时通常是指产品推出的时间段，比如“褚橙、柳桃、潘苹果”都是每年 11 月份的主打产品，因此它们的决定性瞬间就圈定在这一时间段。

地利是思考要在哪里推出产品，褚老虽然人在云南，但是随着褚橙进京，褚老的精神也席卷了整个北京城，随后辐射到全国范围。因此对于褚橙来说，北京在地域上占据了优势。从渠道上来说，本来生活网成为褚橙爆发的聚集地。柳桃，虽然也是在北京发布，但其真正的“福地”是首发产品的聚划算网站，当消费者涌向聚划算的时候，这个地方就成为柳桃连接消费者的第一通道。潘苹果在北京银河 SOHO 首发，又通过大 V 们的微博转发持续发酵，有了这些阵地支持，潘苹果的决定性瞬间才得以成真。再说到“人和”，三大品牌背后都是大佬企业家坐镇，他们以个人名誉为品牌背书，他们以个人名誉为品牌背书，为农产品献出了个人的首次代言，这样的行为值得人们为之拍手称赞。除了三位名人的倾情奉献，要真正创造一个瞬间激活品牌，还需要更多幕后人员的付出，才可能把品牌的名人效应发挥到极致。

◆ 知识测试

一、单选题

1. 关于中国农产品网络品牌的描述中，错误的是（ D ）。
   A. 政府作为区域性公用品牌的打造主体有很多负面作用
   B. 品牌是一个企业最核心的资源
   C. 品牌是给拥有者带来溢价、产生增值的一种无形资产
   D. 对品牌的塑造和策划宣传在产地进行就足够了，不必在消费地进行
2. 确定品牌战略目标即是确定品牌的未来路径与目标，包括（ A ）。
   A. 消费者目标、竞争目标、发展目标、价值目标
   B. 生产者目标、竞争目标、发展目标、价值目标
   C. 消费者目标、销售目标、发展目标、价值目标
   D. 生产者目标、销售目标、发展目标、定价目标
3. 从产品的五觉“色、香、味、形、触”及其在人们潜在的文化认识、意识联想入手，进行价值系统的发现与梳理，属于寻找农产品的黄金之点中的（ A ）。
   A. 产品特色　　B. 产地特征　　C. 传统工艺　　D. 意义发现
4. “品牌营销就是不仅能发现顾客当前的需求并满足之，并且能发现顾客潜在的需求，加以开发，使其成为企业长期的宝藏。”提现了品牌营销中，战略的（ B ）特性。
   A. 方向性　　B. 长期性　　C. 竞争性　　D. 创造性
5. 以下描述中，不属于农产品网络品牌基本特征的是（ C ）。
   A. 拥有广大而稳定的消费者群体
   B. 拥有从产品开发到市场销售的独特运作方式
   C. 盈利水平较低
   D. 品牌商标都具有相当高的价值

二、思考题

1. 试分析“三果志”在品牌的策划中运用了那些品牌营销的理论知识。
2. 如果让你来为一款鲜活农产品（草莓、柑橘、猕猴桃等）进行网络品牌塑造和策划宣传，你将从哪些方面着手？

项目四　农产品搜索引擎营销

◆ 知识目标

☞弄清搜索引擎及搜索引擎营销的基础知识

☞掌握搜索引擎营销的基本原理

☞了解搜索引擎营销的目标层次和主要模式

☞了解搜索引擎营销的方法、技巧

◆ 能力目标

☞能够快速登录搜索引擎

☞能够对农产品搜索关键词进行优化设计

◆ 目标任务实施方案

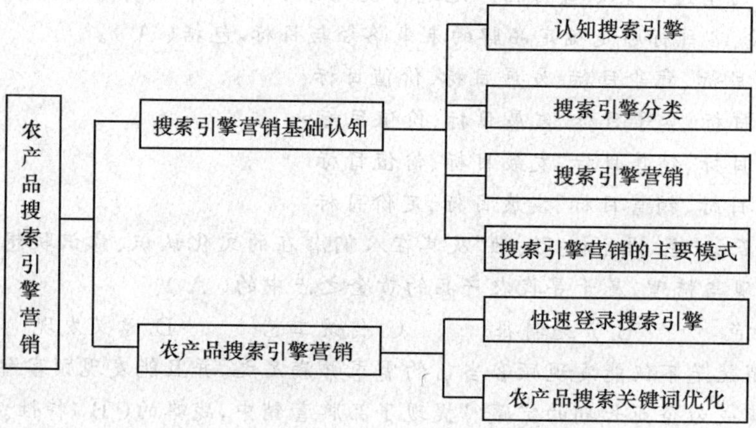

◆ 引导案例

三只松鼠搜索引擎营销

三只松鼠股份有限公司位于安徽省芜湖市，2012 年注册成立，是一家以坚果、干果、茶叶、休闲零食等食品的研发、分装及销售的为主的产业链平台型企业。从 2012 年至今，三只松鼠的产品全面覆盖天猫、京东、苏宁易购等各类电商渠道，并已建成芜湖、天津、成都、广州、西安等十二个仓储物流中心以及三大配送中心。

三只松鼠积极探索利用“互联网＋”推动中国农产品行业变革，有效地将信息化技术、动漫化品牌、数据化品质控制方式相结合，采用全新的商业模式和运营手法，使农产品品质更稳定、物流周转速度更快、产品新鲜度更好、品牌更贴近年轻一代的消费者，并且专注为消费者提供极致的用户体验，截至 2017 年 6 月 30 日，三只松鼠使用会员数已超 6 000 万。

1. 三只松鼠官网相关关键词的选择

三只松鼠官网根据消费者的搜索习惯，选择的关键词有：三只松鼠，三只松鼠官网，三只松鼠电子商务有限公司，坚果，干果，互联网坚果，碧根果，夏威夷果，山核桃，食品，农产品，双十一。

通过“三只松鼠”与“坚果”这两个关键词在百度关键词排名查询中的比较，发现“坚果”比“三只松鼠”关键词更广，但是目标不准确，所以选择“三只松鼠”为关键词（图 4-1、图 4-2）。

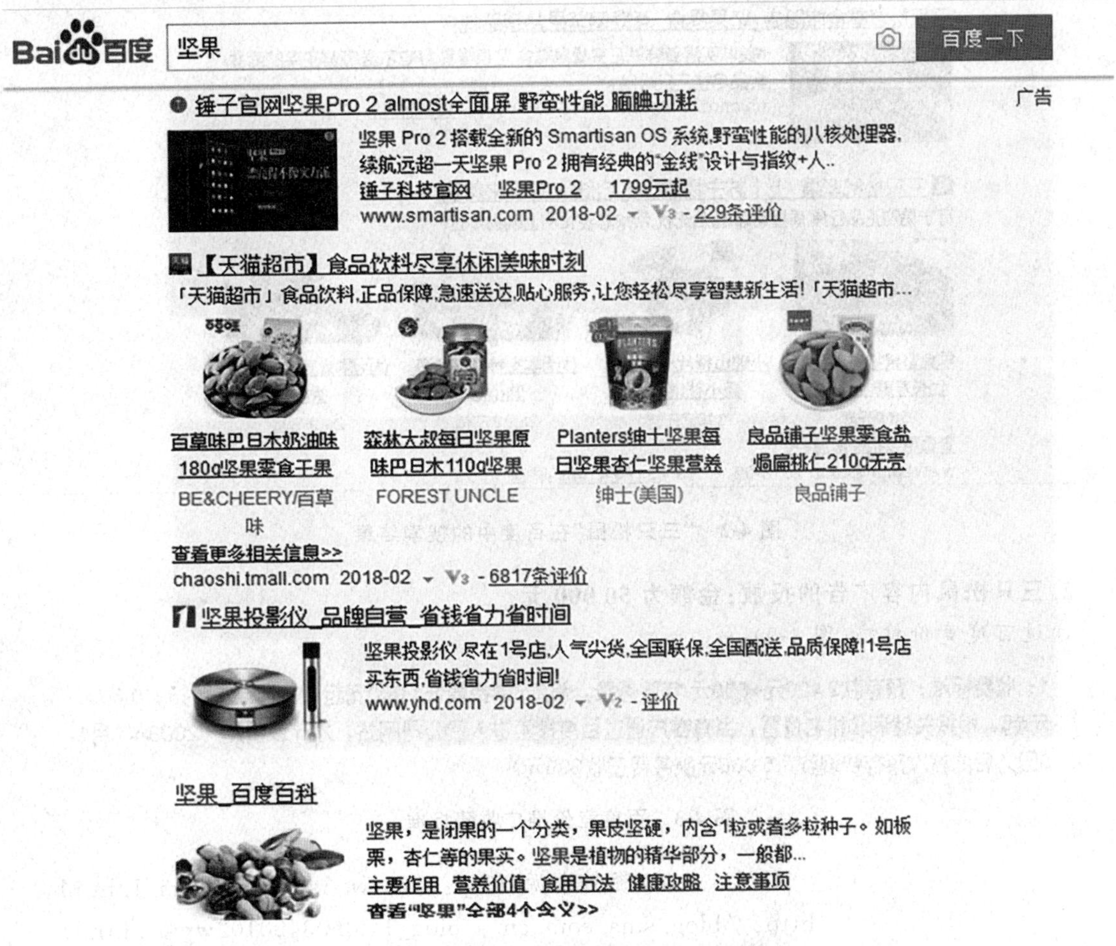

图 4-1 “坚果”关键词在百度中的搜索结果

图 4-2 “三只松鼠”在百度中的搜索结果

2. 三只松鼠内容广告的投放:金额为 50 000 元

通过百度竞价推广(图 4-3)。

1:收费标准:预存款2 400元+600元/年服务费,第2次续费最低1 000元起。每次点击价格:0.30元/起,根据关键词和排名位置,当有客户通过百度搜索进入贵公司网站,才计算费用(2008年7月15日之后的首次预存费调整为5 000元服务费还收600元)

图 4-3 百度竞价推广收费标准

(资料来源:http://www.3songshu.com/1.html
http://blog.sina.com.cn/s/blog_148f903490102wwov.html)

任务一 搜索引擎营销基础认知

搜索引擎是互联网环境中的信息检索系统。它根据一定的策略、运用特定的计算机程序从互联网上搜集信息,对信息进行理解、提取、组织和处理,为用户提供检索服务,从而将用户检索的相关信息展示给用户。从某种意义上说，搜索引擎已经成为人们进入 Internet 的门户。

根据 CNNIC2017 年 7 月发布的第 40 次中国互联网络发展状况统计报告，截至 2017 年 6 月，我国搜索引擎用户规模达 6.09 亿，使用率为 81.1%，用户规模较 2016 年底增加 707 万，增长率为 1.2%；手机搜索用户数达 5.93 亿，使用率为 81.9%，用户规模较 2016 年底增加 1760 万，增长率为 3.1%。如图 4-4 所示。搜索引擎已成为网民最主要的网络应用(图 4-4)。

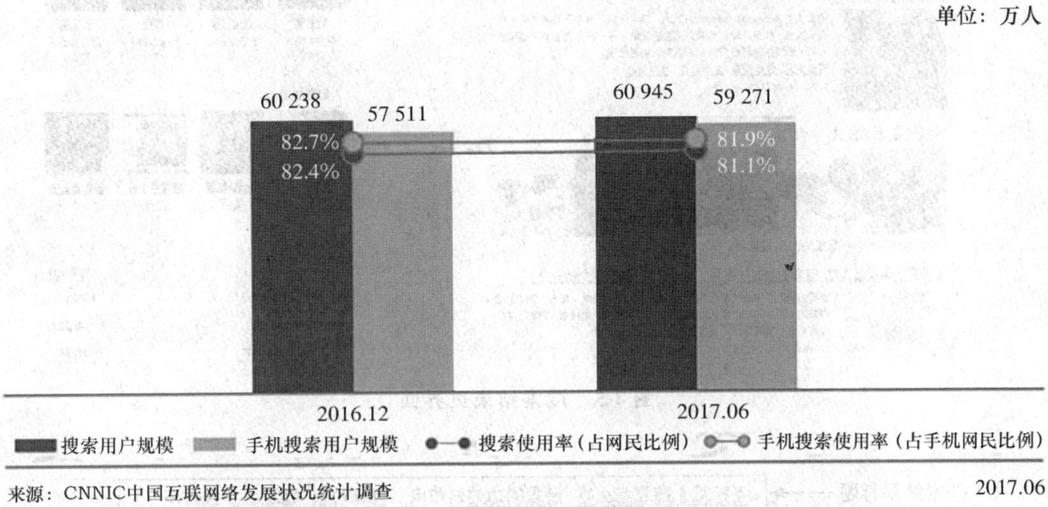

图 4-4　2016.12—2017.06 搜索/手机搜索用户规模及使用率

一、认识搜索引擎

以百度为例，来认识一下搜索引擎搜索页面相关内容。如图 4-5、图 4-6 所示。

用户在利用搜索引擎搜索内容时，常常在搜索框中输入想要搜索的字、词、短语，甚至句子进行检索，我们将用户输入搜索框中进行搜索的字、词、短语或句子叫作搜索关键词；搜索引擎会根据自己的一套规则列出与搜索关键词相关的搜索结果，并进行排序显示，搜索引擎列出的排列结果我们称之为相关结果；在搜索结果页上方还会显示相关结果的统计数据，这是搜索引擎对储存在其数据库中相关网页的数量统计结果；在搜索相关结果中，包括广告链接和自然搜索链接，其中广告链接是提供通向厂商指定的网页(站点)的链接服务，属于付费推广方式，而自然搜索链接是在搜索引擎里找到与搜索引擎请求最相关的匹配页面的方法。自然搜索结果仅仅跟搜索请求的相关程度有关，跟点击付费没有任何影响。

在搜索结果中，搜索结果标题，是搜索结果中该网页的标题，点击标题，可以直接打开该结果网页；搜索结果摘要，通常是网页开始部分的摘要，其中用户输入的搜索关键词都已高亮显示，以便阅读，通过摘要，用户可以判断这个结果是否满足需要；搜索结果链接地址，是搜索结果中该网页的网址(url)；百度快照，是该网页在百度的备份，百度已先预览各网站，拍下网页的快照，如果原网页打不开或者打开速度慢，可以查看快照浏览页面内容。

二、搜索引擎分类

搜索引擎按其工作方式主要分为三种，分别是全文搜索引擎(Full Text Search Engine)、

图 4-5 搜索结果页界面

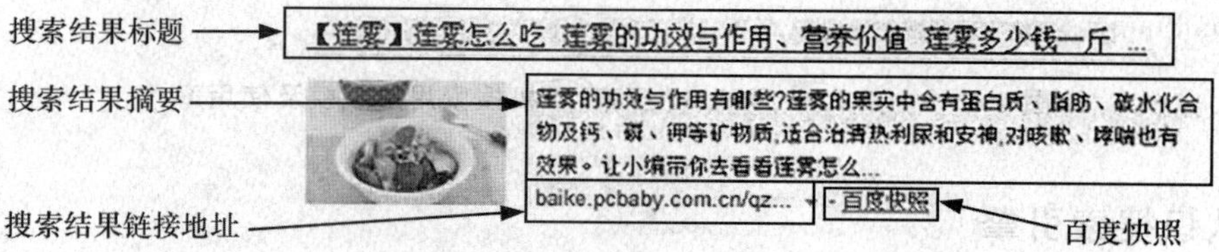

图 4-6 搜索结果页面信息

目录索引搜索引擎(Search Index/Directory)和元搜索引擎(Meta Search Engine)。

1. 全文搜索引擎

全文搜索引擎是名副其实的搜索引擎,它通过一种称为"蜘蛛"的程序自动在互联网上提取各个网站的信息来建立自己的数据库,再从数据库中检索与用户查询条件匹配的相关记录,按一定的顺序将结果返回给用户。国外代表有谷歌,国内则有百度。图 4-7 为谷歌搜索引擎界面,图 4-8 为百度搜索引擎界面。

图 4-7 谷歌搜索引擎

图 4-8 百度搜索引擎

从搜索结果来源的角度来看，全文搜索引擎可细分为两种：一种是拥有自己的检索程序，俗称“蜘蛛”(spider)程序或“机器人”(robot)程序，能自建网页数据库，搜索结果直接从自身数据库中调用，如上面提到的谷歌、百度等搜索引擎；另一种则是租用其他搜索引擎的数据库，并按自定的格式排列搜索结果，如 Lycos 搜索引擎等。

搜索引擎的自动信息搜集功能分两种：一种是定期搜索，即每隔一段时间(比如谷歌一般是 28 天)，搜索引擎主动派出“蜘蛛”程序，对一定 IP 地址范围内的互联网网站进行检索，一旦发现新的网站，它会自动提取网站的信息和网址加入自己的数据库。另一种是提交网站搜索，即网站拥有者主动向搜索引擎提交网址，它在一定时间内(2 天到数月不等)定向向你的网站派出“蜘蛛”程序，扫描你的网站并将有关信息存入数据库，以备用户查询。

当用户以关键词查找信息时，搜索引擎会在数据库中进行搜寻，如果找到与用户要求内容相符的网站，便采用特殊的算法——通常根据网页中关键词的匹配程度、出现的位置、频次、链接质量——计算出各网页的相关度及排名等级，然后根据关联度高低，按顺序将这些网页链接返回给用户。这种引擎的特点是搜全率比较高。

2. 目录索引搜索引擎

顾名思义就是将网站分门别类地存放在相应的目录中。目录搜索引擎虽然有搜索功能，但严格意义上不能称为真正的搜索引擎。它是以人工方式或半自动方式搜集信息，由编辑员查看信息之后，人工形成信息摘要，并将信息置于事先确定的分类框架中。用户在查询信息时，可选择关键词(keywords)搜索，也可按分类目录逐层查找。如以关键词搜索，返回的结果跟搜索引擎一样，也是根据信息关联程度排列网站，只不过其中人为因素要多一些。如果按分层目录查找，某一目录中网站的排名则是由标题字母的先后顺序决定。这类搜索引擎最具代表性的是雅虎(Yahoo)，还有 DMOZ 也属于这一类。国内的代表有新浪等。图 4-9 为雅虎搜索引擎界面，图 4-10 为新浪搜索引擎界面。

与全文搜索引擎相比，目录索引搜索引擎有许多不同之处。

首先，全文搜索引擎属于自动网站检索，而目录索引则完全依赖手工操作。用户提交网站后，目录编辑人员会亲自浏览你的网站，然后根据一套自定的评判标准甚至编辑人员的主观印象，决定是否接纳你的网站。

其次，全文搜索引擎收录网站时，只要网站本身没有违反有关的规则，一般都能登录成功。而目录索引对网站的要求则高得多，有时即使登录多次也不一定成功。此外，在登录全文搜索

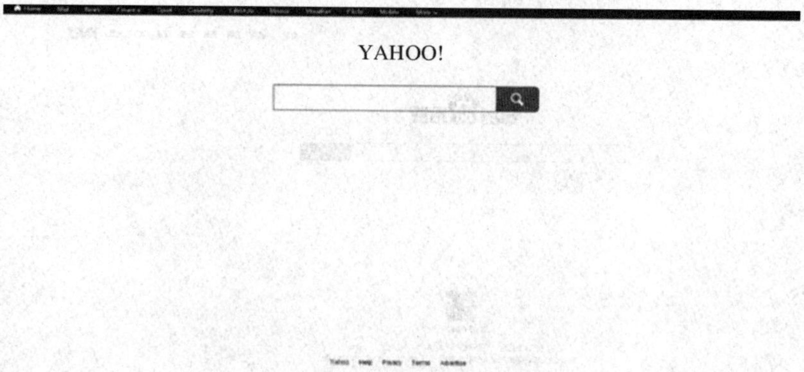

图 4-9　雅虎搜索引擎

图 4-10　新浪搜索引擎

引擎时，我们一般不用考虑网站的分类问题，而登录目录索引时则必须将网站放在一个最合适的目录。

最后，全文搜索引擎中各网站的有关信息都是从用户网页中自动提取的，所以从用户的角度看，我们拥有更多的自主权；而目录索引则要求必须手工填写网站信息，而且还有各种各样的限制。更有甚者，如果工作人员认为你提交网站的目录、网站信息不合适，他可以随时对其进行调整，且事先不会和你商量。

目前，全文搜索引擎与目录索引有相互融合渗透的趋势。原来一些纯粹的全文搜索引擎现在也提供目录搜索。在默认搜索模式下，一些目录类搜索引擎首先返回的是自己目录中匹配的网站，而另外一些则默认的是网页搜索。

3. 元搜索引擎

元搜索引擎在接受用户查询请求时，同时在多个引擎上进行搜索，并将结果返回给用户。目前，较有代表性的元搜索引擎是 dogpile，国内的典型代表是 360 搜索。图 4-11 为 dogpile 搜索引擎界面，图 4-12 为 360 搜索引擎界面。

一个真正的元搜索引擎由三部分组成，即：检索请求提交机制、检索接口代理机制、检索结果显示机制。“请求提交”负责实现用户“个性化”的检索设置要求，包括调用哪些搜索引擎、检索时间限制、结果数量限制等。“接口代理”负责将用户的检索请求“翻译”成满足不同搜索引擎“本地化”要求的格式。“结果显示”负责所有元搜索引擎检索结果的去重、合并、输出处理等。元搜索引擎的出现，对于那些需要连续地使用不同的搜索引擎重复相同的检索的人来说，

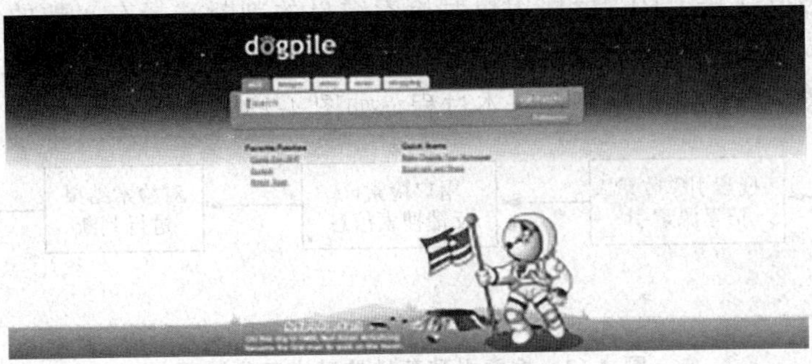

图 4-11　dogpile 搜索引擎

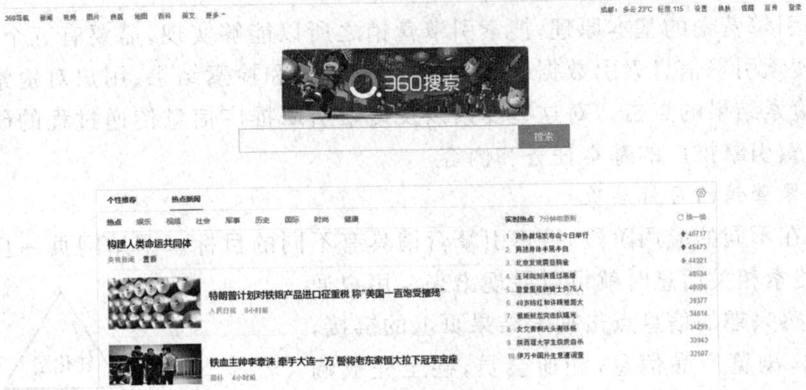

图 4-12　360 搜索引擎

是一个福音。使用元搜索引擎同时对几个搜索引擎进行检索，获得分级编排的检索。

三、搜索引擎营销

2016 年在各种主流互联网营销渠道中，搜索引擎营销推广使用率为 48.2%，为继即时聊天工具营销推广和电子商务平台推广使用率之后第三位，搜索引擎长期占据企业互联网营销推广渠道前三位置。在各种移动营销推广方式中，移动搜索营销推广使用率达 50.0%，继微信营销推广和企业移动官网之后，同样位列第三位。搜索引擎目前仍然是企业最主要的网站推广手段之一，搜索引擎营销方法也成为网络营销方法体系中的主要组成部分。

1. 搜索引擎营销的定义

搜索引擎营销(search engine marketing，SEM)，就是根据用户使用搜索引擎的方式，利用用户检索信息的机会尽可能将营销信息传递给目标用户。包括搜索引擎优化(SEO)、搜索关键字广告等。

搜索引擎营销的基本思想：从用户角度讲，是让用户发现信息，并通过(搜索引擎)搜索点击进入网站网页进一步了解他所需要的信息；从企业的角度讲，就是将潜在客户也就是目标客户带到你的网站上来，通过网站的内容把潜在客户转化成真正的客户。

2. 搜索引擎营销的基本原理

企业将信息发布在网站上成为以网页形式存在的信息源；搜索引擎将网站网页信息收录到索引数据库；用户利用关键词进行检索(对于分类目录则是逐级目录查询)；检索结果中罗列

相关的索引信息及其链接 URL;根据用户对检索结果的判断选择有兴趣的信息并点击 URL 进入信息源所在网页。这样便完成了企业从发布信息到用户获取信息的整个过程,这个过程也说明了搜索引擎营销的基本原理和基本过程。如图 4-13 所示。

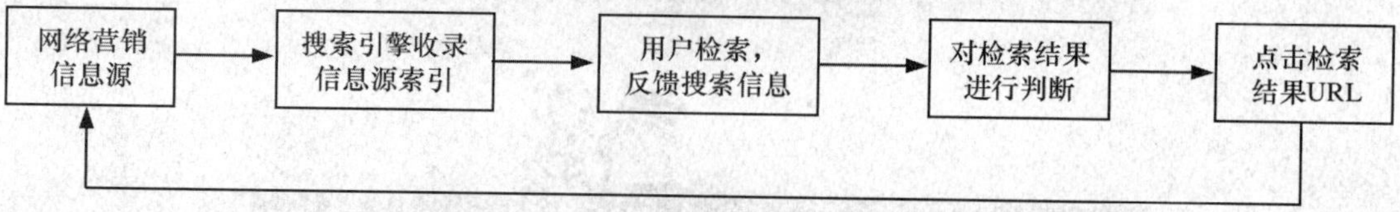

图 4-13 搜索引擎营销的基本工作过程

3. 搜索引擎营销的基本要素

根据搜索引擎营销的基本原理,搜索引擎营销之所以能够实现,需要有五个基本要素:信息源(网页)、搜索引擎信息索引数据库、用户的检索行为和检索结果、用户对检索结果的分析判断、对选中检索结果的点击。对这些要素以及搜索引擎推广信息传递过程的研究和有效实现就构成了搜索引擎推广的基本任务和内容。

4. 搜索引擎营销的目标层次

搜索引擎在不同的应用阶段,搜索引擎营销具有不同的目标。网站网页一旦被搜索引擎收录,网民在搜索相关信息时就可以展现出来。用户通过浏览筛选出感兴趣的信息点击搜索结果页上的链接,进入商家网站,浏览产品信息,注册会员,甚至完成购买。因此可以看出,搜索引擎营销分为四个层次,即存在层、表现层、关注层和转化层。层次结构如图 4-14 所示。

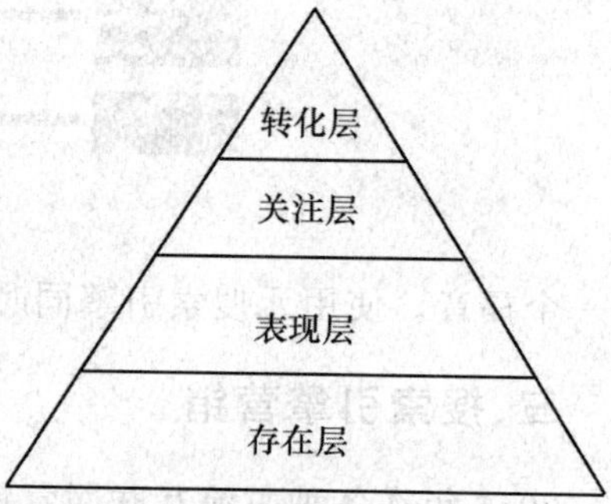

图 4-14 搜索引擎营销目标层次

第一层是搜索引擎营销的存在层,其目标是在主要的搜索引擎/分类目录中获得被收录的机会,这是搜索引擎营销的基础,离开这个层次,搜索引擎营销的其他目标也就不可能实现。搜索引擎登录包括免费登录、付费登录、搜索引擎关键词广告等形式。存在层的含义就是让网站中尽可能多的网页获得被搜索引擎收录(而不仅仅是网站首页),也就是为增加网页的搜索引擎可见性。

第二层是搜索引擎营销的表现层,其目标是在被搜索引擎收录的基础上尽可能获得好的排名,即在搜索结果中有良好的表现,因而可称为表现层。因为用户关心的只是搜索结果中靠前的少量内容,如果利用主要的关键词检索时网站在搜索结果中的排名靠后,那么还有必要利用关键词广告、竞价广告等形式作为补充手段来实现这一目标。同样,如果在分类目录中的位置不理想,则需要同时考虑在分类目录中利用付费等方式获得排名靠前。

第三层是搜索引擎营销的关注层,其目标则直接表现为网站访问量指标方面,也就是通过搜索结果点击率的增加来达到提高网站访问量的目的。由于只有受到用户关注,经过用户选择后的信息才可能被点击,因此可称为关注层。从搜索引擎的实际情况来看,仅仅做到被搜索引擎收录并且在搜索结果中排名靠前是不够的,这样并不一定能增加用户的点击率,更不能保证将访问者转化为顾客。要通过搜索引擎营销实现访问量增加的目标,则需要从整体上进行网站优化设计,并充分利用关键词广告等有价值的搜索引擎营销专业服务。

第四层是搜索引擎营销的转化层，其目标是通过访问量的增加转化为企业最终实现收益的提高，可称为转化层。转化层是前面三个目标层次的进一步提升，是各种搜索引擎方法所实现效果的集中体现。从各种搜索引擎策略到产生收益，期间的中间效果表现为网站访问量的增加，网站的收益是由访问量转化所形成的，从访问量转化为收益则是由网站的功能、服务、产品等多种因素共同作用而决定的。因此，第四个目标在搜索引擎营销中属于战略层次的目标。其他三个层次的目标则属于策略范畴，具有可操作性和可控制性的特征，实现这些基本目标是搜索引擎营销的主要任务。

四、搜索引擎营销的主要模式

虽然搜索引擎营销从 1994 年产生到现在只有十几年的历史，但是它的技术已经相对比较成熟，模式也由免费发展到今天的几乎全面收费，但是每一种模式几乎都是在前一种模式的基础上发展而来的，更适应了商业发展的需要。搜索引擎营销的方法常见的有以下几种。

1. 免费登录分类目录

这是最传统的网站推广手段，方法是企业登录搜索引擎网站，将自己企业网站的信息在搜索引擎中免费注册，由搜索引擎将企业网站的信息添加到分类目录中。现如今，免费登录分类目录的方式已经越来越不适应实际的需求，将逐步退出网络推广的舞台。

2. 搜索引擎优化(search engine optimization，SEO)

搜索引擎优化也叫网站优化。是通过对网站本身的栏目结构和网站内容优化设计，而符合搜索引擎的搜索习惯和用户的搜索习惯，从而获得比较好的搜索引擎排名，更重要的是使网站可以获得更多的业务机会和效益。

3. 收费登录分类目录

它与原有的免费登录方法非常相似，但网站需要付出一定的费用才能够实现的一种搜索引擎营销方法。

4. 关键词广告

这是付费搜索引擎营销的一种形式，也可称为搜索引擎广告、付费搜索引擎关键词广告等。它是自 2002 年之后网络广告中市场增长最快的网络广告模式。当用户利用某一关键词进行检索，在检索结果页面会出现与该关键词相关的广告内容。由于关键词广告具有较高的定位，其效果比一般网络广告形式要好，因而获得快速发展。

5. 关键词竞价排名

这是通过竞争出价的方式，获得某个网站在搜索引擎中的有利排名位置，是一种按效果付费的网络推广方式，由百度在国内率先推出。企业在购买该项服务后，通过注册一定数量的关键词，其推广信息就会率先出现在网民相应的搜索结果中。竞价排名一般采取按点击付费的方式，如果没有被用户点击，则不收取推广费。与关键词广告类似，竞价排名也可以方便地对用户的点击情况进行统计分析，以随时更换关键词增强营销效果。

6. 网页内容定位广告

基于网页内容定位的网络广告(content-targeted advertising)是关键词广告搜索引擎营销模式的进一步延伸，广告载体不仅仅是搜索引擎搜索结果的网页，也延伸到这种服务的合作伙伴的网页。

搜索引擎营销追求最高的性价比，以最小的投入，收获最大的来自搜索引擎的访问量，并产生商业价值。用户在检索信息所使用的关键字反映出用户对该问题(产品)的关注,这种关注是搜索引擎之所以被应用于网络营销的根本原因。

任务二 农产品搜索引擎营销

搜索引擎营销是企业用较少的成本,通过对潜在目标客户的分析,用有效的关键词布局获得来自搜索引擎的访问量,并将潜在客户转化为真实客户,从而实现产品营销。例如:以葡萄种植和经营为主的成都蒲江碧香家庭农场,在建设了企业站点后(图 4-15),将站点提交到搜索引擎登录,并通过搜索引擎关键词布局分析,葡萄的潜在客户一般会使用什么关键词进行搜索,会被哪些关键词吸引,进而对搜索引擎营销策略进行调整,对企业网站进行优化。像这样的家庭农场主作为农产品生产者,一般规模小且分散,经济实力比较弱,无法应对供需之间的矛盾,使用搜索引擎营销就可以在一定程度上打破传统营销信息闭塞的障碍,用较少的成本实现网络推广,提高农产品流通效率,为产品销售打开市场。

图 4-15 碧香家庭农场网站首页

我国专业的农业搜索引擎主要有农搜(www. sdd. net. cn)、搜农(www. sounong. net)、农搜网(www. nowso. cn)、中国农业网(s. zgny. com. cn/index. htm)、金农搜索(dir. jinnong. cn)、食价搜(www. 21food. cn/news/pricemarket. htm)、新农搜索(www. xinnong. com/so)、中国惠农网(www. cnhnb. com)等。但当前,大部分的农业经营者和消费者,都还是习惯使用通用的搜索引擎。目前,我国涉农网站有 2 万多家,信息资源非常丰富,但农产品搜索引擎营销却尚处于非常初级的阶段。近年来,已有一些农业经营者开始运用搜索引擎进行农产品营销推广,并取得了一定的效果。

一、快速登录搜索引擎

企业建设好农产品网站后,为了方便消费者找到网站,第一件事情就是主动登录到各主要搜索引擎和目录索引中去。

1.登录全文搜索引擎

如果你的网站和其他已经登录了搜索引擎的网站建立了链接,搜索引擎可以从别人的网站发现并收录你的网站,这样你也可以不用主动登录搜索引擎。但如果你的网站没有与其他登录网站链接,那么你就需要主动将你的网址提交到搜索引擎,搜索引擎才可能发现并收录你的网站。

常用的搜索引擎登录入口:

百度的网站登录入口是 http://www.baidu.com/search/url_submit.html。图 4-16 为百度网站登录入口页面。

谷歌的网站登录入口是 http://www.google.com/addurl.html。

360 搜索引擎登录入口:http://info.so.360.cn/site_submit.html。

搜狗网站收录提交入口:http://www.sogou.com/feedback/urlfeedback.php。

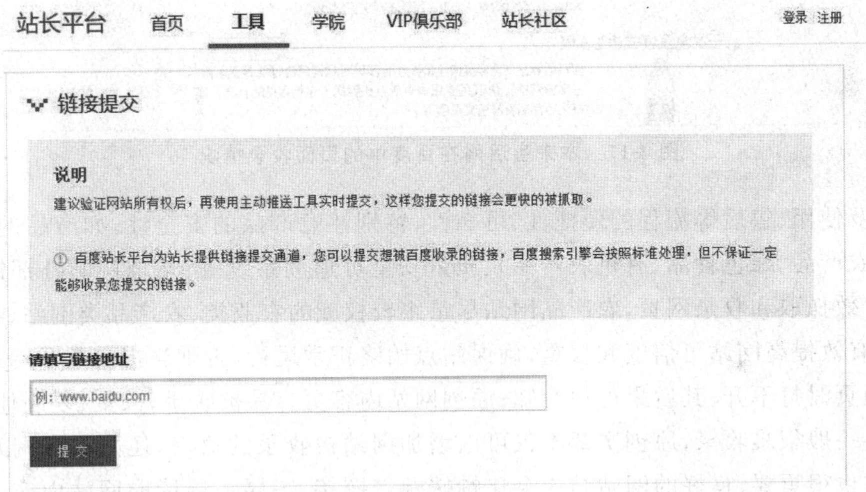

图 4-16 百度网站登录入口

在浏览器地址栏中输入搜索引擎登录入口地址后,打开登录入口界面。在填写链接地址框中填入你所要提交的网站或网页 URL 地址,点击提交。

网址提交以后,你或许还会检验网站是否已被搜索引擎收录,那么直接在搜索引擎中搜索网址,查看能否找到网站结果,也可以在搜索框中输入命令"site:www.example.com"获得具体的页面收录数量。如需获得本来生活网在百度中的页面收录数量,如图 4-17 所示。

一般搜索引擎建议提交的网站地址为包含"http://"的完整地址,只需提交网站首页即可,不需要提交每个网页。搜索引擎对提出登录请求的网站收录周期一般为一个月。如果你向搜索引擎提交了自己的网站,如果一个月后发现搜索引擎并未收录,可以继续提交登录。

2.搜索引擎收录

搜索引擎收录页面是通过鉴别网站内容的价值以及其他方面来收录网站页面的。搜索引擎更喜欢内容健康,不违背社会基本道德,大众关注度高的站点,农产品网站要突出产品的"名、特、优"和极致服务,要充分展现产品文化、企业文化、产业文化,充分说明产品的交易、支

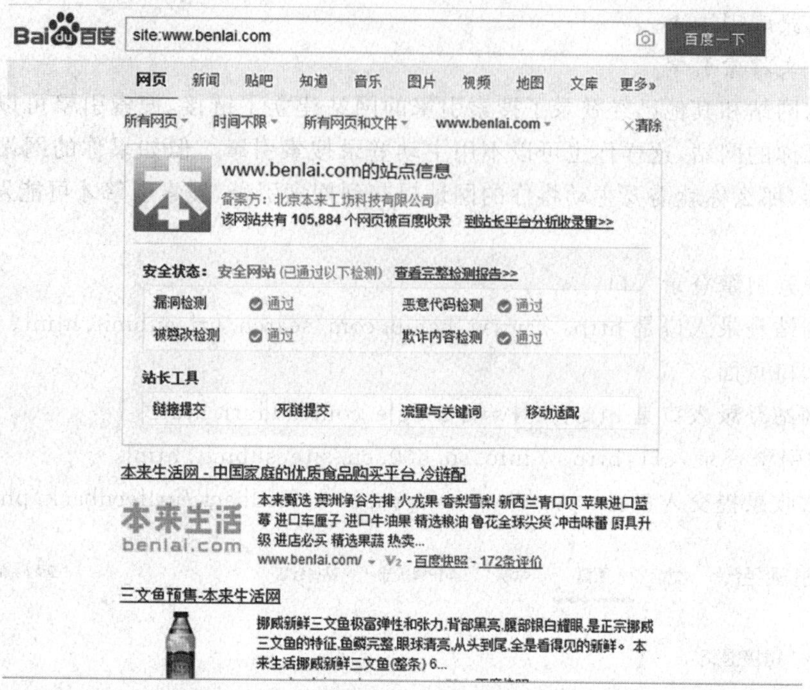

图 4-17　本来生活网在百度中的页面收录情况

付、物流以及使用、售后等流程的便捷性、可靠性，特别注意产品的安全性，如产品的“三品”认证(无公害农产品、绿色食品、有机农产品)、质量安全可追溯系统等；增加网站外部链接，搜索引擎才能有效抓取和收录网页，农产品网站尽量跟较权威的农业类、农产品类网站或交易类网站链接，能有效提高网站可信度和权重；确保站点始终正常运行，否则当提交登录网站地址后，蜘蛛爬取网页时打不开，其后果可想而知；原创网站内容更容易被收录，采集、复制他人信息等做法的网站一般很难收录，原创文章不仅可以增加网站被收录的概率，还能提高网站排名；优化网站结构也很重要，良好的网站结构会让蜘蛛顺着链接，一层一层读取网站内容，一旦网站结构庞杂混乱，让蜘蛛感觉走进了迷宫，这样就大大降低了搜索引擎收录页面的数量。

3. 搜索引擎提交技巧

(1)提交网站还是网页　提交你的网页，而不是网站——以前的确如此，而今情况则完全不同。现在几乎所有全文搜索引擎在网站登录页面都明确提示只需提交主页域名，如 http://www.bxjtnc.com/index.html。过去，由于各大搜索引擎跟踪网站内部链接的程度是不一样的，有的可以跟踪所有链接，有的则止于第二层或第三层，所以以前单独提交网页是必要的。网站首页属于第一层链接，首页上的链接指向的网页为第二层，如果在第二层页面上还有指向下级网页的链接，则被该链接引导的页面为第三层，以此类推。现在所有搜索引擎都能访问网站的全部页面，不管它藏得多深。即便如此，搜索引擎在索引网页时还是有先后次序的，所以将你认为重要的页面置于靠上的链接层是很有必要的。

(2)提交网页的数量　过去在搜索引擎免费时代，为减轻负载，一些搜索引擎设置了网页提交数量限制。而现在，由于搜索引擎都不鼓励单个网页提交(除收费服务外)，因此网页被索引的数量完全取决于各个搜索引擎的要求情况。对目录索引来说，一次只能提交一个网站或网页。

(3)重复提交网站　过去在是否需要重复提交URL的问题上,目录索引和全文搜索引擎是不同的。登录目录索引基本上是“一锤子买卖”,用不着针对同一分类目录重复提交网页,而且目录索引也不允许。而全文搜索引擎则不反对重复提交网页,而且为了维持搜索引擎排名,有时重复提交也是很有必要的。但随着搜索引擎技术的发展,这种做法已显得过时了。现在的情况是,只要你的网站进入搜索引擎数据库,搜索引擎就会定期扫描你的网站并更新数据库中相应的记录。值得注意的是,虽然搜索引擎(如谷歌)并未完全禁止重复提交,但重复提交并不能加快网站被索引或更新的速度,而且频繁骚扰会让人反感。因此,如果你的网站已经上了搜索引擎,就不要自找麻烦再去提交。如果你的网站未被收录,我们不完全否定主动提交网址的作用,但在重复提交时要讲究风度,时隔一个月为好。对现在的搜索引擎来说,最好的登录方法是通过建立更多的外部链接,让搜索引擎有更多机会找到你。

(4)网站访问速度　登录搜索引擎,我们常容易忽略网站访问速度的问题,实际上有时网速对网站成功提交和排名都会产生相当大的影响。如果服务器响应速度过慢,轻则会降低你的网站排名和更新频率,重则会导致链接被搜索引擎从其数据库中摘除。如果因为这些最基本的问题影响了网站的推广效果,那就太得不偿失了。

二、农产品搜索引擎关键词优化

只要搜索就得使用关键词,关键词的分析和选择是搜索引擎优化最重要的工作。网站的排名与具体关键词息息相关,因此,农产品网站要正确选择合适的关键词。农产品搜索关键词的选择要注意:

1. 尊重用户的习惯

选取人们在搜索时喜欢使用,并且与该网站所要重点推广的产品、服务、信息密切相关的关键词。

2. 给网站确定的主关键词不要太多

要符合搜索工具的要求,一般在5个左右,然后针对这些关键词进行优化。

3. 充分利用关键词分析工具软件

例如,百度工具中的推荐关键词功能,输入某关键词后,会列出高频率的、与该关键词相关的短语或词组供参考。也可以用Google关键字工具进行查询。

4. 确定关键词密度

关键词在网页上出现的次数与该页面其他文字的比例称为关键词密度,这也是搜索引擎优化中一个重要的因素。一个网页上通常会有众多的词语,搜索引擎会统计该页面的字数,再利用自身的算法来统计页面中每个字的重要程度,当然那些重复出现的词或短语被认为比较重要些。一般情况下,关键词的密度最好是文本数的2%～8%。

5. 重视关键词位置

关键词要放在有价值的地方,以吸引搜索引擎的注意。搜索引擎会更关注网页中某些特定部位,处于这些位置的词语显得比其他部位的词语重要得多,这样的部位主要有以下几处。

(1)标题标签和meta标签。

(2)URL文本。

(3)页首、页尾和段首。

还要特别注意，仅通过一个首页来命中所有希望推广的关键词是不可能的，因此，还要让网页尽可能多地进入搜索引擎的索引。另外，把握好整个网站的主题风格是非常重要的，最好让网站的主题关键词能够比较均匀地按照金字塔模式分布到网站各页面中。

◆ 技能训练

技能训练一　快速登录搜索引擎

一、实训目标

1. 熟悉快速登录搜索引擎的入口。

2. 掌握快速登录搜索引擎入口的方法和技巧。

二、情景描述

某农产品经营企业近期在天猫上开了一家农产品旗舰店，经搜索发现，该店铺还未被百度收录，公司要求市场营销人员尽快想办法让其天猫店能在百度上搜索到，将店铺推广出去。于是，市场营销人员马上想到了快速登录搜索引擎入口的办法。请你在天猫中选择一家还未被百度收录的店铺，帮助其将店铺地址提交到百度搜索引擎中，帮助其推广。

三、操作步骤

(1)打开百度的网站登录入口。

(2)将农产品店铺首页地址复制粘贴到链接网址栏，点击“提交”。

(3)用 site:命令检验店铺是否被收录。

(4)定期查看店铺收录情况，如有变化可重复提交。

技能训练二　农产品搜索关键词设计

一、实训目标

1. 理解农产品搜索关键词优化的重要性。

2. 掌握农产品搜索关键词设计中需要考虑的因素。

二、情景描述

以葡萄种植和经营为主的成都蒲江碧香家庭农场，其种植的葡萄品种有夏黑、黑美人、美人指、阳光玫瑰、玫瑰香、紫甜无核、红泊拉多等，为了打开成都市场，请根据成都方言特点、产品特点和用户搜索习惯，为其设计 10 个关键词，并说明理由。

三、操作步骤

(1)捕捉关于葡萄的成都方言特点。

(2)罗列出不同种类产品的特点。

(3)观察收集用户的搜索习惯。

(4)设计关键词，说明理由。

◆ 知识测试

一、单选题

1. 百度是哪种类型的搜索引擎(A)。

A. 全文搜索引擎　　B. 目录索引搜索引擎　　C. 元搜索引擎

2. 通过竞争出价的方式，获得某个网站在搜索引擎中的有利排名位置，这是（ C ）。

A. 搜索引擎优化　　B. 关键词广告

C. 关键词竞价排名　　D. 网页内容定位广告

3. 检验网站是否已被搜索引擎收录的命令是（ B ）。

A. site:// www.example.com　　B. site:www.example.com

C. http:// www.example.com　　D. http:www.example.com

4. 以下表述哪一个是错误的（ B ）。

A. 现在提交全文搜索引擎只需提交主页域名

B. 现在提交全文搜索引擎需要单独提交网页

C. 搜索引擎在索引网页时还是有先后次序的

D. 将你认为重要的页面置于靠上的链接层

二、简答题

1. 搜索引擎更喜欢哪种农产品网站页面？

2. 农产品搜索引擎关键词优化需要注意什么？

项目五　农产品网络广告

◆ 知识目标

- 弄清农产品网络广告的概念和特点
- 熟悉农产品网络广告的常见形式
- 掌握农产品网络广告的文案内容和创作技巧
- 了解农产品摄影的基础知识
- 掌握农产品摄影的构图技巧
- 掌握基本的农产品图片后期处理技巧
- 了解农产品网络广告的图文设计原则
- 熟悉农产品网络广告的发布过程

◆ 能力目标

- 能够快速识别农产品网络广告类型
- 能够独立拍摄一组农产品图片并进行基本的后期效果处理
- 能够独立创意设计一则农产品网络广告文案
- 能够尝试团队合作设计一副农产品网络广告图文案

◆ 目标任务实施方案

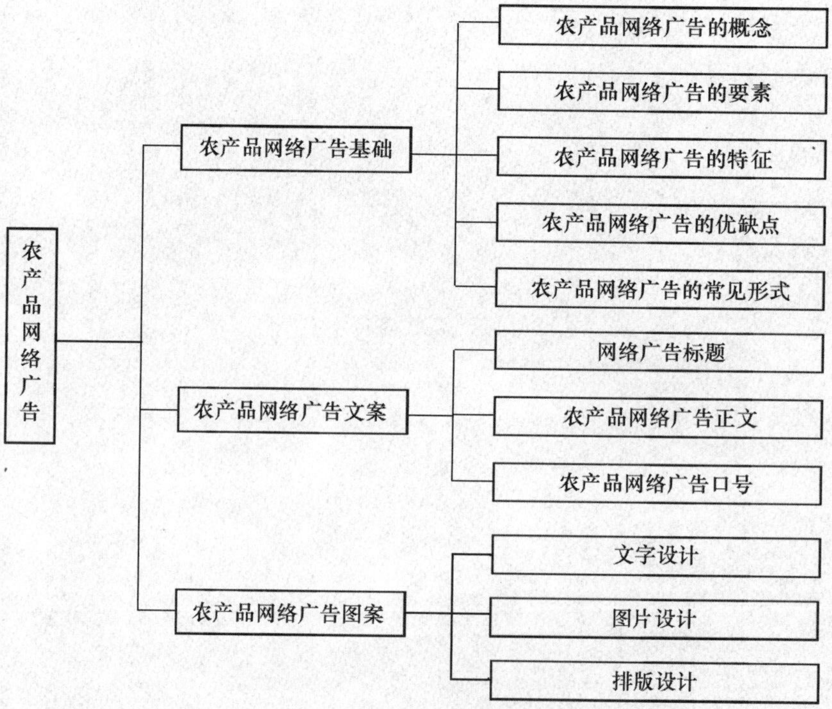

◆ 引导案例

惠州高端农产品牌的网络营销案例

目前，惠州已慢慢步入“互联网＋”时代，移动互联网的发展更是如火如荼。大街小巷，犄角旮旯随处可见“低头族”。企业迎来了全新的新常态需求，既有严峻的挑战，更有新机遇。对企业来说，传统营销势力已经呈现递减现象，相反，网络营销却蒸蒸日上，越来越多地被人们所接受。

惠州邦“挂红荔枝”销售季整合营销，其中包涵品牌设计建立、品牌故事策划、网络广告、网站程序设计等内容(图 5-1)。

图 5-1　挂红荔枝总体策划思路

总体策划思路：

1. 品牌文案策划，深挖品牌价值

见图 5-2。

央视网 CCTV.com 联盟|粤语台

房产新政 反腐

新闻 粤地 娱乐 体育 财经 图库 生活 时尚 旅游 美食 汽车

广州 深圳 佛山 东莞 惠州 中山 珠海 江门 肇庆 清远

粤语台 > 社会新闻

果农36年，只为传承心中的那片“红”

发布时间：2015年06月12日 17:32 | 返回粤语台 | 来源：中国新闻网 | 手机看新闻

“日啖荔枝三百颗，不辞长作岭南人。”由此诗足以看出苏轼对荔枝的喜爱。荔枝营养丰富，不过吃多了上火，那么，有没有果大肉美而又不上火的荔枝呢？经过资深吃货朋友的极力推荐，我怀着好奇和期待的心情走进了岭南。

走进惠州博罗三水村，在全国唯一的挂红荔枝生态保护园里，我们看到了挂红荔枝的传承人一陈佛生。他皮肤黝黑，站在硕果累累的荔枝树下，自豪的向我们介绍他36年传承下来的优质挂绿和无核桂味的嫁接荔枝——挂红荔枝。

1979年，28岁的陈佛生参与了当时增城挂绿荔枝母树新枝培育工作。从增城回到了惠州博罗，他尝试将珍贵的挂绿和优质无核的桂味进行嫁接。在他数十年来的不断摸索，改进，选育出最珍贵的挂红荔枝，当时仅存活3棵。

陈佛生倾注36年的心血，如养育自己的孩子一样呵护，不断精心培育，筛选，终于由当时的3棵增至现在的966棵挂红荔枝。挂红荔枝的嫁接成活率低，产量更是珍稀，966棵挂红荔枝树每年年产量只有1～1.2吨，择优去劣后，以每箱3斤来算，优质的挂红荔枝每年也仅有3 000箱左右。

而陈佛山的荔枝品质极优，吸引不少外来商客，均以高价收购挂红荔枝。去年普通的每斤80元，优等品每斤128元，最优质的每斤500元。

图 5-2 挂红荔枝品牌文案

2. 做好前期产品策划包装，好的包装能带动产品价值

见图 5-3 至图 5-5。

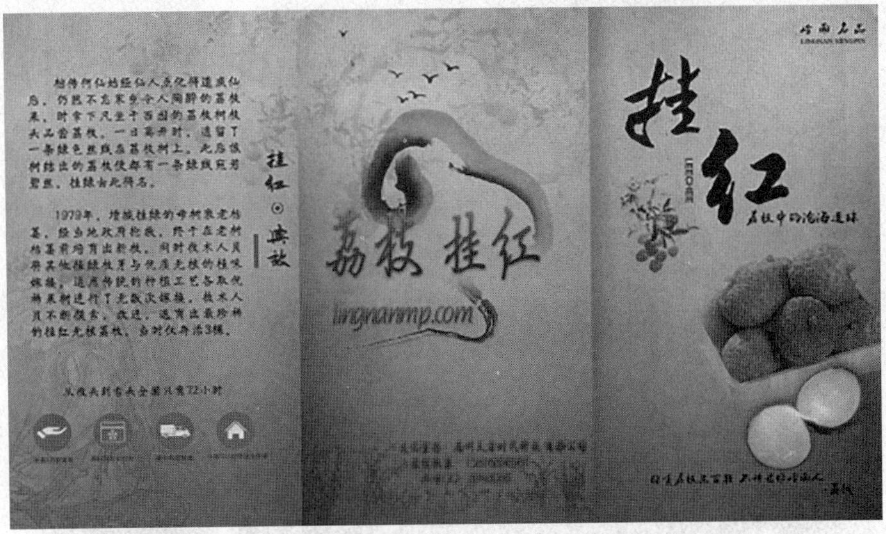

图 5-3　挂红荔枝产品说明(三折页)

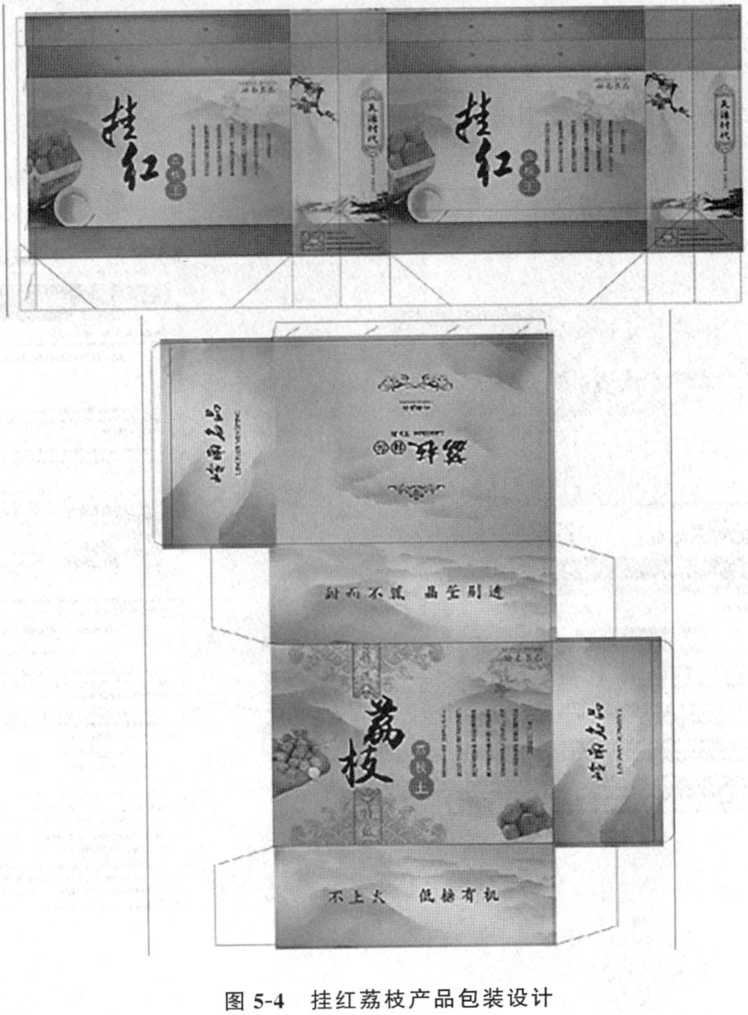

图 5-4　挂红荔枝产品包装设计

图 5-5　挂红荔枝产品实物图

3. 建设品牌官网，做好百度首页优化，开始媒体推广报道见图 5-6。

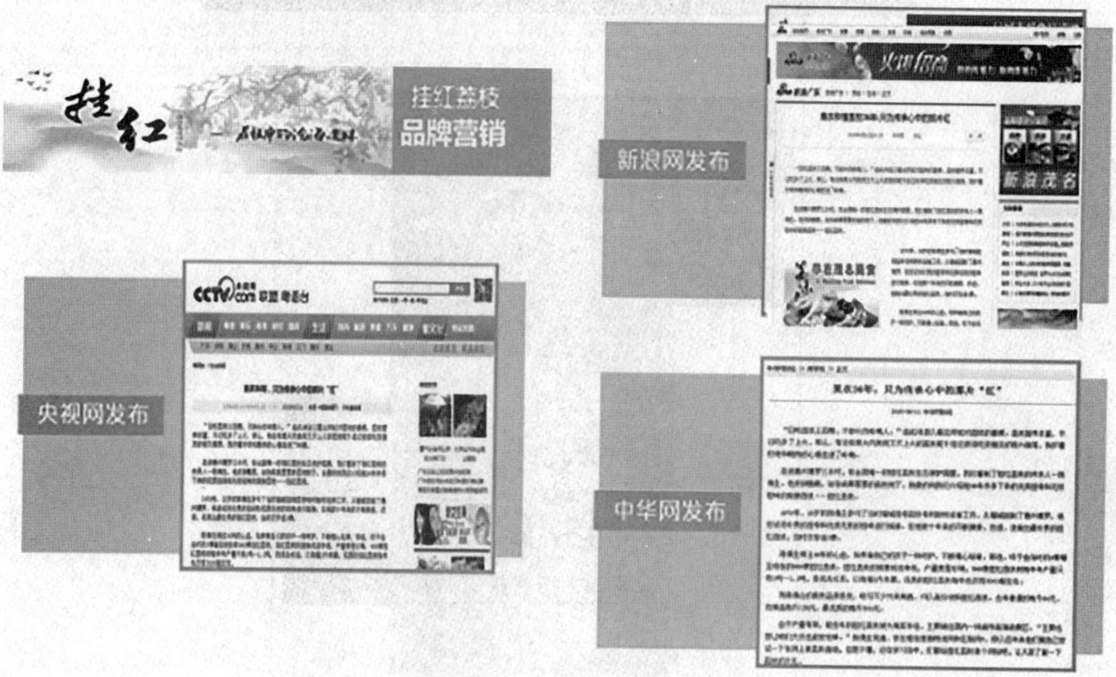

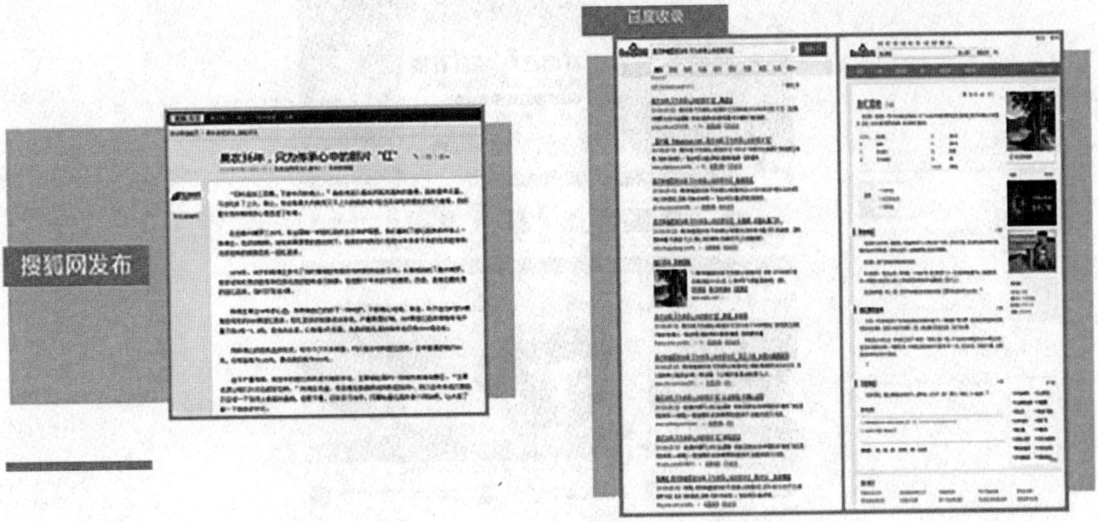

图 5-6　挂红荔枝产品媒体网络广告

4. 入驻电商平台，建立多种网上渠道

见图 5-7。

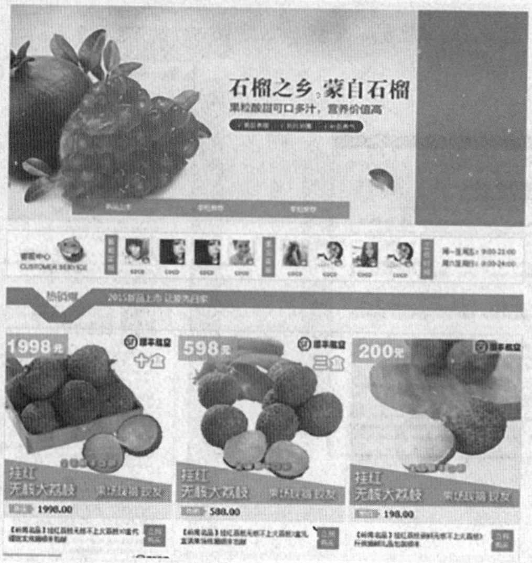

图 5-7 挂红荔枝电商平台网络广告

5. 网络推广开始，开始利用手机端软文推广和微信推广见图 5-8。

图 5-8 挂红荔枝手机端网络广告

任务一　农产品网络广告基础

一、农产品网络广告的概念

网络广告是网络营销常用的方法之一，主要价值表现在品牌形象和产品促销等方面。农产品网络广告就是利用互联网刊登或发布农产品广告，通过网络传递到互联网用户的一种广告运作方式。

与传统的报纸、杂志、电视、广播、户外广告等相比，农产品网络广告有其特有的优势，因为如果用户对广告推广的网站感兴趣，只需要点击鼠标就可以轻松访问，获取丰富详细的农产品信息。

目前，网络广告的市场正在以惊人的速度增长，网络广告发挥的效用越来越显得重要。网络广告已经取代户外广告成了第五大媒体，甚至有可能取代电视，成为第一大媒体。因而众多国际级的广告公司都成立了专门的“网络媒体分部”，以开拓网络广告的巨大市场。同时，因为网络广告速度快效果好，也成了中小企业扩展壮大的好途径，对于广泛开展国际业务的公司更是如此。

二、农产品网络广告的要素

1.广告主

广告主及广告的传播者，就是通过网络发布自己广告内容的企业、机构和个人。广告的商业性决定了大多数广告主是企业。农产品网络广告的广告主则主要是农业及相关企业，他们通过广告推销自己的产品和服务。

2.广告信息

广告信息就是广告要传达的内容。通过设计制作有效的广告信息内容，以尽可能达到预定的广告效果。

网络广告信息的主要特点就是更新快、容量大、可附带易于检索的超链接功能。

3.广告媒介

广告媒介就是指传递广告信息的载体。网络广告的媒介自然就是互联网。具体地说，就是互联网上的一个个页面。更准确地说，那些经过相关部门审定批准，可以在特定网站上发布的广告才是合法的网络广告。

4.广告受众

广告受众及广告所针对的目标对象，也可解释为广告信息的接收者。网络广告的受众就是广大网民。所以，进行网络广告之前必须先研究目标市场(区域)内网民的构成特征、消费行为等，以便有的放矢。

就目前看，我国网民的年龄和教育层次构成还不太合理。根据CNNIC(中国互联网络信息中心)的统计报告，从18～30岁之间的网民占我国全体网民数量的3/4，这个年龄层次从商业角度来说，是一个不成熟的群体，他们的经济水平和消费水平并不理想。但是随着全社会信息化的推进，网民的年龄组成将逐渐向高年龄层次发展，到时候网络广告的价值将会有更大的体现。

三、农产品网络广告的特征

1.需要依附于有价值的信息和服务载体

用户使用网络通常是为了获取对自己有价值的信息或者使用其他有价值的网络服务如搜索引擎、电子邮件等。因此,网络广告必须是与这些有价值的信息和服务相互依赖才能存在。离开了这些对用户有价值的载体,网络广告便难以实现网络促销的目的。

网络广告的这一特征也表明,网络广告的效果并不是单纯取决于网络广告自身水平,还与其所存在的环境和所依附的媒体有着密切关系。

2.核心是激发用户关注和点击

网络广告的直接效果主要表现在浏览和点击。网络广告本身所传递的信息并不是营销信息全部,甚至于产品和服务本身毫无关系,而是为了吸引用户关注而专门创造并放置于容易被发现指出的位置进行的信息引导。

3.具有强制性和用户主导性的双重属性

网络广告的表现形式非常多样,到底是具有强制性还是用户主导性主要取决于广告经营者决定采用的形式。通常,用户是否浏览和点击广告具有较强的自主性,但也有许多广告经营者采用了弹出广告、漂浮广告等强制性手段迫使用户不得不浏览和点击广告。虽然容易引起用户的不满,但从客观效果上确实提升了浏览量和点击量。

4.体现了用户、广告客户、网络媒体三者之间的互动关系

网络媒体提供了高效的网络广告环境和资源,广告客户则可以自主进行广告投放、更换、效果监测和管理,而用户则可依据自身需要选择感兴趣的广告信息及表现形式。只有当三者之间建立良好的互动关系,才可以构建出和谐的网络广告环境,让网络广告真正成为大多数企业都可以采用的营销策略,网络广告的价值也才能最大限度地发挥。

四、网络广告的优缺点

(一)优点

1.传播范围广

网络广告可以通过国际互联网把广告信息全天候地传播到世界各地,不受时间和空间的限制。只要具备上网的条件,人们可以在任何地方随时浏览网络广告信息。这种效果是传统媒体无法比拟的。

2.表现手段丰富多彩

电子网络广告采用文字介绍、声音、影像、图像、颜色、音乐等于一体的丰富表现手段,具有报纸、电视的各种优点,更加吸引受众。网络广告制作成本低、时效长以及高科技形象将使越来越多的工商企业选择网络广告作为重要国际广告媒体之一。

3.内容种类繁多,信息面广

网络广告的内容大到飞机、小到口香糖均可上网做广告。庞大的互联网网络广告能够容纳难以计量的内容和信息,它的广告信息面之广、量之大是报纸、电视无法比拟的。如报纸广告的信息量受到版面篇幅限制;电视广告的信息量受到频道播出时间和播出费用的限制。随着我国计算机的普及和发展,越来越多的国内工商企业和个人在国际互联网上建立站点或主页,打出广告,推销自己,推销产品,使网络广告信息量激增。据报道,仅求职方面,欧洲现在每

天约有400万人上网查看招聘信息和在网上发布自己的求职信息。1998年网上招聘的广告费用为1.05亿美元，据估计，到2003年网上招聘广告费用将达到17.4亿美元。

4.受众数量可以准确统计

利用传统媒体做广告，很难准确地知道有多少人得到了广告信息，而利用网络广告可以在网络上通过权威公正的访问者流量统计系统，精确地统计出每个商家的广告被多少个用户看过，以及这些用户的基本信息、查阅的时间和地域分布从而有利于商家正确评估广告效果，审定广告投放策略。

5.制作成本低，速度快，更改灵活

在传统媒体上做广告发版后很难随意更改，即使可以改动往往也要付出一定的代价。而网络广告制作周期短，即使在较短的周期进行投放，也可以根据客户的需求很快完成制作。另外，在传统媒体上做广告发布后很难更改即使可以改动往往也须付出很大的经济代价。而在互联网上做广告能够按照客户需要及时变更广告内容。这样，经营决策的变化就能及时实施和推广。

6.针对性强

通过提供众多的免费服务，网站一般都能建立完整的用户数据库，包括用户的地域分布、年龄、性别、收入、职业、婚姻状况、爱好等。这些资料可帮助广告主分析市场与受众，根据广告目标受众的特点，有针对性地投放广告，并根据用户特点作定点投放和跟踪分析，对广告效果做出客观准确的评价。

另外，网络广告还可以提供有针对性的内容环境。不同的网站或者是同一网站不同的频道所提供的服务是不同质且具有很强类的分别的，这就为密切迎合广告目标受众的兴趣提供了可能。

(二)缺点

1.普遍性问题

例如网络带宽、网络终端、安全、结算等。

2.监管滞后

我国还没有专门的政府相关机构或专业的管理监督手段来对网络广告进行从制作到发布的全程透彻地跟踪和监控。

3.无序竞争

网络广告价格的透明化势在必行。

4.强迫性广告过多

现在网民想躲开强迫性网络广告，浏览一个干净的网页越来越难了。而网民主动搜取的分类信息在网络广告中所占的比例却一直不大。

5.可供选择的广告位置少

这一方面是因为可供选择的旗帜广告位置只有顶栏和底栏两处(底栏的效果比顶栏要差)，而小尺寸的按钮广告通常又不为大多数广告主看好，从而使可选择的好的广告位置只有顶栏旗帜广告一处。另一方面，由于许多有潜力的网站还没有广告意识，页面上至今不设广告位置，从而使广告越来越向几个先行的网站聚集，从而加剧了广告位置的紧张性。

6.创意空间的局限性

网络广告常用的最大尺寸约合15厘米宽，2厘米高(在800×600像素分辨率下)，要在如此小的空间里创意出有足够吸引力、冲击力的广告创意实在是对广告创意人的巨大挑战。

7. 网络广告的真实性

由于网络上传的方便灵活，会出现很多虚假、夸大广告，误导顾客(图 5-9)。

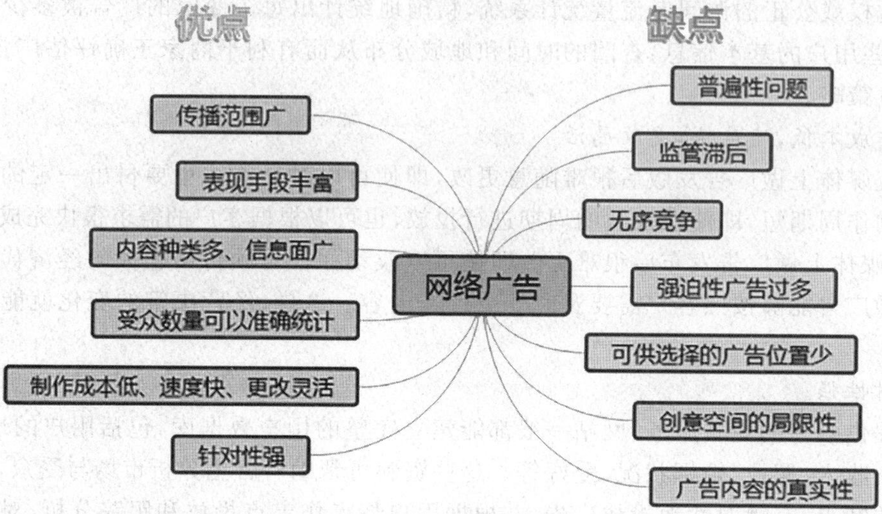

图 5-9　网络广告优缺点对比图

五、农产品网络广告的常见形式

网络广告并不仅仅限于放置在网页上的各种规格的 BANNER 广告，电子邮件广告、搜索引擎关键词广告、搜索固定排名等都是网络广告的表现形式。目前，农产品网络广告常见的表现形式主要有以下几种(图 5-10)：

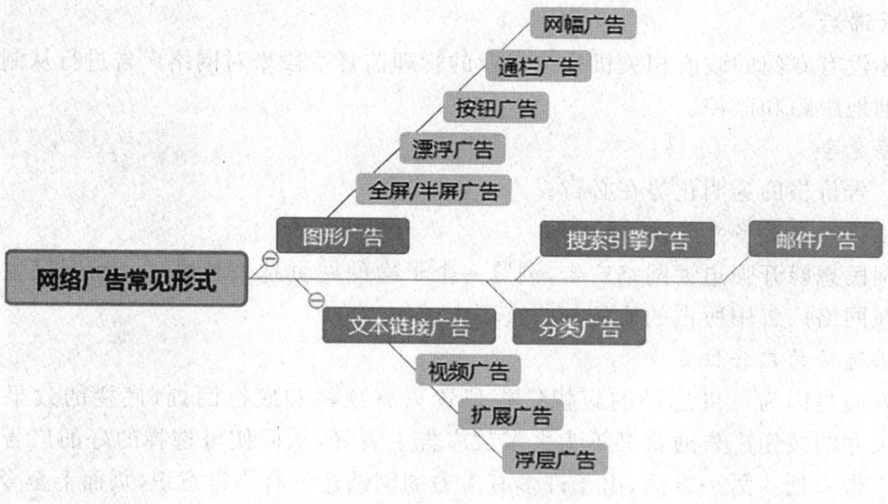

图 5-10　网络广告常见形式

(一)图形广告

1. 网幅广告

网幅广告,又称为 Banner、旗帜广告、横幅广告,是网上最常见的广告形式。它是以 GIF、JPG、Flash 等格式建立的图像文件,定位在网页中用来表现广告内容,同时还可使用 Java、Javascript 等语言使其产生交互性,用 Shockwave、视频等工具增强表现力的网络广告形式。

网幅广告一般以 GIF 图像文件居多。除此,新兴的 RichMediaBanner(富媒体 Banner)能赋予 Banner 更强的表现力和交互内容,现在也经常被厂商采用(图 5-11)。

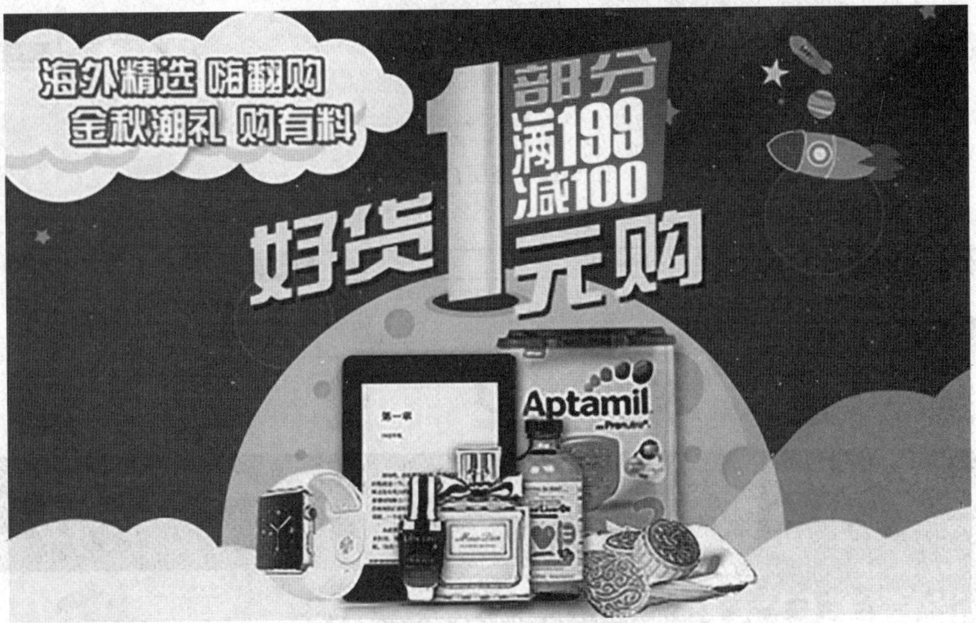

图 5-11 京东 Banner 网幅广告实例

网幅广告一般以限定尺度表现商家的广告内容,放置在广告商的页面上。最醒目的网幅广告是出现在网站主页的顶部(一般为右上方)的旗帜广告,也成为"页眉广告"或"头号标题"。一般,每个网站主页上只有一个旗帜广告,因为其瞩目性强,广告效果佳,故而费用也最高。

为了充分利用网页广告区块,不同厂商的网幅广告可以以滚动的方式出现在同一位置,这样就分摊了广告费用,降低了广告成本。并且,少数几个不同的万福广告滚动出现也不应不会影响广告效果。

网幅广告从位置来分,可以分为横幅和竖幅两种。横幅广告一般出现在网站主页的顶部和底部;竖幅广告一般在网站主页的两侧(图 5-12)。

从格式来分,网幅广告又可以分为三类:静态网幅广告、动态网幅广告和交互式的网幅广告。静态的网幅广告就是在网页上显示一幅固定的图片;动态网幅广告通常是 GIF 格式,会移动和闪烁,是目前最主要的网络广告形式;交互式网幅广告形式多样,包括游戏、插播、问答、下拉菜单、填表等,分为 html 和 RichMedia 两种(图 5-13)。

京东生鲜广告(图 5-13),通过选择下拉菜单,用户可以直接连接到不同水果的相关页面。

2. 通栏广告

通栏广告实际上是横幅广告的一种升级。通常出现在首页以及各频道的中间显著位置,

图 5-12　竖幅广告实例

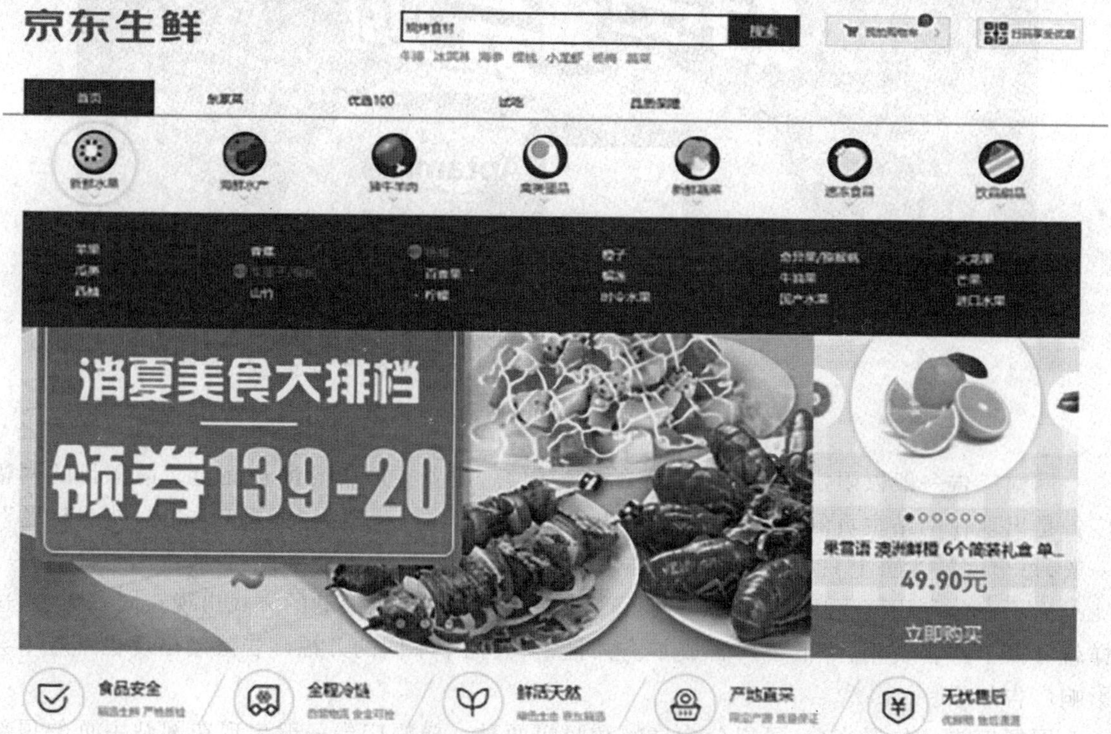

图 5-13　交互式网幅广告实例

占据页面宽度的图片、动画广告，比传统的横幅广告具有更好的视觉吸引力，特别适合活动信息发布、产品推广、庆典等。是一种常见的广告形式(图 5-14)。

3. 按钮广告

按钮广告是从网幅广告演变过来的一种形式，但更具有灵活性，可以放置在网页的很多位置，通常穿插在页面的显要位置。

按钮广告一般是不互动的，当选择并点击它的时候，才会被带到另外一个页面。比较适合于品牌、产品、促销等营销活动，具有很强的延续性及较强的主题表现力。

图 5-14　通栏广告实例

根据 IAB 的标准，按钮广告通常有四种尺寸：125×125 方形按钮、120×90 按钮、120×60 按钮、88×31 小按钮（图 5-15）。

图 5-15　按钮广告实例

4. 弹出式广告

弹出式广告又称为插入广告。指当访客在请求登录网页时强制插入一个广告页面或弹出广告窗口插播式广告有各种尺寸，有全屏的也有小窗口的，而且互动的程度也不同，从静态的到全部动态的都有。

广告客户可以在窗口中放置文字，图片链接，或者是一个索取资料的个人信息注册表单，甚至可以是一件正在促销商品的广告图片。浏览者可以通过关闭窗口不看广告，但是它们的出现没有任何征兆，而且肯定会被浏览者看到（图 5-16）。

图 5-16　弹出式广告实例

弹出式广告不一定会在浏览器的最上层出现，有部分弹出式广告刻意把自己安排在视窗的最底层，或把自己缩小甚至隐藏，意图在用户不注意的情况下搜集用户的上网行为，或下载、安装未经用户许可的软件或插件。

5. 漂浮广告

有 Gif、JPG 、FLASH 三种格式和游动、浮动两种形式。

浮动 LOGO 广告一般在页面左右两边，随屏幕上下移动；游动广告则可随机游动于屏幕中。

漂浮广告的广告位置明显，信息传达面广；采用动态游动广告图片，在视觉上可以使访客产生新鲜的感觉，有非常强的主题表现力(图 5-17)。

图 5-17　漂浮广告实例

6. 全屏/半屏广告

充分利用整个页面的空间，最大限度地表现广告的创意和主题，使目标客户在最短的时间内了解需要表达的内涵，带有一定的强制性(图 5-18)。

特点：视觉冲击力强；强烈的品牌效应；丰富的信息量。

图 5-18　半屏广告实例

(二)文本链接广告

文本链接广告是以一排文字作为一个广告，点击可以进入相应的广告页面。这是一种对浏览者干扰最少，但却较为有效果的网络广告形式。有时候，最简单的广告形式效果却最好一般不超过 10 个汉字，发布在首页、重点频道首页的推荐位置(图 5-19)。

图 5-19 文本链接广告实例

(三)富媒体广告

1. 视频类

用户打开页面时，弹出或从页面右下角浮出视频广告。点击视频进入相关链接网页，也可能是通过视频中添加的互动元素促使更多的用户点击观看(图 5-20)。

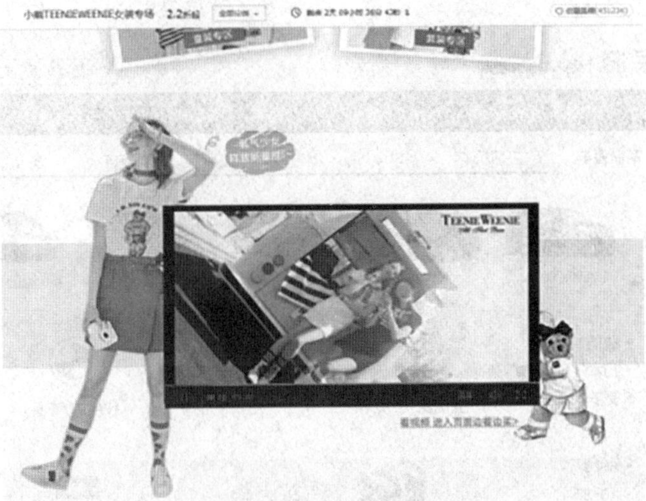

图 5-20 视频类广告实例

2. 扩展类

当用户将鼠标滑过或点击广告后，扩展广告被触发，广告基于原广告位置进行扩展，鼠标移开后，扩展部分自动消失。

3. 浮层类

用户打开网页时，浮层广告以不规则动画的形式突然出现在网页上，并且可以融入与用户的互动，更好的表现广告内容，吸引用户注意。动画播放完毕后，浮层自动消失。

(四)分类广告

分类广告是指充分利用网络优势，对大规模的生活实用信息，按主题进行科学分类，并提供快速检索的一种广告形式。这种形式篇幅小、制作简单、价格低廉，适合个人和小公司使用。

分类广告常见的发布途径包括：专业的分类广告服务网站、综合性网站开设的相关频道和栏目、网上企业黄页、部分行业网站和 B2B 网站的信息发布区、网上跳蚤市场、部分网络社区的广告发布区等(图 5-21)。

图 5-21 分类广告实例

(五)邮件广告

把一段广告性的文字放置在新闻邮件或经许可的电子邮件中,也可以设置一个网址,链接到广告主公司页面或提供产品或服务的特定页面。企业一般采用邮件群发系统把带有广告内容的邮件发送给用户。

电子邮件广告具有针对性强、覆盖率高、简便快捷、费用低廉等特点(图 5-22)。

(六)搜索引擎广告(关键词广告)

广告主根据自己的产品或服务的内容、特点等,确定相关的关键词,撰写广告内容并自主定价投放的广告。当用户搜索到广告主投放的关键词时,相应的广告就会展示(关键词有多个用户购买时,根据竞价排名原则展示),并在用户点击后按照广告主对该关键词的出价收费,无

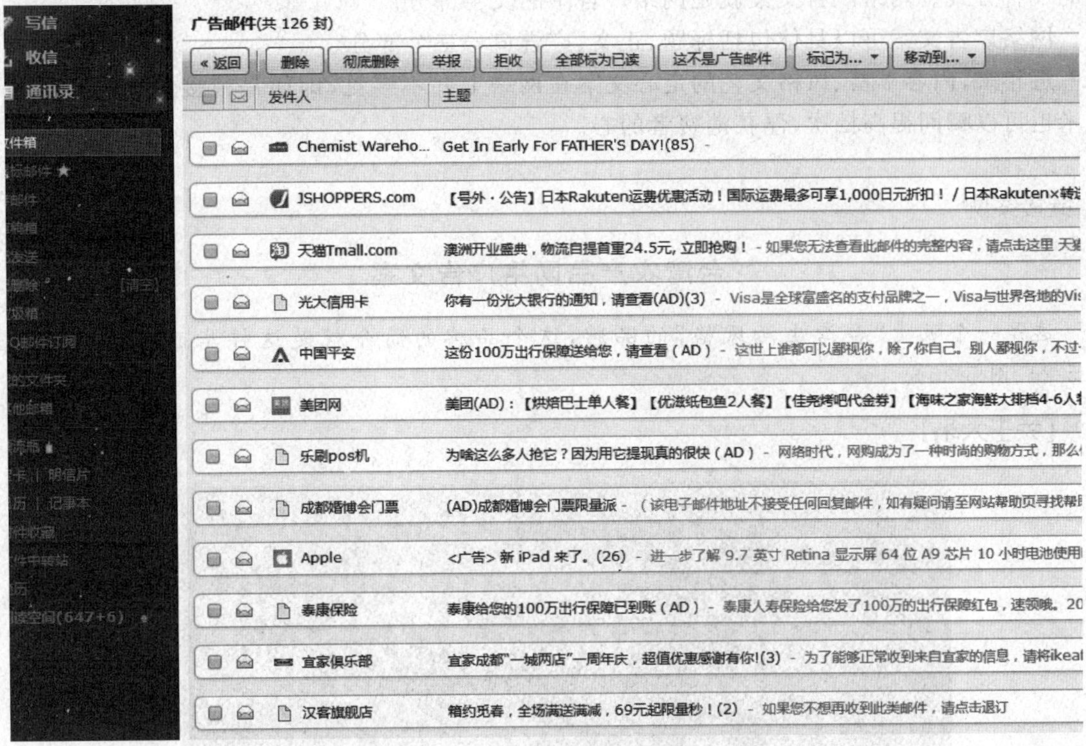

图 5-22　邮件广告实例

点击不收费。

搜索引擎广告包括关键词广告、竞价排名广告、地址栏搜索广告和网站登录广告等形式。

搜索引擎广告具有以下优点：

1. 具有极强的针对性

在搜索的时候，客户需求已经通过关键字表现出来，搜索引擎根据客户需求，给出相应结果，因此广告投放完全是精确匹配，直接针对有需求的客户。

2. 可跟踪的广告效果

好的搜索引擎可以提供广告的数据资料，由此生成完整的报告，方便掌握广告投放效果，及时调整相应的营销战略。

3. 受众广泛

截至 2016 年 12 月，我国搜索引擎用户规模达 6.02 亿，使用率为 82.4%，用户规模较 2015 年底增加 3 615 万，增长率为 6.4%；搜索用户数达 5.75 亿，使用率为 82.7%，用户规模较 2015 年底增加 9 727 万，增长率为 20.4%。

任务二　农产品网络广告文案

广告的内容分为文字与画面两大主要部分。文字部分一般习惯称之为"广告文案"。它是广告策划者按照广告主的意图以及广告目标的要求，用文字的形式将广告宣传的内容表达出来的一种方式。网络广告文案就是网络广告中的文字部分。

网络广告文案可以具体包括标题、正文、广告口号三个部分。

近年来,内容丰富、风格文艺的走心文案在网络上并不罕见,即使是很接地气的产品——大米也可以瞬间提高档次,俘获消费者的心。

◆ 链接案例

台湾农产品网络广告文案

这是一个贩卖“台湾生活风格”的品牌,这个品牌的简介就是这样华丽丽的(图 5-23、图 5-24、图 5-25)。

【关于大米】

图 5-23　台湾生活风格广告文案

【饭先生】

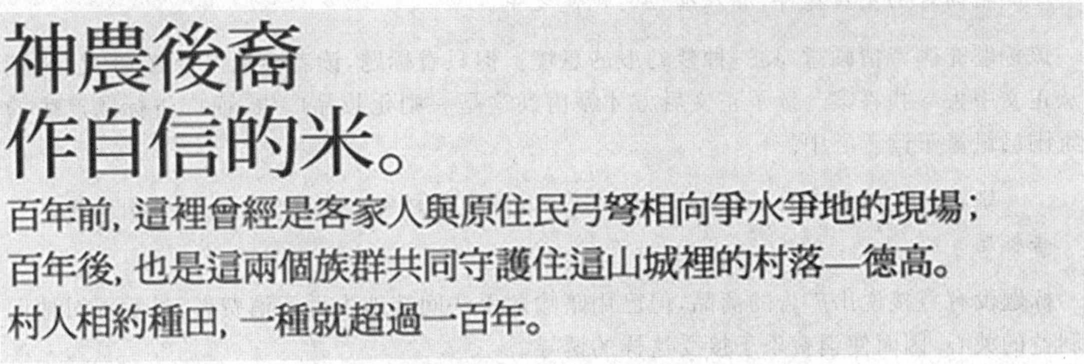

图 5-24　饭先生广告文案

【求真米】

图 5-25　求真米广告文案

一、网络广告标题

标题是广告的题目，它标明了广告的主旨，又是区分不同广告内容的标志。广告标题具有点明主题；引人注意；在无目的的阅读和收看的受众中间，分离出目标消费者；诱使消费者阅读广告正文、加深印象、促进购买的功能。

（一）网络广告标题的类型

广告标题按其诉求策略的不同，可分为如下三大类：

1. 直接标题

直接标题是以简明的语言直接表明广告内容，使人们一看便知要推销什么，会给消费者带来什么利益。

中意冰箱，人人中意——中意电器集团公司广告标题

唯独这种煤气能向你提供一大桶热水，比普通快 3 倍——美国煤气联合协会广告标题

家中有万宝，生活更美好——万宝冰箱广告标题

上述广告标题都是直接传播广告信息，将产品的主要情况，产品效用直截了当地告诉消费者 。直接标题虽然简单明了，但它往往不能引起消费者的足够注意。

2. 间接标题

这种标题中不直接出现所要推销的商品的内容，往往连产品的名称都不告诉消费者，而是利用艺术手法暗示或诱导消费者，引起消费者的兴趣与好奇心理，从而进一步注意广告正文。

把闪烁的星星揉碎，溶入绚烂的晚霞之中。

该标题充满诗情画意，具一种梦幻般的意境。但只看标题，读者会觉得费解，于是，他们只能从正文中去寻找答案。读了正文后方才领悟到这是一则化妆品广告，而广告标题产生的浪漫氛围已氤氲于读者心中。

眼睛是灵魂的窗户，为了保护您的灵魂，请给窗户安上玻璃吧！——美国眼镜广告标题。

标题没有直接说出广告的商品，但已用暗喻的手法间接地告诉了消费者，显示了对他们切身利益的关心，因而使消费乐于接受这样的诱导。

工欲善其事，必先利其器——“常工牌”焊接切削工具广告标题。

标题以谚语的形式含蓄地说出了使用该种型号的切削工具，能使人达到事半功倍之效果。

发光的不完全是黄金——美国银器广告标题。

美国一家银器制造商使用了这句谚语，引人注意，正文接着说明他们制造的银器，也是发光锃亮的，由此达到宣传目。

3. 复合标题

这种标题是将直接标题与间标题复合起来。

一则复合标题常由两个或两个标题组成，除了有一个主标题外，还有一个或两个副标题，位于主标题的上下左右。

主题往往以艺术的手法表明一个引人入胜的思想，副标题则是说明产品的名称、型号、性能等。目的在于进一步补充和扩展主标题的含义。

因而，复合标题会失去一点引人好奇的价值，但却能使消费者立即明白引起他们的好奇是什么产品。

小到一颗螺丝钉——四通的服务无微不至。

这是四通文字处理机的广告标题，文字的第一行是主题，采用间接标题，运用了“比”的修辞手段，是虚写；文字的第二行是副标题，采用直接标题，道出了广告所宣传的产品，是实写。以小小的螺丝钉做文章，让消费者联想到四通的产品质量过硬，服务周到，小到一颗螺丝都毫不马虎，关键部位就更不用说。通过间接标题的诱导，直接标题的点明，消费者从形象思维过渡到产品本身，由此加深了他对产品的印象。这个标题是匠心独运的。

质好！力强！——三圈牌电池

龙马牌 TY—1 型家用运输车——为你开辟致富之路。

有些标题，除正题，副题外，还有引题，如下例：

用了油烟机，厨房还有油烟；用了油烟机，拆卸清洗困难怎么办——引题

科宝排烟柜，将油烟控制在柜内，一抽而净。科宝油烟机带集油盒，确保三年免清洗。——正题

全方位优质服务：免费送货安装，（南三环至北四环）三年保修，终身维修。——

副题

上例引题交代广告信息背景或意义，提出一般油烟机抽不净油烟且清洗困难的问题，由此引出正标题，科宝排烟柜可将油烟“一抽而净”，能“确保三年免清洗”。这就回答了引题中提出的问题。副标题是对主标题内容的补充，作某些附加说明。

还有一些复合式标题可以由引题、正题组成。

拥有“王祥”全家吉祥——引题

上海沪祥童车厂　北京市京雷百货贸易公司联合举办“王祥”童车展销——正题

上例引题点明拥有“王祥”童车的意义，正题传递“王祥”童车展销信息。

复合标题能将直接和间接两种标题揉在一起，各取所长，既富有情趣性，又具有清楚明白的效果。这类广告标题常于前两种标题不易表达广告内容时用。

(二)标题的表达形式

标题的表达形式有多种，是写作技巧的变化运用，其目的是使广告的标题“醒目”，吸引消费者的注意，诱发读正文的兴趣。常见形式如下：

1.新闻式

指采用新闻标题和导语的写法、形式的广告标题，为了加强广告的新奇性和可信性，把广告信息作新闻处理。

要注意的是，当采用新闻性标题时，必须有真正称得上新闻的广告内容，必须是真实的、新的事物和事件的产生和发现，否则报纸或杂志将它作为新闻登载出来，而读者发现其并无新闻价值，会破坏读者对媒介的信任程度。

常用词汇有：新、最新、发现、推出、首次、目前、现在、消息等。

隔断新贡献，抗火立大功——燃烧两小时抗热温度986℃(台湾环球牌石膏板)

治疗关节炎的突破性产品终于问世—阿斯巴青

2.问答式

使用得最广泛。它是一种通过提问和回答的方式来吸引受众的注意力的表现形式。它的常用的词汇和句式是难道……？它是……？谁不愿？谁能？怎么样？为什么？怎能？等等。具体表现有两类，设问式和反问式。设问式一般又呈现两种情形，或在标题中设问，在正文中回答；或在标题中自问自答。

设问式：

为什么美国1 000家最大企业采购微电脑时，大部分都首先考虑康柏？

反问式：

既然每天要喝水，为什么不用哈磁杯?!

3.承诺式

也称许诺式、利益式。其主要特点是在标题中就向受众承诺某种利益和好处。常用词汇大致有：免费、定能、优惠、美丽、气派、方便、减价、附赠等。但承诺的表现并不是只用常用词汇来进行承诺，除了直接承诺之外，还有间接的或暗示性的承诺方式(图5-26)。

图 5-26 百草味聚划算活动主页

4. 悬念式

即在标题中设立一个悬念，迎合受众追根究底的心理特征，以吸引受众的特别注意的广告标题。人类天然具有好奇的本能，这类标题专在这点上着力，一下子把读者的注意力抓住，在他们寻求答案的过程中不自觉地产生兴趣。

悬念式标题经常和问答式标题配合运用，用问题的提出来制造悬念。当然，悬念和设问有所不同。设问的结果一般是受众可以预料的，而悬念一般是受众不能预料的，甚至是完全与受众的认知倾向心理期待相反的事实。如：“禁止抽各种香烟，连555牌香烟也不例外。”读者的第一印象便是“555”有点特殊，接着要问为它为什么值得单独提出，于是忍不住要尝一尝它究竟有什么与众不同。

5. 假设式

在广告标题中提出某种假设，同时据此提出某种结果。主要特点是为了运用假设引起受众的注意，并督促他们产生相关的思考和行为。

获得1994年第21届日本海外广告金奖的中国台湾松下电器国际品牌“省思篇”系列，就是运用了假设式的标题写作形式：如果有一天，你聆听的只剩下这样的音符，如果有一天，水中的世界不再有鱼类生存，如果有一天，地球只剩下这样的植物……以环保作为广告表现主题来表现国际牌随身听、国际牌画王电视机、国际牌水果榨汁机的产品优势。

6. 解题式

围绕企业或商品的品牌名称或产品名称而形成的标题形式。有三种表现：把企业或商品的品牌名称拆开来进行解释；将商品的品牌名称在上下句子中反复出现，使品牌名因位置的变化而产生新的含义和新的内容；用注解的方式来表现广告主题。

请品一品龙井茶——一品龙井茶广告标题

解题式标题可以将品牌名称用解题方式进行形象化，加深受众对品牌的记忆，但在运用时要注意不能牵强附会。

7. 祈使式

也叫进言式或建议式，就是用建议的或劝导的语言和口吻，向受众提出某种消费建议。

许多文案人员喜欢采用这种形式的标题。它兼具多种优点：标题主动地劝说或强暗示读者去做或去思考某些事情；标题一般直接言明所推荐产品的某种用途或使用方法；它同时具有利益性标题的优点，由于建议使用及促使购买的说辞铺陈，直接或间接地将使用该品牌产品的利益告诉读者，标题就具有了动之以情、晓之以理的双重功能。

常用词汇如请、千万不要、让、应该、无论如何、来吧、试一试等。

加点新鲜香吉士柠檬，让冰茶闪耀阳光的风味

果珍要喝热的

8. 炫耀式

也叫赞美式、夸耀式，就是在标题中直接地赞美、夸耀甚至炫耀广告中企业、商品、服务的特征、功能、有效性。写作特点是能在直接的赞美中让受众直接地明白广告中信息的优胜之处。这种标题对分寸掌握的要求相对较高，如果出现自我陶醉、自我炫耀、夸耀无度而不真实的情况，会造成受众的逆反心理。

"从台湾第一到世界金牌，统一鲜乳是最好的鲜乳！"

也有将咄咄逼人的口气变得比较柔和些的：

"尽善尽美，我用来用去还是它"（法国某首饰品牌）

9. 诗歌式

借用和改用古今诗歌原句，或者采用诗歌式的语言做题，能收到醒目传神、绘声绘色的效果。

东风夜放花千树——沙洲灯具给您带来光明美景

赤橙黄绿青蓝，点缀人间春色（化工染料广告）

悠悠寸草心，报得三春晖—三九胃泰

10. 比喻式

用某些有类似点的事物来比拟想要说的某一事物，促人联想，让人加深对某种思想和观点的认识。

三洋电叶轻转，转出清凉世界（日本三洋电扇）

小莫小于水滴，细莫细于沙粒（某银行）

第一封信的愉快回忆（手摘新茶）

11. 实证式

用证言和数字的形式进行表现的广告标题。因为它具有实证性，用名人或消费者的证言、用科学而可靠的实证性数据，能获得受众的注意和信赖（图 5-27）。

图 5-27 某酱油广告文案

◆ 知识链接

广告大师大卫·奥格威的标题写作法则

大卫·奥格威在为广告写作标题时每次不下 16 个，以从中确定最佳者。他的标题写作原则具体包括以下几个方面：

(1)标题好比商品价码标签，要用标题向消费者打招呼，并以此抓住消费者的目光。

(2)每个标题都应带出产品给潜在买主自身利益的承诺。这种承诺明显有益于消费者。

(3)始终注意在标题中加进新的信息。

(4)在广告标题中使用其他会产生良好产果的字眼。

(5)读广告标题的人是读广告正文的 5 倍。

(6)在标题上写进你的销售承诺，销售承诺是指消费者将购得的产品上的承诺，即产品的优点。

(7)在标题结尾前加上诱人继续读下去的东西。

(8)不要写一些故意卖弄的标题，具体如双关语、引据经典或者别的晦涩的词句。

(9)在标题中避免用否定词。

(10)避免使用有字无实的瞎标题。

二、农产品网络广告正文

广告的目标内容主要是通过广告正文来反映的,它起着介绍商品、树立商品的消费形象和推动购买的作用。正文的主要作用是对广告的信息内容进行描述和报道。

广告正文的写作技巧包括以下几个方面:

1. 重点突出

广告应有明确的主题,除了在标题中突出诉求主题之外,还应该在正文中集中地表现主题。主题是一则广告的重点,即中心意思。一则广告只能有一个主题,广告正文要切忌头绪纷繁,杂乱无章,什么都拼摆上去,这样不仅难以突出主题,反而有可能引起别人的反感。当然,如果要反映主题的不同方面,可以采取填写小标题的方式,分段叙述,使文章有条有理,脉络清晰。

2. 简明易懂

广告正文要简明扼要,不说废话。广告文稿的长短虽然是根据内容的需要确定的,但可有可无的文字一概应该避免。对写作的要求,在原则上以足以传达广告的全部信息为限,长而不拖沓,短而不晦涩。在语言上尽量口语化,浅显易懂。

不同类型的商品对广告文的长短要求是不同的,生产资料类广告宜长,尽可能让消费者了解详细信息内容;高档耐用消费品,如电器等,则也可适当写长些,对一些消费者关心的问题尽可能做出解释;而日常生活用品,则由于是大众化的,其性能多为消费者所熟知,因此,宜尽量简短。

此外,新上市产品,广告文介绍应详细,而已大众化产品则应简短。

广告正文的内容要具体,应真实地反映广告商品的信息,避免用抽象空洞的词句,如"价廉物美"、"品质优良"等,这也是在拟写广告正文时应注意的。

3. 有趣、动人

广告文字不仅要有概括性,而且还要有艺术性。广告文字的艺术性,就是在广告正文的写作中,运用文学创作的手法,使广告的文字表达尽量做到生动、别致、贴切和形象,使广告富有趣味性,有人情味,这样,才能使消费者感到亲切,乐于欣赏品味,从而增强记忆和联想。

4. 有号召力

广告的目的,是通过告之商品的信息,使商品在消费者心中树立形象,再通过说服和动员促进其购买行为。因此,广告文必须有号召力。广告文的号召力,关键在于高质量的商品、高水平的劳务服务和良好的经营作风,这是广告成功的基本保证。但是,要取得消费者的信任,还要运用各种表达方式来增强广告的效果。

为使广告令人信服,有号召力,在广告正文中往往较多地运用论证方式,直接引用权威人士、社会名流和消费者的推荐,或是利用权威部门所发证书加以证明。由于论证方式比较客观,易于引诱消费者仿效。但应该注意的是,有时利用知名人士做广告并不一定能取得消费者的信任,而普通消费者的推荐或赞扬往往显得更为亲切和可信。

此外,运用号召力的广告,语气措辞必须礼貌,既要使人感到亲切,又要善于迎合消费者的心理。口气平和的广告往往易于被消费者接受。

除了以上几点,在广告正文的写作中还应注意下列几个问题:第一,用字措辞要适当,不能让消费者阅读后引起戒心或怀疑；第二，措辞应口语化，使人易读易懂；第三，避免出现错别字，以免理解有误，造成损失；第四，要有联系方法，如购买地址，以方便消费者（图 5-28）。

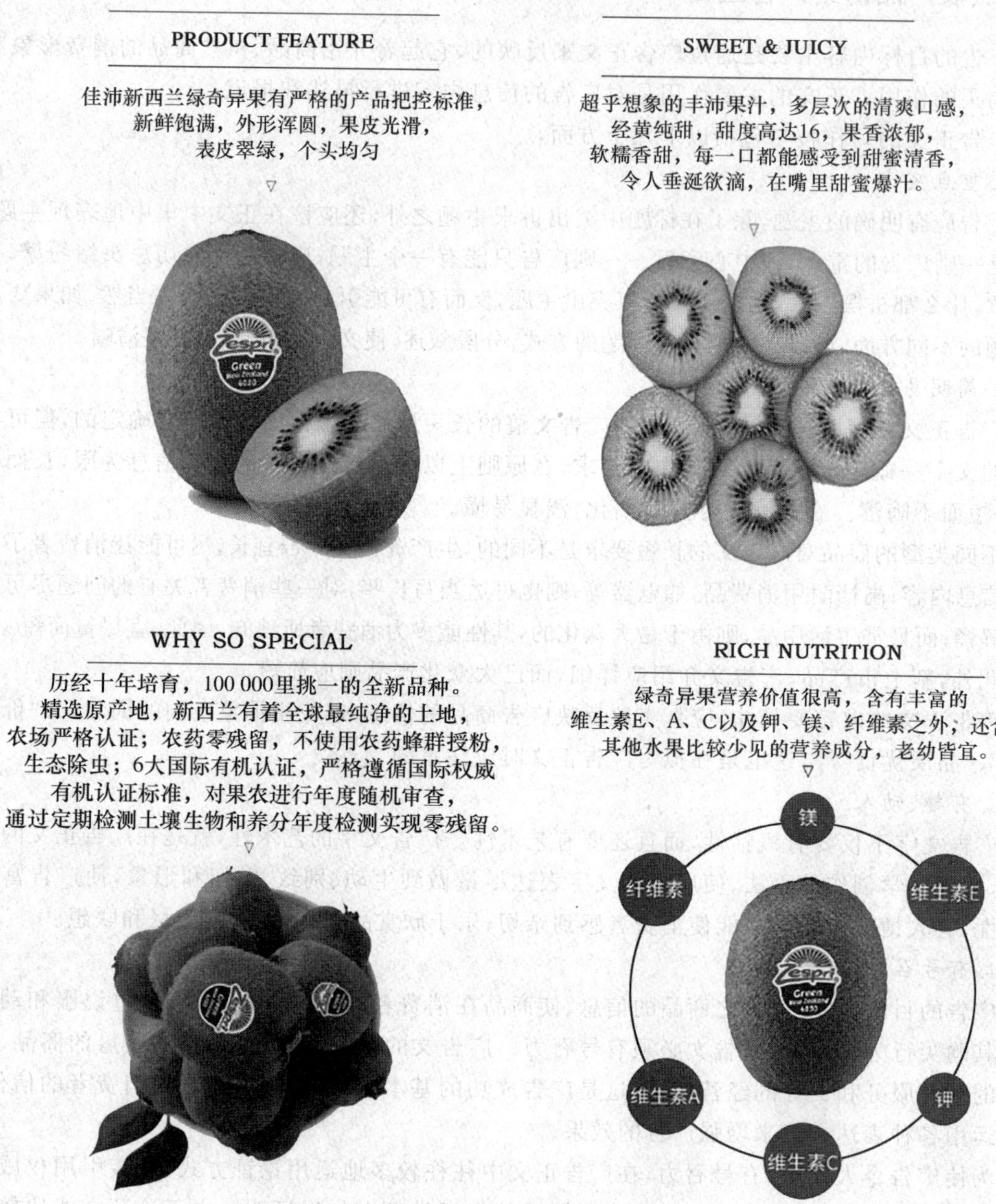

图 5-28 喵生鲜猕猴桃广告文案

◆ 知识链接

大卫奥格威的广告文本法则

(1)不要期待消费者会阅读令人心烦的散文。

(2)要直截了当地述说要点,不要有迂回的表现。

(3)避免“好像”、“例如”的比喻。

(4)“最高级”的词句、概括性的说法、重复的表现,都是不妥当的。因为消费者会打折扣,也会忘记。

(5)不要叙述商品范围外的事情,事实即是事实。

(6)要写得像私人谈话,而且是热心而容易记忆的,也像宴会对着邻座的人讲话似的。

(7)不要令人心烦的文句。

(8)要写得真实,而且要使这个真实加上魅力的色彩。

(9)利用名人推荐,名人的推荐比无名人的推荐更具有效果。

(10)讽刺的笔调不会推销东西。卓越的撰文家,不会利用这种笔调。

(11)不要怕写长的本文。

(12)照片底下,必须附加说明。

三、农产品网络广告口号

广告口号又叫广告标语,它是广告者从长远利益出发在一定时期内反复使用的特定的宣传词句。其目的在于通过反复使用给人以强烈的印象,使广大消费者理解并记住一个确定的观念,使这个观念在无形之中成为消费者进行购买时的选择依据。

(一)广告标语的类型

1. 形象建树型

即在广告口号的具体内容表现上,主要表现和建立的是广告主体的形象。这个形象,可以是企业形象、产品形象、品牌形象、服务形象,其目的,是为了建立一个让公众和目标消费者信任、赞赏的形象,为广告主体的一系列长期的销售活动作有效的铺垫。

伊利——滋养生命活力

2. 观念表现型

不是直接地将企业的心声进行表白,而是通过对某种观念的提出和表达,来表现广告主体中的企业、产品经销者、服务者的观念和看法,表现对一种消费方式和消费观的创造和引导。通过观念的提出和表现来表达企业的胸怀,创造某种消费新时尚,也是广告口号中的一个重要的内容类型。

褚橙——人生总有起落,精神终可传承

3. 优势展示型

一般是展示商品(产品或服务)的优势。许多的广告口号用优势展示型,来展示广告主体的功能、特点,让消费者用最省俭的方式了解广告主体的优势。对于直接地进行产品销售的广告运作来讲,这是一种很好的口号性煽动。

全聚德烤鸭——正宗烤鸭，驰名天下

4.号召行动型

在广告口号中，主要的诉求内容是向受众发出某种号召，号召他们行动起来，去做某一件事，去进行某种消费行动。这种号召，一般都是采用直接的方式运用祈使句式来进行的。

喵生鲜——理想生活上天猫

5.情感唤起型

用情感唤起型，是为了借助受众心目中的人性因素、情感因素，用情感向受众呼唤、宣泄、倾诉，以此求得广告受众和目标消费者的情感消费。

维维豆奶——维维豆奶，欢乐开怀

(二)拟定要求

1.简单易记

标语字句一定要简短才便于记忆，特别是电视广告和广播广告，太长难于理解。

2.突出特点

广告标语要起到鼓动作用，必须结合广告主题，突出商品、劳务或企业的特色，并尽量使用形象化语言，以便于加深理解，在消费者中间形成深刻印象。

3.富于鼓动性

广告标语要有号召力，富于鼓动性，使人乐于接受。

任务三　农产品网络广告图案

网络广告图案的设计需要考虑多个方面，如图片的选择/拍摄、字体的选择/设计、颜色的搭配、布局的安排等。

一、文字设计

文字设计是印刷品广告制作的重要部分。概括地讲，报纸广告和杂志广告就是由文字与插图两大要素所构成，其中，文字设计的好坏直接影响广告版面的视觉传达效果。因此，文字设计是增强广告文字视觉传达效果，提高文案诉求力，赋予广告版面审美价值的一种构成技术。

(一)商标文字设计

也称合成文字设计，它是指组合两个以上的文字，用以构成商标或标志符号，或把文字变成一种装饰图形。设计商标文字一定要注意组合的两个文宁各自的特异性和组合时的协调性，使其既协调又易于区别，在总体上能给人完整的视觉印象。

商标文字的设计要注意：

(1)文字造型要新颖别致，个性突出，给观众留下深刻的印象。

(2)能够直接表明广告主和广告产品的形象，使媒体受众产生亲切感。

(3)要具有较强的适应性，能够适用于不同的场所、不同媒体。

(4)字体造型要高雅、优美，具有鲜明的形式美。

(二)标题文字设计

标题和口号是表达广告主题的重点，在广告版面中需要予以突出，使其具有强烈的视觉冲击力，能够引起媒体受众的注意。

根据标题应具备的功能，在进行标题文字设计时，应注意：

(1)在选择字形时，必须根据广告诉求点的特征和广告产品的属性，使形式与内容能协调一致。

(2)标题文字在广告版面上必须占有突出的地位。字体大小与版面的整体比例在视觉上必须协调一致，不能过大也不能过小。

(3)字体在造型上要简洁大方，有一定的灵气，以提高其感官上的可视性，因为只有样才能产生较强的视觉冲击力。

(4)处于色彩画面中的标题文字，要注意底色与文字的色彩对比效果，一般应保持较强的对比度。对比过弱就会影响视认度，难以产生良好的视觉传达效果。

(三)装饰文字设计

装饰文字设计在欧洲产生和流行已久，主要为上层人士所运用，如用于签名、题词等。主要指拉丁文和英文中的花体文字设计，即对全部或一部分文字用流行的曲线或花纹进行装饰。装饰文字包括以各种动植物变化来写成的文字，或在文字的部分笔画上进行纹样装饰，具有雅致华丽的古典风格。它能营造一种特殊的审美情趣，并具有很强的实用性，如用于商标标志、化妆品和酒的广告，能产生一种古朴典雅的风格。

设计装饰文字时，要注意以下几点：

(1)装饰文字的设计一定要根据广告诉求点的需要，从广告主题出发，不能主观臆造。不能为了追求形式美而将广告中不需要进行装饰的文字进行了装饰性设计，这不仅无助于主题的表达，反而会产生视觉误导，使媒体受众抓不住诉求点。

(2)装饰文字的造型有多种变化，但其风格一定要符合特定的广告主题，不能使字体的格调与广告主题相互脱离。

(3)装饰文字的图案化处理一定要把握分寸，不要让“唯美主义”破坏了促销的实质。过多的追求变化会使字体丧失视觉上的明快效果，不利于突出广告的诉求点。

二、图片设计

(一)农产品图片拍摄

1. 光线运用

摄影离不开光，有光才有影。摄影就是光影的艺术，如何利用光与影的关系来构成影像和影调，是摄影创作中的一大关键。现实生活中的自然光来自唯一的太阳光，对于投射在被摄体上的光线，因方向和角度不同，不只是阴影的位置和面积会随之改变，而被摄体的印象、感觉，包括影调和色调也会呈现出明显不同的视觉效果。所以，选择适当的光线，包括适当的光线方向和角度，都是从事摄影创作不容忽视的基本功。

(1)光的种类

①按照光源分

a. 自然光　指自然界中原本存在的光源所发出的光，从影视摄影的角度讲，可利用的自然光主要太阳光、天光(天空光)、月光等。此外,在阳光照射下,建筑物、墙壁等的反射光也属于自然光(图 5-29)。

自然光的特点:亮度强,照明范围广而均匀,相对较为稳定。但是自然光的亮度、照射角度、距离远近、色温等强弱随季节、时间、气候、地理条件的变化而变化,不能受人为控制。

一天之内由于地球的自转形成黎明、日出、上午、中午、下午、日落、黄昏、夜晚等各种不同的光线照射情况,不同时期太阳光的特征各不相同。

图 5-29 自然光下的橙子

b. 场景光 我们在室内遇到的光线基本上就是场景光。这包括窗口进来的阳光、室内的灯光、舞台灯光、夜景灯光等等。

c. 人造光 人造光在摄影里面特指摄影师为了达到创作意图而设置的人造光源。如灯光、反光器(反光板、反光镜)。影视摄影中常用的灯光有白炽灯、碳弧灯、碘钨灯、卤钨灯、镝灯等。反光器又有全反射和漫反射等多种。

人工光的特点:发光强度低、照度范围小,因而灯光与被摄物体的距离远近对照射范围与强度大小影响极大,但它的亮度、照射角度、距离与色温完全可以人工控制和调节。运用人工光创造丰富的画面影调、塑造人物形象和不同的光线效果,可不受季节、时间、气候、地理条件的限制,可按创作者的艺术构想从容进行创作。但运用不当会使影像失真(图 5-30)。

图 5-30 人造光的应用

②按照光线的性质分

a. 硬光(直射光) 硬光是指强烈的直射光。

硬光照明下,被摄体上有受光面、背光面和影子,这是构成被摄体立体形态的有效效果;硬光照明的受光面和背光面之间的亮度间距比较大,可以造成明暗对比强烈的造型效果,适合表现粗糙质感,这种光效可以达到有"力"和"硬"艺术效果。

硬光下能形成阴影。有的景物的阴影是很有表现力,与亮部的明暗间隔形成有节奏感的韵律,增加画面的美的感染力。

b. 软光(漫射光) 软光(又称为"散射光"或"漫射光")。在室外一般是指阳光透过云层,或被地面、墙面等反射,特点是无明确的方向性,照射到被摄者身上明暗关系不十分明显,中间过渡层次丰富,影像较为柔和。这种光线适合表现细节、温柔、典雅等题材,是拍摄人像比较理想的光线,人物皮肤层次的表现非常丰富。

(2)光位 光位是指光源相对于被摄体的位置,即光线的方向与角度。同一对象在不同的光位下就产生不同的明暗造型效果。摄影中的光位可以千变万化，但是，归纳起来主要有正面光、前侧光、侧面光、后侧光、逆光、顶光与脚光七种。

①正面光(顺光)　正面光又称顺光。指光线从被摄者正面照射，即摄影师的拍摄方向和自然光方向基本一致。顺光拍摄的曝光控制和测光最容易掌握，成功率也最高，所以非摄影爱好者在拍摄时经常会使用顺光(图 5-31)。

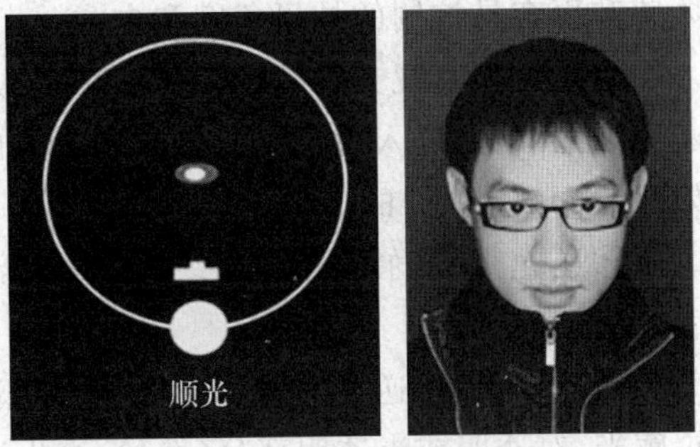

图 5-31　正面光的应用

正面光的特点是被摄者全部受光，光线亮度高，影像平淡，色彩还原较好，这种光线特别适于表现女性和儿童皮肤的光洁。正面的光照不仅使皮肤显得洁白细腻，而且能使过于消瘦的脸庞显得较为丰满。缺点是光比较平，很难表现出立体感，而且人物容易眯眼、表情不自然。有经验的摄影师可以利用色彩变化、拍摄角度、物体形态的选取等各种表现手法，来弥补照片光影效果的不足。

②侧光　光线来自被摄者的侧面，通常又分为前侧光、平行光和后侧光，特点是被摄者有明显的立体感，影调层次、线条轮廓等都更为丰富，能较好地刻画人物的外形特征和表情神态。

这种画面如果配合深色的背景，对于表现男性或老者非常有利，可突出其成熟、沉稳的性格特征。但使用这种光线拍摄人像时，有可能在人物面部形成半明半暗的"阴阳脸"和不规则亮斑，为此可从背光一侧适当补光，用减小反差的办法来避免上述情况。

a. 前侧光　指 45°方位的正面侧光。光源从主体的前方左右 45°方向投射来。这是最常用的光位，也是最好的采光光源。在人像摄影中，前侧光常用作主光，因前侧光照射的景物层次丰富，反差较强，较有立体感。通常位于人物脸部朝向的另一侧，脸朝左用右侧光，脸朝右用左侧光(图 5-32)。

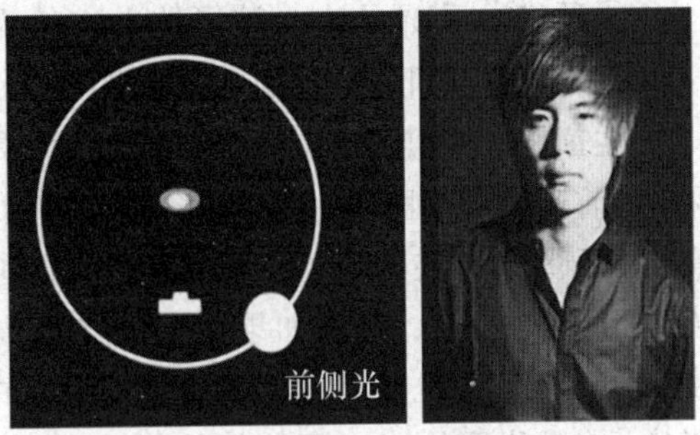

图 5-32　前侧光的应用

b. 正侧光　又称平行光或 90°侧光。90°侧光在摄影创作中，主要应用于需要表现强烈的明暗反差和物体轮廓造型的拍摄场景。

侧光条件下，照片画面中的景物的明暗分界非常明显。大多数时候，摄影师需要表现的是位于光线照射范围内的明亮区域，这是的曝光控制有一定的难度，有条件的摄影师应该选择点测光功能对画面中的亮部进行测光，以保证主要元素的曝光正确(图 5-33)。

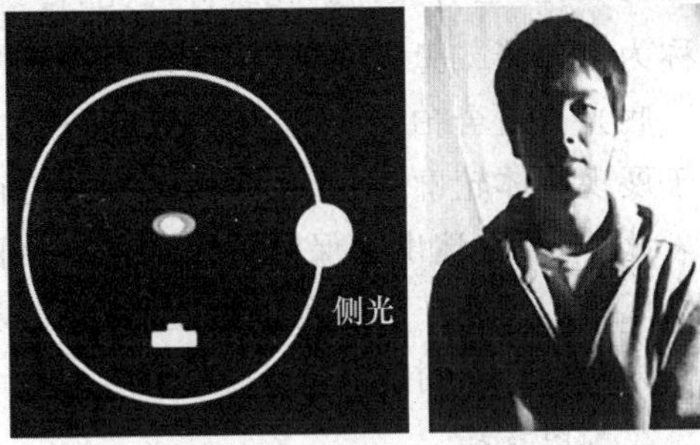

图 5-33　测光的应用

c. 后侧光　又称侧逆光。光线来自被摄体的侧后方，由主体背后 45°方向投射过来，能使被摄体的一侧产生轮廓线条，成"镶金边"逆光的美感，使主体与背分离，从而加强画面的立体感、空间感。

相比逆光，侧逆光可以带来更明显的物体立体感和更容易控制的拍摄角度和方式。

由于无须直视光源，摄影师可以更加轻松地避免眩光(阳光进入镜头而产生眩光斑点的现象。如图5-34左所示)的出现。

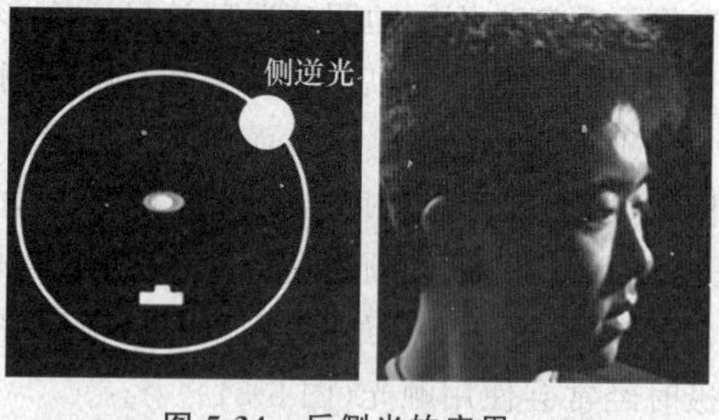

图 5-34　后侧光的应用

③逆光　俗称背光。光线来自被摄体的正后方。

从光效上看：逆光对被摄体不透明部分产生轮廓光；对透明或半透明部分(发丝)产生透射光；对金属、晶体或水面产生闪烁光。

逆光特点是光线能为被摄者勾勒出漂亮的轮廓线，可使人物与背景区别开，表现出很强的空间感。

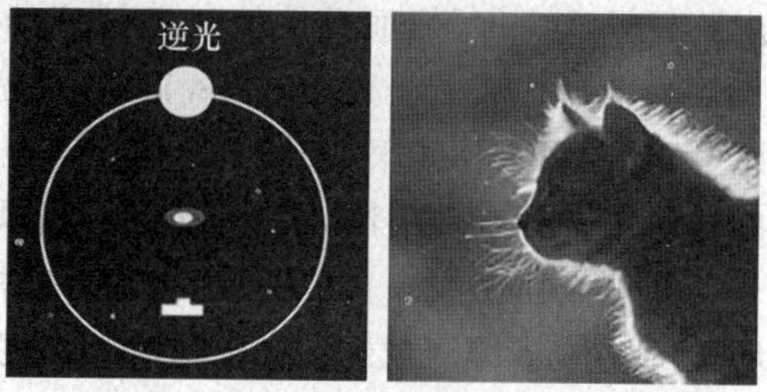

图 5-35　逆光的应用

逆光作为主光使用时，被摄者的面部比较暗，往往需要采用闪光灯或反光板补光，但补光不要太强，以免破坏了逆光的效果。拍摄逆光人像照片时，应注意不要受到明亮背景的影响，应以人物面部为基确测光。强调轮廓光时，应选择较暗的背景。此外，拍摄时要注意利用遮光罩和角度选取来避免眩光(图5-35)。

④顶光　顶光是来自被摄体上方的光线照明。

在顶光照明下，景物的水平面照度大于垂直面照度，景物的亮度间距大，缺乏中间层次。

在顶光下拍摄人物，会产生反常的、奇特的效果，如前额发亮，眼窝发黑、鼻影下垂，鼻头有白色亮点、颧骨显得突出，两腮有阴影等，不利于塑造人物形象的美感。但是如果用辅助光提高阴影亮度形成小光比，也可获得较好的造型。在风光摄影中，拍摄位置恰当也可获得较好的影调效果(图5-36)。

图 5-36　顶光的应用

⑤脚光(底光)　从被摄体下方照射上去的光线称为底光，也有人叫脚光或仰射光，传统摄影中被称为恐怖光或鬼光，主要用于凝造恐怖气氛。

底光不适合拍摄人物，但对于建筑物来说，有助于展现整体轮廓，因此也多用于这些方面。

此外，舞台演出也保留了这个光位，可为演员提供低角度照明。灯具可以采用条形灯或其他灯具作为特效灯投射(图5-37)。

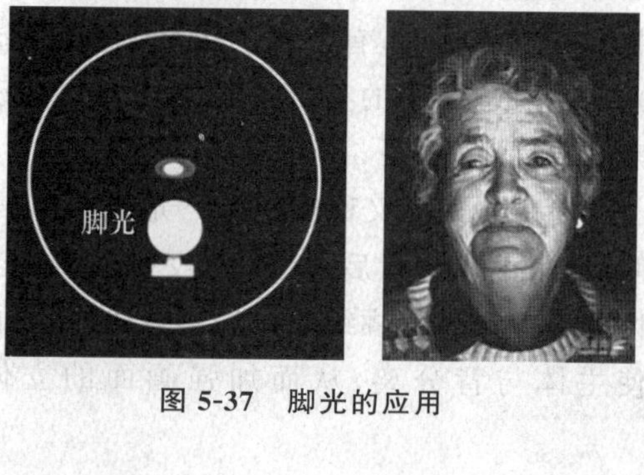

图 5-37　脚光的应用

2. 构图技巧

摄影构图就是在摄影创作过程中，如何在取

景框这个有限的平面空间里，合理地安排所看到的画面上各个元素的位置，从而达到最佳的艺术效果同时表现出摄影者的创作意图的过程。

成功构图对于一张照片来说，具有举足轻重的作用，构图是摄影中最重要、最基本的技术之一。

摄影无固定构图方式，不同角度，不同的理解就能拍出不同的片子，对我们来说，并不要拘泥于一种构图，多练习，多尝试不同的角度，就能拍出好的照片。

(1)画面构成(图 5-38)

①主体　表达内容的中心;结构画面的中心。

主体是画面的主要表现对象，是画面主题思想的重要体现者，是画面存在的基本条件，是控制画面全局的焦点。

通俗地讲，主要的被摄对象，想给观众观看的主要事物，就是画面的主体。

②陪体　陪体是指画面上与主体构成一定的情节，能够表达主体的特征和内涵的对象。陪体的选择要有典型性，能用来刻画人物的性格，说明事件的特征。

陪体的表现也有直接表现和间接表现之分。陪体不论多或少，全或不全，它出现在画面上的，我们称为直接表现。另外，还有画面上主体的动作神情是与画面以外的某一对象有联系，这一对象虽然没有直接出现在画面之上，却会出现在观众的想象之中。这种情况我们就叫陪体的间接表现。

图 5-38　画面构成实例

在一幅摄影作品中，主体固然十分重要，但是陪体也是不可缺少的，其相互间关系就如红花与绿叶，相得益彰。适当地利用间接表现陪体的手法，会加强摄影画面的表现力和感染力。

③环境　主体周围的人或景物。主体前面的景物为前景，主体后面的景物为背景。

合理地运用前景可以增加画面层次，表现空间深度，强调现场气氛，增加构图变化。

背景可以点明主体所处的时代特征、地理位置、环境气氛，可帮助观众理解主题思想、情节内容和帮助刻画人物性格。

④留白　摄影画面上除了看得见的实体形象之外，还有一些空白部分，它们是由单一色调的背景所组成，形成实体形象之间的空隙。

画面空白部分所起的作用主要有：突出拍摄主体；塑造画面意境；呼应联系对象；伸展对象运动；合乎比例关系；整体均衡。

(2)拍摄距离　拍摄距离，是指拍摄点与被摄对象之间距离远近变化的关系。拍摄距离的远近变化，体现在照片画面上就是景别的变化。

使用同一焦距镜头的照相机，由于拍摄距离的变化，产生了远景、全景、中景、近景、特写等不同的景别。

①远景　远景是距离被摄对象远处拍摄，包含的空间范围比较大、包含的事物比较多、以表现场面、规模、数量、气势和空间环境为主的画面景别；主要以大自然为表现对象(图 5-39)。

②全景　全景用来交待事件发生的环境及主体物与周围环境的关系。与远景比较，全景有较明确的内容中心，以表现某一个被摄对象的全貌和它所处的环境为目的(图 5-40)。

③中景　中景常常以动作情节取胜，环境降到次要地位，中景人物中，动作、姿态和手势常常是画面中的主要部分(图 5-41)。

图 5-39　远景实例

图 5-40　全景实例

图 5-41　中景实例

④近景(下中)　近景主要用以突出人物的神情或者物体的细腻的质感。"近取其神"是近景表现的特点。近景拍摄人物，重在表现面部表情，拍摄物品，则重在表现好物体的色彩、纹理、质地(图 5-42)。

⑤特写　特写是把对象的某一局部充满画面，从细微处来揭示对象的内部特征。比如人们常说眼睛是心灵的窗户，通过人的眼睛，可以窥见人物的内心感情。人物的眼睛常常是特写的内容(图 5-43)。

图 5-42　近景实例

图 5-43　特写实例

(3)拍摄方位

拍摄方位，是指拍摄点与被摄对象之间在同一平面上的对应关系。

以被摄对象为中心，在同一水平线上的 360°范围内，任何一个方位都可以作为拍摄点。不同的方位有各自不同的方向，不同的方向能获得不同的画面结构。

拍摄方位的变化，体现在照片画面上就是构图形式的变化。由于拍摄方位的变化，产生了正面构图、正侧面构图、前(斜)侧面构图、后侧面构图和背面构图等不同的构图形式。

①正面　照相机的方位正对着被摄对象的正面拍摄，即产生正面构图效果。这种构图形式在国画中称为正局。

正面构图，能够清楚地展现出被摄对象正面的形象特征，让观众可以看到正面的全貌。

②正侧面　照相机的方位与被摄对象成90°角拍摄，即产生侧面构图效果。

侧面构图，能够明确地表达出被摄对象的侧面轮廓特征，适于表现人物或景物的侧面轮廓效果，使整个画面结构具有明显的方向性。

③前(斜)侧面　照相机的方位处在被摄对象的正面至侧面之间的某点上拍摄，即产生前(斜)侧面构图效果。

前(斜)侧面构图，既能表达出人、景、物各种被摄对象正面的主要特征，又能展示侧面的基本特征，使构图形式生动活泼，富有立体感。在这种构图中，各类线条均按一定的方向由近而远汇聚，具有明显的方向性，有利于加强空间纵深感和表现物体的立体感(图5-44)。

图5-44　前(斜)侧面方位实例

④后侧面　照相机的方位处于被摄对象的侧面至背面之间的某点上拍摄，即产生后侧面构图效果。

后侧面构图，是表现被摄对象背面和侧面某些特征的一种构图形式。它与前(斜)侧面构图的拍摄方位正好相反，立体感较强，各类线条也与前(斜)侧面构图一样具有明显的方向性和透视感(图5-45)。

图5-45　后侧面方位实例

⑤背面　照相机的方位处于被摄对象的正后方，对着被摄对象的背部拍摄，即产生背面构图效果。

背面构图，能够表现被摄对象的背部特征，通过背面形象来表达作者艺术构思中的含蓄意念。

利用背面构图形式所创作的摄影作品，通常是以人物的背影姿态作为前景，透过背影看到远景环境或背景特征。

选择不同的拍摄方位，产生不同的构图形式，只要它与某些被摄对象特点相结合，充分发扬其特点而避免其不足，能够深刻地揭示主题思想，并给人一种美感，即可称之为优良的构图形式，且有可能成为优秀的摄影作品。

(4)拍摄角度

拍摄角度，是指拍摄点与被摄对象之间的水平线高度的变化关系。

拍摄角度的选择，体现在照片画面上就是地平线之高低和被摄对象平面结构的变化。通过角度的选择来确定拍摄方位在垂直线上的高度，以适应塑造主体形象和表达主题思想的需要。

①平摄角度　拍摄点与被摄对象于同一水平线上，以平视的角度来拍摄，这种角度称为平摄角度。

平摄角度所构成的画面效果，它所形成的透视感比较正常，不会使被摄对象因透视变形而遭到歪曲和损害。凡是人物面部结构比较正常者，通常应采用平摄角度，它可以使五官端正的脸型得到较好的表现。凡是翻拍一些平面的文件资料之类的东西，均需采用平摄角度来拍摄。因此，在摄影实践中应用最广泛。

平摄角度的拍摄方法，适于表现具有明显线条结构或有规则图案的物体，不致因透视变形而损害线条和图案的正常结构。平摄角度所拍摄的人物肖像，容易引起与观众之间的情感交流，有一种平易亲近的感觉(图 5-46)。

图 5-46 平摄角度实例

②仰摄角度 拍摄点低于被摄对象，以仰视的角度来拍摄处于较高位置的物体。

仰摄角度的视平线较低，如果以仰摄角度拍摄室外的各种景物，可以在照片画面中造成很低的地平线或水平线，使杂乱的背景掩盖在较低的地平线以下，天空作为背景占据了画面中相当大的面积，前景高大，主体突出。

用仰摄角度拍摄某些竖立的物体和高大的建筑物，可以收到挺拔直立、刺破青天的效果；拍摄有人物活动的某些场面，能够获得朝气蓬勃，升腾向上的效果(图 5-47)。

图 5-47 仰摄角度实例

③俯摄角度 拍摄点高于被摄对象，以俯视的角度来拍摄处于较低位置的物体，这种角度称为俯摄角度。

俯视角度的视平线较高，犹如登上泰山极顶，环顾四周，有“一览众山小”之感。登高望远，给人一种纵深辽阔的感受，有利于展示景物的纵深感，表现景物的层次、线条、图案、地形、地貌、位置、距离、数量以及景物的整体感和结构感(图 5-48)。

图 5-48 俯摄角度实例

3.常见的构图形式

摄影构图与绘画构图一样，其实严格来说并不存在固定的章法。但是为了初学者更快的学习掌握构图，我们根据前人的经验还是可以总结不少的构图技巧以供参考的。常见的例如有黄金分割构图法、九宫格构图法、十字构图法、对角线构图法、三角构图法、S形构图法、框式构图……等等。

(1)三分法/九宫格构图　自从古希腊人发现黄金分割以来这种比例就被认为是美学的最佳比例而得到广泛的应用。黄金分割点是个无理数，约等于0.618。摄影中的黄金分割构图就是将摄影主体放在位于画面大约三分之一处，让人觉得画面和谐充满美感。

由黄金分割法衍生出了三分法和九宫格构图法。

三分法就是把画面横分或竖分为三分，每一分中心都可以放置主体形态，这样拍出来的照片有主有次、协调平稳、通俗简单。实际上三分法为的就是画面更简单干净，比如在风景摄影中，天空是很重要的部分，此时运用三分法让天空占据1/3甚至2/3的幅面，给人简单清晰的感觉(图5-49)。

图5-49　三分法构图实例

九宫格构图法就是将整个画面在横、竖方向各用两条直线分割成等份的三部分，将拍摄的主体放置在任意一条直线或直线的交点上，即四条线的四个交叉点都是视线重点所在。将画面最重要的部分安置在这些重点，自然能够吸引人们的视线(图5-50)。

图5-50　九宫格构图法实例

(2)对称式构图　对称式构图可以拍摄具有对称结构的对象，也可以巧妙利用其他介质，如水面、玻璃灯反光物体，形成上下对应、左右呼应等对称构图。这种构图方式常用于表现对称的物体，建筑物及特殊风格的物体(图5-51)。

对称式构图可以给画面带来一种庄重，肃穆的气氛，具有平衡，稳定，相对的特点，比较符合大众的审美习惯，它的不足之处在于，画面显得有些呆板，缺少变化。

图5-51　对称式构图实例

左右对称式构图容易吸引人们的视线，会给观赏者留下深刻的印象。但是单调、平常，不能让画面呈现更多的新奇变化。

上下对称式构图广泛应用于日出、湖水、江河水面风景倒影的拍摄，可以表现精美感及梦幻感。

(3)水平式构图　水平式构图时最基本的构图方式，给人稳定、永恒和宁静的感觉。这种构图可以表现出画面的宽广性和延伸性，适合于拍摄大幅画面，以表现整体的稳定感和宁静平和的环境氛围(图 5-52)。

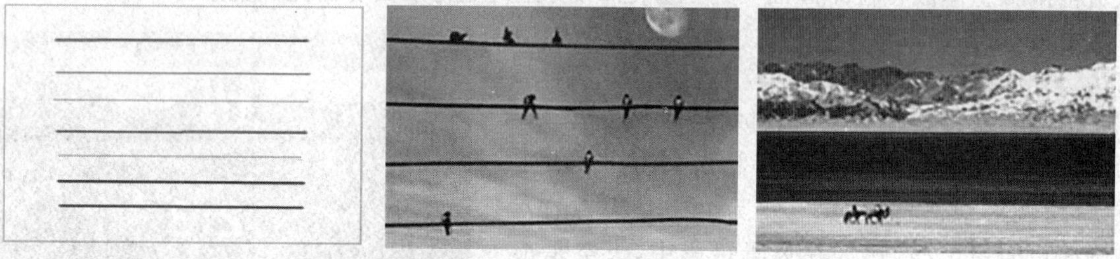

图 5-52　水平式构图实例

在构图时，水平线的位置不同，照片给人的印象也不同。物体相对于地平线的位置关系影响到观赏者对空间的感受。如果地平线在图像的下部，会突出画面中上面部分的内容；反之，地平线在图像上部，则提示观赏者下面部分的内容更重要。

(4)垂直式构图　垂直构图能有效地表现出画面的垂直延伸感。使用垂直线构图的画面，主导线通常是以由上向下眼神的竖线形式展示，给人以雄伟、笔直的感觉。因此，垂直线代表了力量、强大和稳定，能充分显示景物的高大和深度，常用于表现万木争荣的森林参天大树、险峻的山石、飞泻的瀑布、摩天大楼，以及竖直线形组成的其他画面(图 5-53)。

图 5-53　垂直式构图实例

(5)十字形构图　十字构图法是将画面横竖两等分，形成画面中心的一个交点。这种构图能使画面增加安全感、和平感和神秘感，但也存在着呆板等不利因素。适合拍摄严肃、稳定、对称、严谨、规范等题材(图 5-54)。

(6)对角线构图　这是一个非常著名的构图方法，指把被摄主体放置在画面的对角线上，使画面产生极强的动感，表现出纵深的效果。其透视也使拍摄对象变成了斜线，引导人们的视

图 5-54　十字形构图实例

线随着线条的指向观察，给人三维空间的印象，增强空间感和透视感。

对角线构图常用于拍摄水流、道路、建筑、人像等。

采用对角线构图可以用平视角度，如拍摄人物的侧面轮廓，也可以用俯视角度，如表现梯田、山间小路等，还可以用仰视角度，如拍摄苍劲的松柏、闪电等(图 5-55、图 5-56)。

图 5-55　对角线构图实例 1

图 5-56　对角线构图实例 2

当拍摄对象不是倾斜的线条时，拍摄者可以将相机倾斜，使画面构图称为对角线形式，使被摄物产生运动感和一定的高度。

在摄影构图中，除了明显的斜线外，还有人视觉感应的斜线，表现在形态的形状、色调、光线等产生的视觉抽象线。

(7)三角形构图　三角形构图也是摄影中常见的一种构图，是在画面所表达的主体放在三角形中或影像本身形成三角形的形式。这种构图法最常用于拍摄山景或建筑风景，也可用于拍摄成年男子、成功人士等。可以很好地表现对象的稳定、坚实、有重量感等视觉效果(图 5-57)。

图 5-57 三角形构图实例 1

倒置的角形则有不稳定、轻浮、柔弱等效果，可用于近景人物、特写等摄影。

在三角形构图中，等边三角形容易产生刻板、无变化的印象，不等边三角形则显得自然灵活，其中最小的锐角有一种方向性和运动感。不同的三角形结合，则主次分明、疏密相间、富于变化（图 5-58）。

图 5-58 三角形构图实例 2

（8）圆形构图　圆形构图就是把主体安排在圆心中的构图方式。圆形构图可以分为外圆和内圆。外圆是自然形态的实体结构，内圆是空心结构如管道、钢管等。

如果拍摄内圆叠加形成的组合，可以产生多圆连环的光影透视效果。

除了圆形物体这种图式，实际上有许多场景可以用圆形构图，既包括形式上的，也包括意境上的。如一群小朋友围着圆圈做游戏、听故事等（图 5-59）。

图 5-59 圆形构图实例

（9）框式构图　框式构图是一种比较特殊的构图方法，它是利用周围环境形成一个天然的“画框”，用以聚集视线突出所要表达的主体。

框式构图一般应用在前景构图中，如利用门、窗、山洞口、其他框架等作前景，来表达主体、阐明环境，并且产生现实的空间感和强烈的透视效果。

框式构图可以把画面从杂乱的环境中独立出来，消除不必要的干扰，使读者的视线集中于画面的主要部位。

框式构图还能使画面产生强烈的明暗对比，作为前景的框越深暗，主体在画面中就显得越明亮，加深观众对画面形象的视觉印象。框式构图还可以增加画面景物的纵深感，利用近暗远亮的透视规律产生出画面的浓度感，有利于突出表现主体(图 5-60)。

图 5-60　框式构图实例

(10)S 形构图(曲线构图)　S 字形构图法是在拍摄画面上形成一个字母 S 形的构图法。一般都是从画面左下角向右上角延伸。S 形构图给人一种流动的感觉，动感效果强，通用于各种幅面的画面。适合远景俯拍山川间流动的溪水、城市中的车流等场景，也可以表现人体、动物、物体的曲线排列变化以及各种自然、人工形成的形态。

横幅的 S 形构图有比较悠远的感觉，竖幅的 S 形构图有强烈的动感(图 5-61)。

图 5-61　S 形构图实例

(11)X 形构图　线条、影调按 X 形布局，透视感强，有利于把人们视线由四周引向中心，或景物具有从中心向四周逐渐放大的特点。常用于建筑、大桥、公路、田野等题材(图 5-62)。

图 5-62　X 形构图实例

(12)放射线(放射式)构图　放射线构图以主体为核心,使景物向四周扩散放射,它使欣赏者的注意力集中到被摄主体,而后又向四周舒展,扩散,该构图方式常用于需要突出主体而场面又复杂的场合。

当焰火在空中炸开时,就是非常典型的“放射线”;当花儿盛开时,花瓣也是“放射线”,在生活中有许许多多的放射线形状物体。放射线常常会使人产生错误的立体感,使空间变得更加宏大和深远,而不是狭窄和短浅。

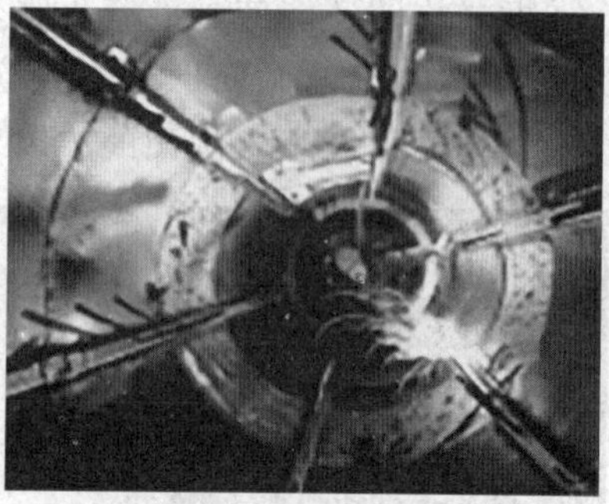

图 5-63　放射线构图实例

在采取放射线构图时,即可使之呈现出严格的中心对称,也可以稍微偏离中心,一切都要根据实际情况而定(图 5-63)。

(13)汇聚线(向心式)构图　汇聚线构图指主体处于中心位置,而四周景物呈朝中心集中的构图形式,能将人的视线强烈引向主体中心,并起到聚集的作用。具有突出主体的鲜明特点,但有时也可产生压迫中心,局促沉重的感觉(图 5-64)。

图 5-64　汇聚线构图实例

(14)紧凑式构图　紧凑式构图方式将主体以特写的方式加以放大,使其以局部布满画面,具有紧凑,细腻,微观等特点,该构图方式常用于人物肖像,显微摄影,或者表现局部细节,对刻画人物的面部表情往往能达到出神入化的境地,令人难忘(图 5-65)。

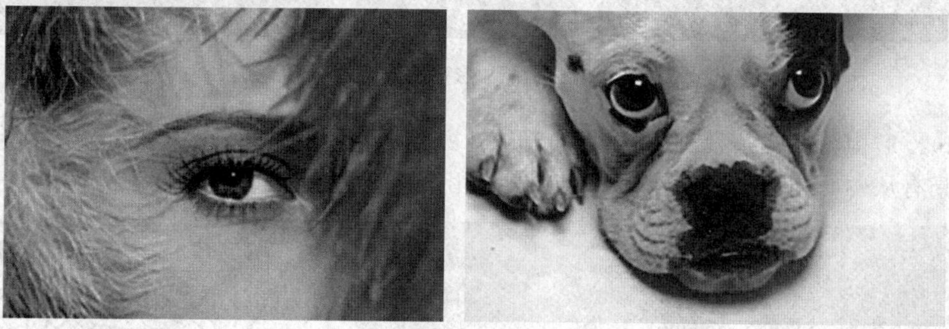

图 5-65　紧凑式构图实例

4. 静物摆拍技巧

(1)选择拍摄角度　静物摄影中常见的主体对象包括自然物体和人造物体。静物本身的外形是固定的,但是拍摄者可以从不同角度去观察对象,找到一个能够突出、清晰表达主体对象的角度,然后安排拍摄的布局(图 5-66)。

图 5-66　不同拍摄角度下的猕猴桃

(2)安排拍摄对象　在确定拍摄对象和拍摄角度之后,便可以对在画面上造成影响的对象进行安排。摄影师可以通过要表现的画面意境,可以增减对象,直到获得满意的构图(图 5-67)。

图 5-67　同一对象的不同构图

(3)选择搭配背景　拍摄对象的背景和环境影响着主体形象的意蕴和视觉美感的表达。在拍摄前,摄影师需要留意主体对象所搭配的背景与环境,考虑他们在画面中所起的作用。由于静物摄影的主体对象一般相对较小,因此尽量使用简洁背景,更容易突出主体(图 5-68)。

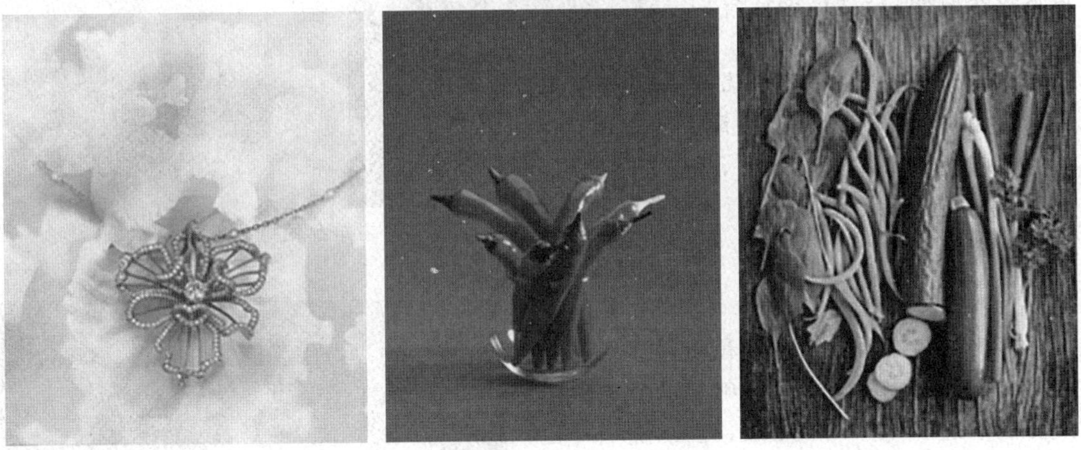

图 5-68　拍摄背景的选择实例

◆ 知识链接

拍摄农产品的摄影小技巧

(1)构图要求简洁(图 5-69)。

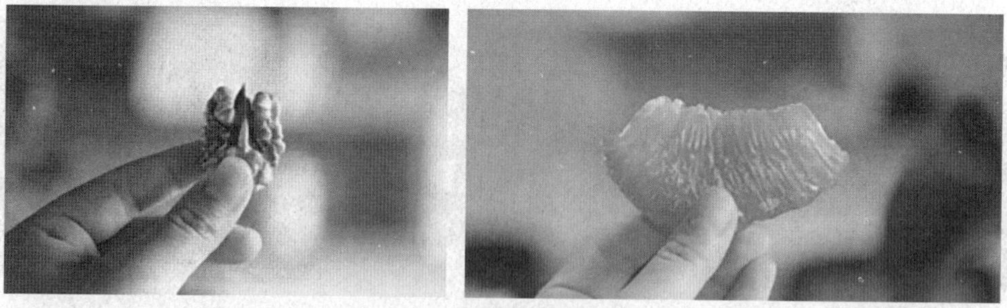

图 5-69 农产品拍摄技巧 1

(2)可以和其他饰品进行搭配(图 5-70)。

图 5-70 农产品拍摄技巧 2

(3)多选用素色背景,能让被摄体非常清晰并突出。如果想要突出被摄体的颜色,可以选择白色或淡色的背景(图 5-71)。

(4)如果使用艳色背景,就要注意被摄体与纸的颜色是否搭配。选择的技巧是要么反差特别大,要么属于同一色系避免违和感(图 5-72)。

图 5-71 农产品拍摄技巧 3

(5)突出细节,蔬菜和瓜果的好坏,是买家非常关心的。只有切开后才能看见(图 5-73)。

(6)拉近距离、虚化背景等都可以展现农产品细节,营造浅景深的效果,增加美感(图 5-74)。

(7)产品与水组合会显得纯净(图 5-75)。

(8)农产品组合拍摄时,弧形和方形构图比较有创意,还可以加入自己的品牌(图 5-76)。

(9)创意拍摄(图 5-77)。

图 5-72 农产品拍摄技巧 4

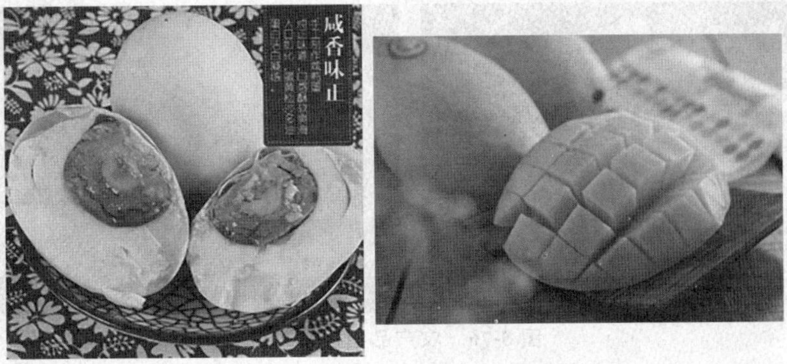

图 5-73　农产品拍摄技巧 5

图 5-74　农产品拍摄技巧 6

图 5-75　农产品拍摄技巧 7

(二)图片后期

电脑端常用的 Photoshop 和 Lightroom 等经典修图软件,可以帮助美工人员一步到位处理好图片,但对于普通非专业同学来说,学会利用更方便快捷的软件和手机 APP 也是极好的选择。

每款软件都有自己的定位,想要利用手机做好图片后期,就必须熟悉掌握所有常用的后期软件,根据所选照片质量、预期达到的效果等,选择适合的软件进行处理。

图 5-76　农产品拍摄技巧 8

图 5-77　农产品拍摄技巧 9

1. 美图秀秀

美图秀秀是一款免费图片处理的软件，软件的操作和程序相对于专业图片处理软件如 Photoshop 等比较简单，其拥有的图片特效、美容、拼图、场景、边框、饰品等功能，加上经常更新的精选素材，可以让用户短时间内做出影楼级照片，美图秀秀还提供了优秀的网络精选素材，即使不是非专业的摄像及设计师，同样可以使用美图秀秀在短时间内做出影楼级专业照片（图 5-78）。

图 5-78　美图秀秀图标

（1）电脑版（图 5-79）。

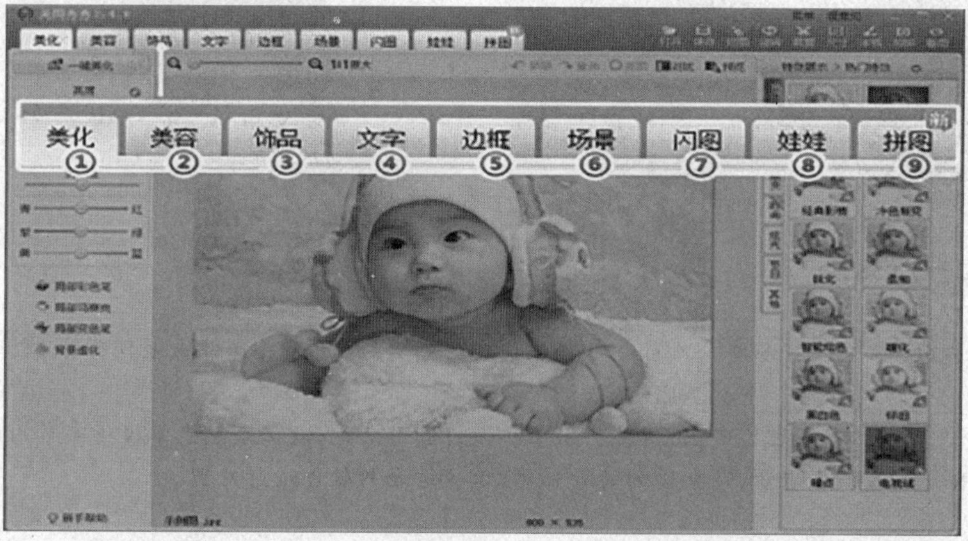

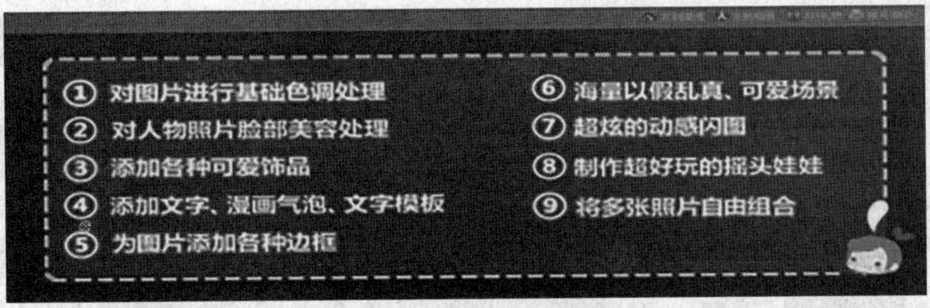
① 对图片进行基础色调处理
② 对人物照片脸部美容处理
③ 添加各种可爱饰品
④ 添加文字、漫画气泡、文字模板
⑤ 为图片添加各种边框
⑥ 海量以假乱真、可爱场景
⑦ 超炫的动感闪图
⑧ 制作超好玩的摇头娃娃
⑨ 将多张照片自由组合

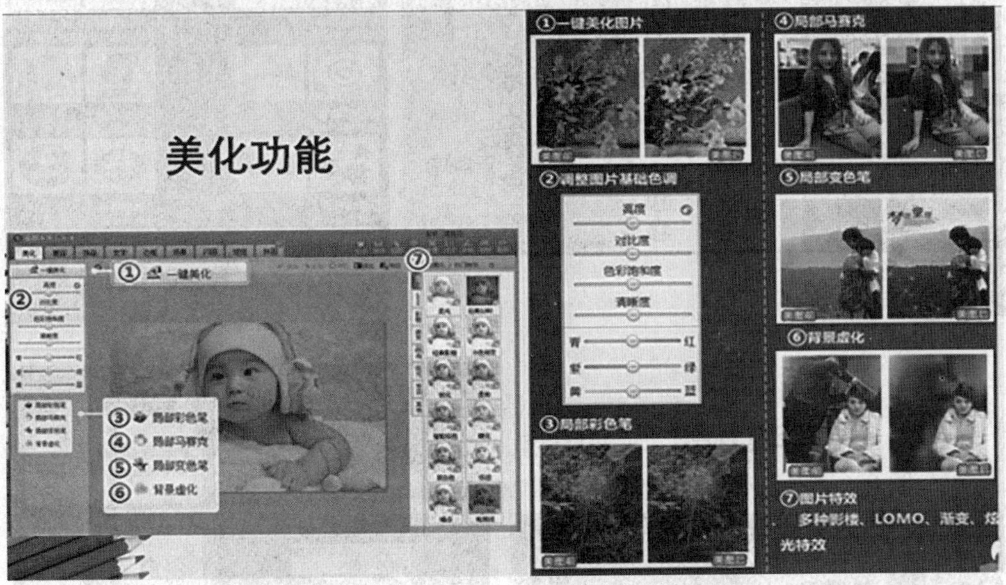
美化功能
① 一键美化
③ 局部彩色笔
④ 局部马赛克
⑤ 局部变色笔
⑥ 背景虚化
①一键美化图片
②调整图片基础色调
③局部彩色笔
④局部马赛克
⑤局部变色笔
⑥背景虚化
⑦图片特效
多种影楼、LOMO、渐变、炫
光特效

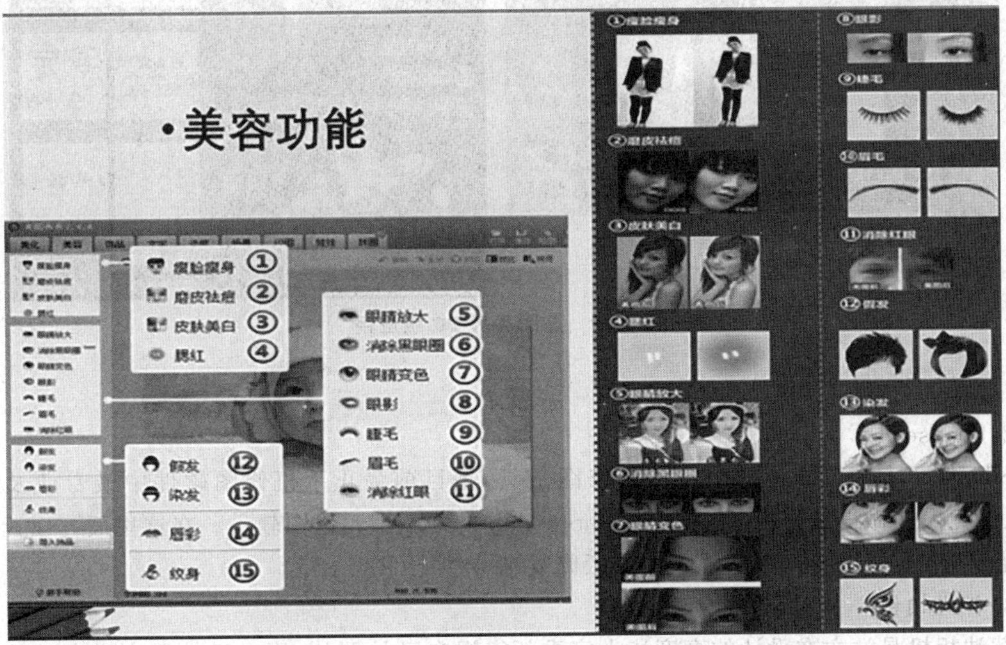
·美容功能
瘦脸瘦身 ①
磨皮祛痘 ②
皮肤美白 ③
腮红 ④
眼睛放大 ⑤
消除黑眼圈 ⑥
眼睛变色 ⑦
眼影 ⑧
睫毛 ⑨
眉毛 ⑩
消除红眼 ⑪
假发 ⑫
染发 ⑬
唇彩 ⑭
纹身 ⑮

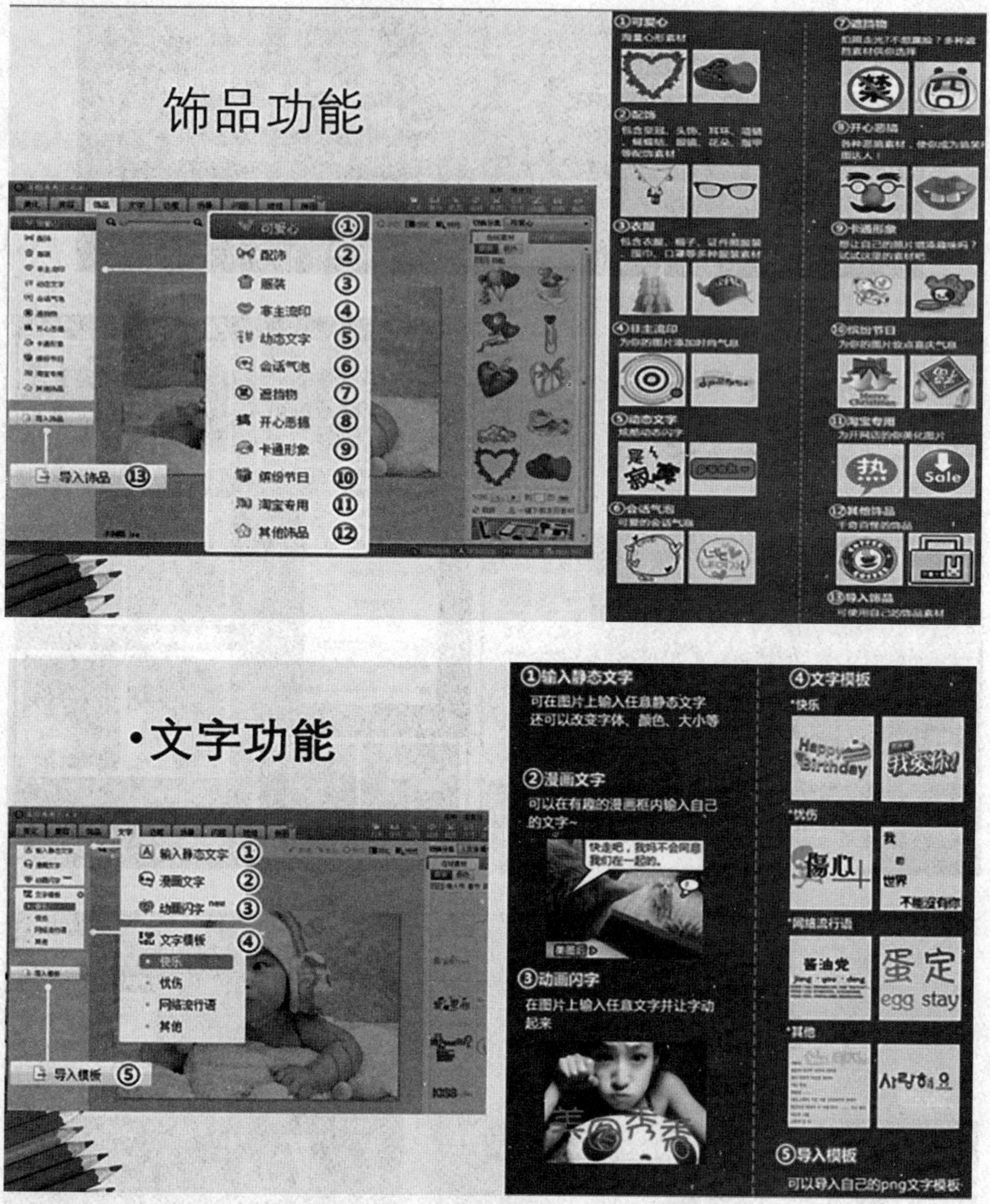

图 5-79　美图秀秀 PC 版应用

(2)手机版(图 5-80)。

2. Snapseed

Snapseed 是谷歌旗下的手机后期修图工具,是目前为止手机修图软件中最专业及交互性、人性化操作做得最好的,是最接近 Photoshop 的一款移动修图软件。在这里面可以让照片实现通透感,质感,变形,以及强大的蒙版修复细节功能(图 5-81)。

3. 黄油相机

黄油相机是站立在设计的高度让大家重新审视自己的照片,用自己的语言对自己的摄影作品进行二次构图,加入文字模版,字体背景,字体描边,边框等,让整个照片文艺范儿十足,非

图 5-80　美图秀秀手机版应用

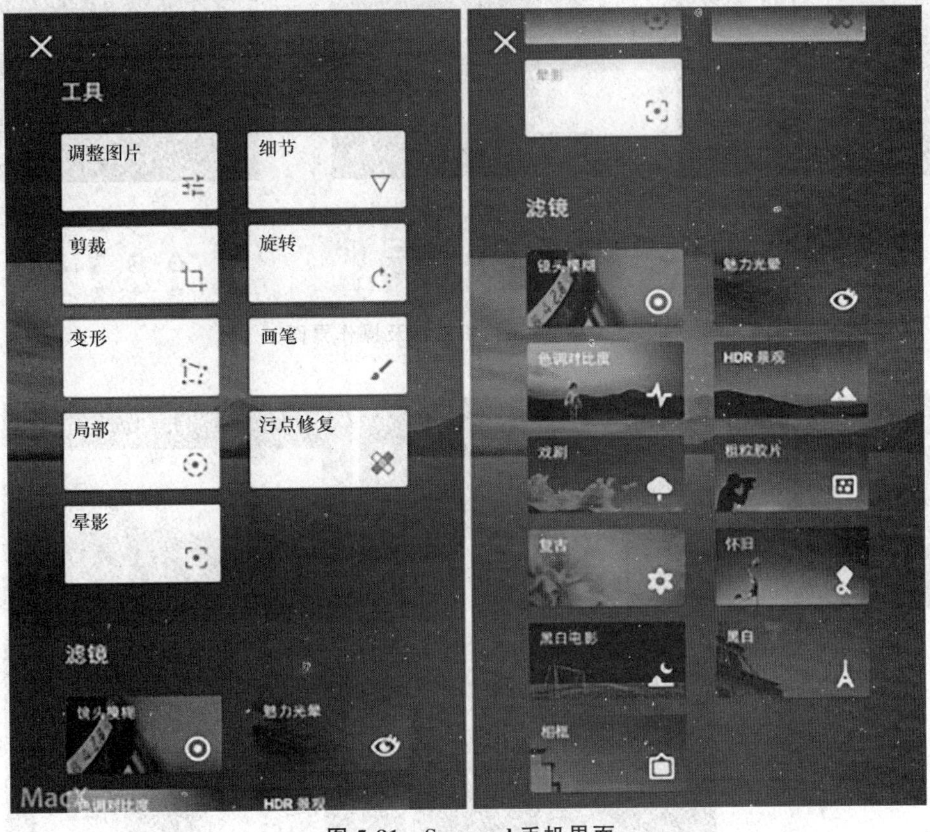

图 5-81　Snapseed 手机界面

常适合新手用来制作宣传海报等(图 5-82)。

4. 海报工厂

海报工厂由美图秀秀出品,延续美图一贯的简单、易操作风格,拥有杂志封面、电影海报、美食菜单、旅行日志等海量的模板资源,并且为每一个模板提供了丰富个性化选项,从照片特效选择、天气智能识别、文字撰写、保存分享等,让用户自由发挥,根据街拍、自拍、美食、旅行等各种晒图需求,快速制作符合个性需求的海报(图 5-83)。

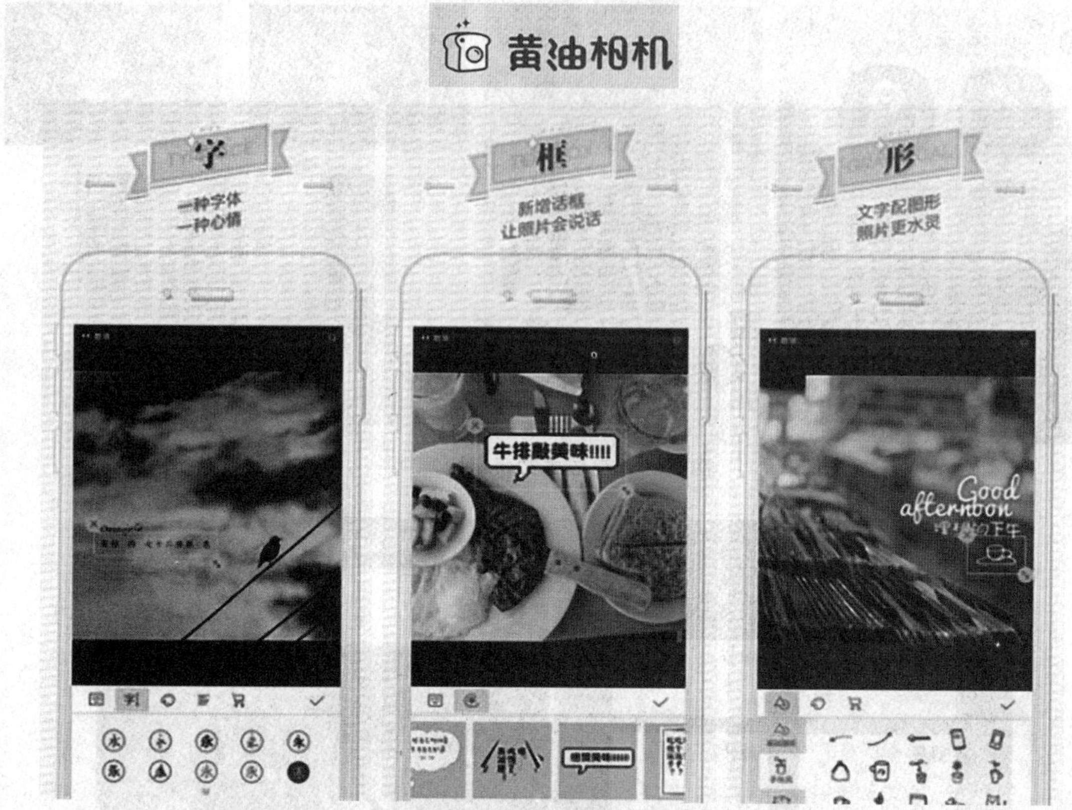

图 5-82 黄油相机图标及操作界面

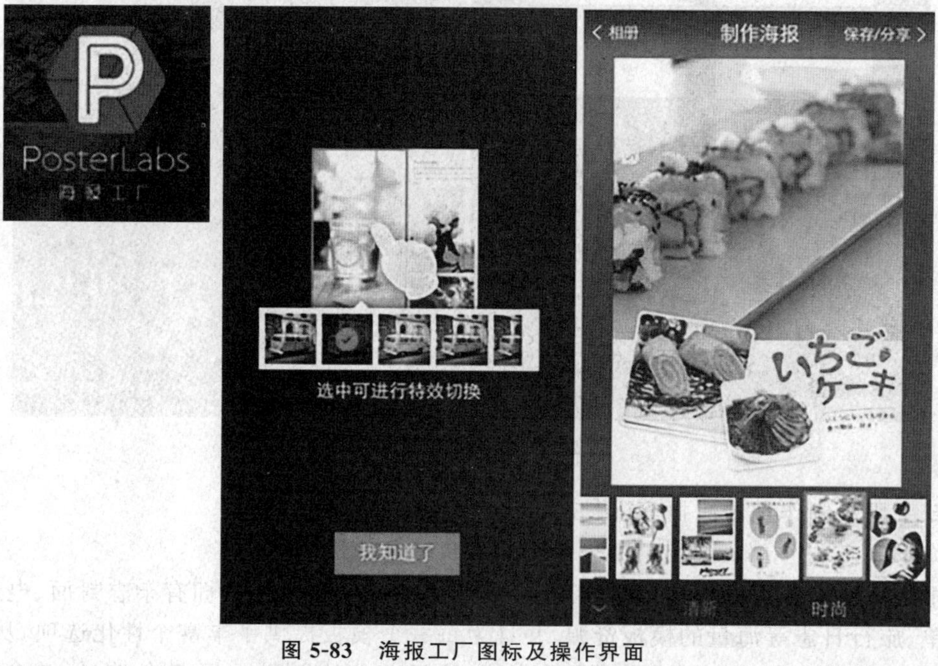

图 5-83 海报工厂图标及操作界面

三、排版设计

1. 对视觉元素进行有序安排

可以提高读者对信息的注意度和信息的吸引力。

2. 引导视线

应根据广告内容的主次关系设计一个有效的阅读顺序，通过连接视线的移动空间，形成一种视觉向导。

读者通常是从上到下，从左到右的阅读信息，所以平面广告在布局时应尽量遵从人眼自然的移动规律，为读者建立一个方向感，创造视觉浏览的路径。

3. 强调重点

平面广告只能有一个占据支配地位的要素，其他所有东西必须居于从属地位。这个要素就是广告的焦点，也就是眼睛所看见版面上的第一个东西。

4. 注重整体效果

平面广告由多个视觉元素组成，广告的整体效果是多个组成元素的协调配合的结果。

5. 适当留白

布局中没有插图或文字覆盖的地方成为空白处。空白有助于将读者的注意力集中在某一独立元素上，使广告主题更为突出。

在发达国家，成熟的广告画面设计，空白一般在 3/7～2/3 之间，当然也有更多的，例如 DDB 广告公司为大众汽车公司设计的“想想小的好处”的画面，空白就占了近 9/10。一般说来，尺寸较大的广告画面，留有较多的空白将会给人以大公司、资本雄厚的感觉。因此，不少广告主就采用这种广告：大尺寸，大空白，有的半页或全页报纸广告，空白占据画面的 1/2～3/5。

6. 运用对比，突出重点

对比使一个要素从其他要素中突出出来，并表明其重要性。

一般说来，生产资料产品广告理智性居多，图片本身往往缺乏生活气息和趣味性，广告文字也较长，画面设计易于呆板沉默。所以这类产品广告的版面设计，应注意严谨、稳重，但也应在变化上下功夫，运用点、线、面的巧妙组合，尽量使画面在严谨、稳重之中现出生动活泼，以免画面过于呆板乏味。

消费品广告多诉诸人们的情感，图片富有浓郁的生活气息和情趣，广告文字一般也较简短，易于将画面安排得生动活泼。但如果缺乏统一的布局，往往又会显得零乱，所以要更多地在统一、协调上下功夫。

任务四 农产品网络广告实施

一、目标受众分析

网络广告必须围绕企业的目标群体进行设计和编排，必须时刻与目标受众保持协调一致，因此，分析和了解目标受众是成功进行网络广告宣传的前提。

1. 网络广告受众分析

通过观察用户的上网习惯，对于上网频率、时间的研究能够在用户中筛选出对于特定产品感兴趣的直接受众。如果广告主能充分利用互联网的特性，将广告直接指向目标客户，这样既可以节省费用又可以收到较好的效果。所以在发布网络广告前的目标受众分析是一项十分重要的工作。

2. 网络广告受众信息反馈

能及时获取用户的需求信息与反馈信息是网络广告的一个很大优势。通过这一途径，用户与企业能进行很好地沟通，体现网络广告的互动性。

企业可以通过发放调查表的方式，获取用户对产品的了解程度，对产品或服务的评估或是对产品的需求等信息。调查表的形式很多，但一般都采用简洁明了的方式，如选择题、留言簿等。很多企业网站也会使用注册的方式获取用户的信息借以了解自己产品的消费群体，还可以根据注册收集到的信息发送相应的广告。

企业网站一般都是以给予某种服务或优惠来吸引用户注册。企业网站通过注册收集用户个人信息，一方面可以通过对用户数据的统计来了解用户，以确定产品需求、提供服务等，另一方面还可以向用户发布一些产品或促销活动的信息。

二、确定广告目标

网络广告的互动性、创意表现力、受众定向性、反馈及时、可评估性，决定了网络媒体推广策略的灵活度；因此明确广告投放的目的，对于制定正确的推广策略显得尤其重要。制定明确的评估方式不仅可以确保投放目标的量化达成，同时可以整合资源达到资源不变前提下的效果最大化。

三、发布网络广告

1. 选择发布媒介

在广告发布媒体的选择上，网络不同于传统媒体，介于网络不仅具备媒体特性同时具有渠道、客户关系、服务等不同特性，不能单纯地从受众的到达率来选择；各网站所具有的技术力量、内容配合、创意表现、营销策划服务直接决定了其在整合营销中可发挥的空间。

(1)创建自己的网站或页面，在上面做广告　这是最常用的发布网络广告的方式之一。这种情况下，企业可对广告的内容、画面结构、互动方式等各种因素进行全面的、不受任何约束的策划。

实际上，企业的网站本身就是一个广告。但是，网站也不能像传统媒体广告那样所有的页面全都被广告所充斥，根据目前网站的运作实践来看，如果一个网站只提供广告，而不能同时提供其他信息的话，肯定不会有众多的访问者。因此网站这种特殊的广告形式，其定位应放在树立企业的整体形象上。所以许多企业的网站上通常还提供一些非广告信息，如时事新闻、名人轶事以及可供访问者免费下载的软件、游戏等等，总之，必须能给访问者带来一定的利益，使其成为网站的常客。

(2)在别人的网站发布　这也是目前常用的网络广告发布方式。Internet 上的网站成千上万，为达到尽可能好的效果，应当选择合适的网站来投放自己的广告，作为选择投放广告网站的基本原则如下：

①选择访问率高的网站 Internet上有许多访问流量较大的网站，它们一般都是搜索引擎或较有影响的ICP，其中搜索引擎可作为首选网站，如Yahoo、Sohu、ChinaByte等，这些网站的访问流量每天高达几万甚至几十万。好的搜索引擎能够将成千上万从未造访过你的网站的网民吸引过来。需要指出的是：现在许多导航网站都提供了很多供客户发布广告的展位。在搜索引擎中投放广告，受众覆盖面广，数量大，但不足的是，由于搜索引擎所涉及的信息具有很大的综合性，因此其中的很多受众可能与你无关，而且在这些网站上发布广告的费用也较高。

②选择有明确受众定位的网站 Internet上还有许多专业性的网站，其特点是访问人数较少，覆盖面也较窄，但访问这些网站的网民可能正是广告的有效受众。从这个角度看，有明确受众定位的网站的有效受众量不一定比搜索引擎少。因此选择这样的网站放置广告，获得的有效点击次数甚至可能超过搜索引擎，正所谓“小市场大占有率”。

除上述方式外，还可以由几家企业合办或协办网站，如IBM公司与北京169合办的“中国荟萃”网站；或由企业对网站的某些栏目提供赞助，网站为其做广告等形式。

(3)采用网络黄页形式 网络黄页就是纸上黄页在互联网上的延伸和发展。在信息化大背景下，电子商务日渐普及，人们上网查阅企业信息已经相当便利，这构成了网络黄页强大的市场基础。而网民队伍的壮大，互联网对日常生活的影响增大，都是网络黄页发展的必要因素。

加强与网络结合可以拓宽企业对外宣传的渠道。在一些沿海城市，这么做还有一种作用——能体现这个企业在观念上更为时尚。网络黄页满足了企业信息化最基本的要求。在这些页面上做广告的好处是：针对性好、醒目（图5-84）。

图5-84 中国114黄页主页界面

(4)电子公告板(BBS——Bulletin Board System) BBS实际上是一台接有Modem的电脑，它允许其他用户通过Modem来访问它上面的信息。你可以通过Internet接入，也可以直接拨号进来。企业可以通过Telnet或Web方式在电子公告栏发布广告信息。BBS上的信息量虽然小，但针对性较强，适合行业性很强的企业。

①公告栏广告发布需要注意的问题　发布与讨论组主题相符的通知、短评、介绍性质的信息；节省阅读者的时间，是对阅读者的尊重；要注意这类信息的发布频率。

②公告栏广告发布的方式　在某个组中单独挑起一个话题；选中一个话题，巧妙地插入；最简单的方式是选择某个组的适当位置，单纯地粘贴广告就行了。

(5)利用新闻组(Newsgroup)　在新闻论坛系统中的 Newsgroup 中发布广告信息也是一种好办法。新闻论坛系统是由众多的在线讨论组组成的自成一体的系统，其中一个一个的组叫作新闻组或讨论组(Newsgroup)。

在 Internet 日趋商业化的今天，各种议题不同的新闻论坛系统中已经产生了许多专门交流商业信息的讨论组，同时，一些著名公司如微软等都建立了自己新闻组。因此在这些新闻组中发布广告，其效果是十分明显的。

目前，Internet 上绝大多数新闻组都是英文的，中文的新闻组很少，且大多是娱乐性的内容。因此通过新闻组发布广告，对于那些产品目标定位于国际市场的企业来说，不失为一种经济、实用的方式。

下面是一些比较有效的策略：a)经常地在选定的新闻组中张贴消息或回复别人张贴的消息。b)张贴一些能为观看者提供有价值信息的文章。c)网站升级通知。d)在新闻组中发布推广的网站，并请求别人提出意见。e)明确的广告警示内容。

(6)利用电子邮件或邮件列表　利用电子邮件列表发送广告信息也是一种常用的广告发布方式。电子邮件列表也叫邮件组，相当于一份地址清单，由于每个邮件组中的客户都是按某一主题编排的，因此邮件组可以为企业提供精确细分的目标市场，所产生的回应率是比较高的。

企业可根据自己的客户建立或通过正常渠道购买他人的邮件列表(现在网上有些邮件组还不允许做广告，因此要想利用邮件组做广告，首先要弄清楚这个邮件组是否允许做广告)。此后便可以定期向这个邮件组发送广告信息了。最好的方法是使用邮件列表软件设置自己的邮件列表，或利用服务器上所带的邮件列表(一般的服务器托管服务提供商都会向用户提供这项服务)。

(7)列入企业名录　一些 Internet 服务提供者(ISP)或政府机构会将一些企业信息融入他们的主页中(图 5-85)。

2. 投放过程中的注意事项

(1)预留一定的测试时间　由于网络广告技术含量高，相关环节较多，为避免广告投放中发生不应有的错误，应在广告投放前测试：广告播放是否正常、广告链接是否正确、数据库是否正常运作、广告监测系统能否正常计数，保证正常投放。

(2)广告创意的更换　同一广告创意投放久了，会造成网民疲劳，点击下降，建议二周更换一次创意。但如果是新品牌的推广，希望增强品牌记忆度，可以采取同一创意、固定广告位、长期投放，培养用户的浏览习惯。

(3)必要的投放管理与优化

- 投放前对创意进行测试，尤其是大型投放；
- 在广告投放之初建立必要的备份方案，以保证在投放效果出现波动时进行替换与弥补；
- 对活动网站进行详细的流量检测，客观评估不同媒介组合所贡献的曝光与受众行动的质量。

图 5-85　金温江主页界面

◆ 技能训练

综合技能训练　农产品网络宣传海报设计

一、实训目标

通过实训，使学生进一步熟悉文案的创作技巧和常用的图片后期处理软件使用方法；并能独立拍摄和设计一张农产品网络宣传海报。

二、情境描述

大学生张丽毕业后回到位于成都市蒲江县的家乡，开始了返乡创业。她想将自己家种植的“金艳”猕猴桃在网络上进行销售。蒲江独特的地理、气候、土壤和优良的生态环境，是形成“蒲江猕猴桃”“果形美观、香气浓郁、酸甜爽口、风味独特、营养丰富”独特优良品质的重要基础，具有浓郁的地域特色。张丽家所种植的猕猴桃品种“金艳”，属于黄肉型猕猴桃，具有外形标准美观、果实大小均匀、品质独特、丰产性高和极晚熟性、极耐贮性等六大特点，是全球高端三大黄肉品种之一。

现在张丽需要拍摄一些产品的照片用于制作网络推广广告文案。

三、操作步骤

1. 找产品卖点

要求：通过头脑风暴将产品卖点罗列出来。

2. 编写文案

要求：选择1～2个产品卖点，用简短的文案进行描述。

3. 图片拍摄

要求：对焦清晰、光线运用恰当、构图能凸显产品特色、能设计出有创意的产品摆拍造型等。

4. 图片后期

(1)要求熟练进行以下操作:

(2)图像裁切、旋转、大小调节等;

(3)亮度、饱和度和对比度调整;

(4)各种滤镜的使用。

5. 海报设计

(1)图片拼接;

(2)文字排版;

(3)综合创意调整。

6. 生成作品、分享展示

◆ 知识测试

一、单选题

1. 在农产品网络广告的四大要素中,(A)就是通过网络发布自己广告内容的企业、机构和个人。

A. 广告主　　B. 广告信息

C. 广告媒介　　D. 广告受众

2. 以下描述中,不属于网络广告的优点的是(C)。

A. 传播范围广

B. 表现手段丰富多彩

C. 不存在任何强迫性广告

D. 受众数量可以准确统计

3. 以下农产品网络广告的形式中,(B)不属于图形广告。

A. 网幅广告　　B. 文本链接广告

C. 弹出式广告　　D. 漂浮广告

4. “既然每天要喝水,为什么不用哈磁杯?!”这个广告标题属于(B)的表达形式。

A. 新闻式　　B. 问答式

C. 承诺式　　D. 假设式

5. (D)的农产品网络广告口号就是指,用情感唤起型,是为了借助受众心目中的人性因素、情感因素,用情感向受众呼唤、宣泄、倾诉,以此求得广告受众和目标消费者的情感消费。

A. 形象建树型　　B. 观念表现型

C. 号召行动型　　D. 情感唤起型

二、思考题

1. 如果让你来为一个农产品编写一句广告标语,你会考虑哪些方面的因素呢?

2. 拍照的构图有哪些技巧,针对不同的农产品,其拍摄时的构图方法是否一样呢?

项目六　农产品社会化网络推广

◆ 知识目标

- 了解农产品微博营销、微信营销、社群营销的基础知识；
- 熟悉农业大V微博、典型农产品推广微信公众号；
- 弄清农产品微博营销、微信营销、社群营销的基本策略；
- 掌握农产品微博营销、微信营销、社群营销的实施方法和技巧。

◆ 能力目标

- 能够制定农产品微博营销推广计划，撰写农产品推广博文，利用微博营销方法和技巧实施推广，分析微博营销数据。
- 能够有策略的实施农产品微信朋友圈营销、微信公众号营销。
- 能够有策略的实施农产品社群营销。

◆ 目标任务实施方案

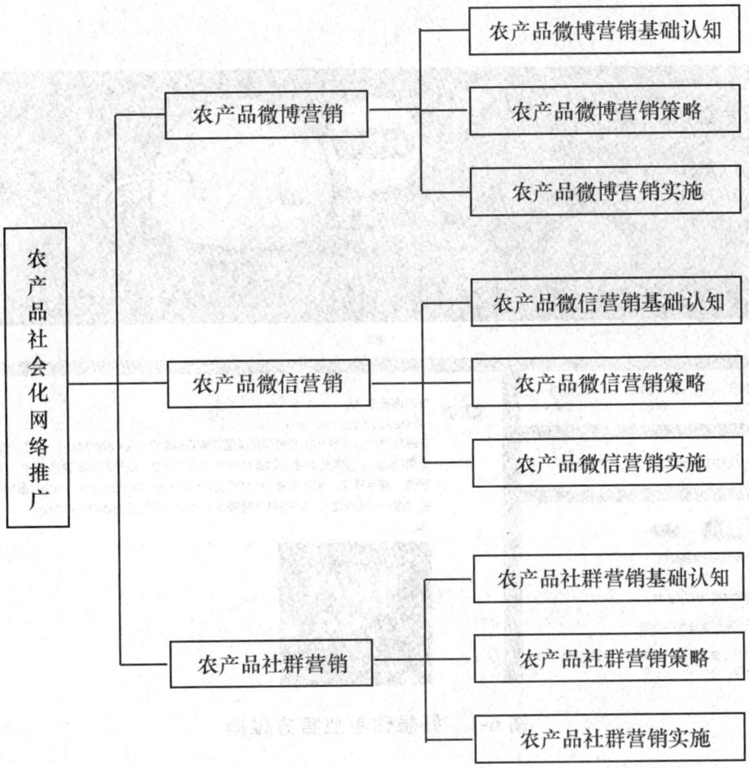

◆ 引导案例

“好想你”红枣的社会化网络推广

“好想你”枣业股份有限公司始创于1992年，2011年5月20日在深交所中小板挂牌上市，成为中国红枣行业优先上市的企业，是集红枣产品研发、生产和销售的国家重点红枣行业龙头企业。销售网络遍及全国300多个城市近2 000家专卖店，除了传统的线下销售渠道外，在天猫、京东等主流网络电商平台还开设了官方旗舰店。

“好想你”枣业一方面利用知名电商平台的官方旗舰店和网站广告进行品牌推广，另一方面通过微博、微信等自媒体进行品牌宣传。微博（图6-1）话题“520大胆表白爱”阅读量为157.5万，讨论量为3.6万，“520大胆表白爱赢宝马MINI”的阅读量为396万，讨论量为75.6万。通过活动营销和话题营销提升了品牌知名度，推动了品牌传播，提升消费者对“好想你”红枣的品牌认知。与此同时，“好想你”枣业还通过微信营销的方式，将商品信息潜移默化地传递给消费者。“好想你”枣业的微信公众号以“好想你枣儿”（图6-2）、“好想你会员之家”（图6-3）和“好想你云商”（图6-4）为主。“好想你枣儿”主要是品牌介绍和产品介绍，“好想你会员之家”主要是对现有会员的维护，“好想你云商”集成了移动B2C、社群营销及O2O业务为主的全渠道线上线下融合平台。三个公众号都设有“好想你”网络商城的端口。前两个公众号主要设置了与消费者互动的项目，如“你唱歌我送礼”、“我要赚钱”和“枣儿社区”等，消费者只要参加主题活动便可以获得来自“好想你”官方网的奖励，同时还可以通过论坛留言的方式，将其对“好想你”产品的消费体验和消费需求予以反馈，从而在“好想你”与消费者之间建立了良好的沟通平台。

图6-1　好想你枣业官方微博

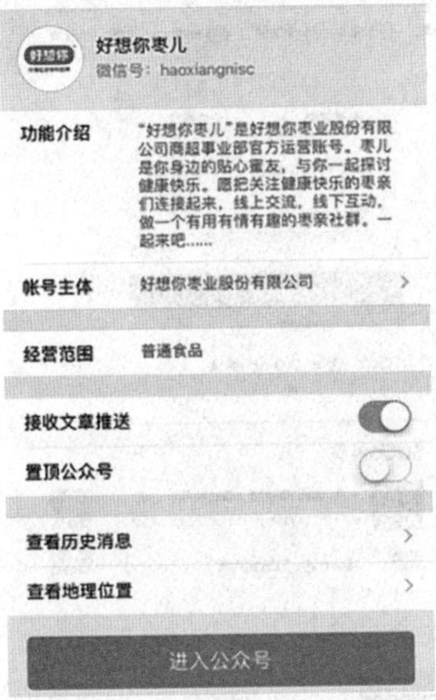

图 6-2　好想你枣儿公众号

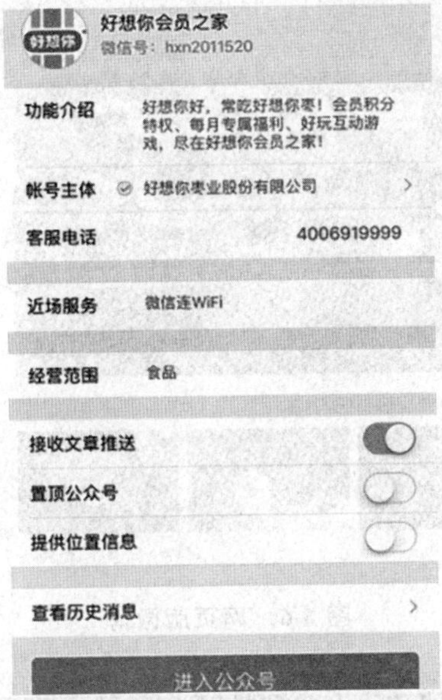

图 6-3　好想你会员之家公众号

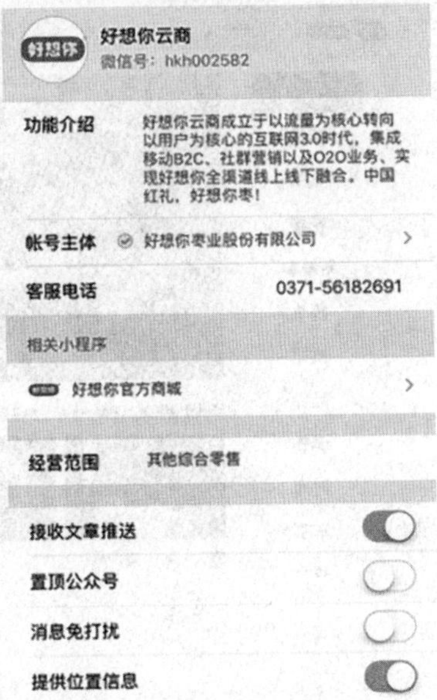

图 6-4　好想你云商公众号

任务一　农产品微博营销

在众多网络社交平台中，微博和微信可谓是两大巨头。这两大平台的注册人数多，使用频率高。学习如何在这两大平台上开展营销活动，是农产品网络推广的核心内容。下面我们先来学习微博营销。

一、农产品微博营销基础认识

1. 认识微博

微博(Weibo)是微型博客(MicroBlog)的简称，也是博客的一种，是一种通过关注机制分享简短实时信息的广播式的社交网络平台(图 6-5)。网民通过注册成为其用户，即可随时随地在平台上以文字、图片、视频或直播的形式分享自己的所见所想。微博可以通过网页(图 6-6)或手机客户端(图 6-7)登录。目前国内的主要平台有新浪微博、腾讯微博、搜狐微博等。

图 6-5　国内微博主要平台

图 6-6 网页版微博

图 6-7 手机客户端版微博

截至2017年6月，中国网民规模达到7.51亿，占全球网民总数的五分之一。互联网普及率为54.3%；我国手机网民规模达7.24亿。其中微博的月活跃人数高达2.97亿。微博在2016年的活跃用户较往年相比明显增长，同时微博在各大行业的覆盖面也不断扩大，在新闻舆论、综艺娱乐方面也保持着绝对影响力，在旅游、视频、体育、营销等领域也在进行进一步延伸。微博逐渐显示出其对社会的影响力和对网民的凝聚力，其商业价值也在不断上升。越来越多的企业也开始借助微博平台来提升其品牌形象及推销产品。

2.微博营销

微博营销指商家或个人通过微博平台进行宣传推广以达到营销目的的活动。随着微博的流行，这种传播及时信息的渠道正被更多人所接受，从而使得微博具有极高的营销价值。通过在微博上发布信息、分析消息、接收反馈等活动，企业可以更好地与消费者进行沟通互动，从而实现市场调研、产品推广、客户关系管理、品牌传播、危机公关等多重功能。

(1)农产品微博营销的优势

①操作简单，利于上手。任何人都可以凭手机号或邮箱在微博上注册进行登录，成为其用户并发布信息。同时，微博平台上发布信息省去了政府审批，广告投放等流程，只需简单的文字加上配图即可以进行发布。对农户而言降低了不少难度，同时也可以省去不少的时间和费用。

②传播速度快。微博用户可以通过登录电脑客户端和手机等移动客户端进行消息的发布和查看。和传统媒体相较而言，微博省去了审核，排版等程序，在文字和图片编辑好的同时就可以将消息发布出去。并且所发布的信息也是以呈几何倍的速度在微博上进行传播。当消息发布出去，首先是作为关注者的粉丝可以看到，其次，粉丝可以对该条微博进行转发，从而使他的粉丝也能看到，以此呈现树根似的信息蔓延，最后，如果消息有足够的吸引力，则可能成为热门话题，从而使其他非粉丝用户也能看见。

③节约营销成本。由于微博发布信息的程序简单，因此能节省不少审批和修改所需的时间。并且利用微博进行信息的发布也可以算作是广告投放的一种形式。同时，用户可以直接在微博上进行私信对话，对于农户而言，这样也解决了售后客服的问题。最后是用户在微博上的留言和转发也可以反映出用户喜好，从而利于农户进行信息收集。利用微博平台进行销售，可以满足普通用户的大部分需求，并节约大量成本，可谓是一举多得。

④实现精准营销。在微博上进行营销，农户可以通过相关功能找到目标客户群，从而对他们进行宣传和促销以实现精准营销。微博上的部分用户会根据自己的喜好和特点来给自己贴上不同的标签，农户可以利用这些标签找到目标客户群。除此之外，微博还有话题功能，农户也可以通过搜索话题来发掘潜在客户。微博上还有类似QQ群的微群，里面的人也是根据彼此的志趣相投而组成微群以便交流。

(2)农产品微博营销存在的问题

①规模小，风险高。我国的农产品生产在大部分地区还是采用一家一户的生产模式，其规模小，难以实现农业产业化的生产，由于其产量小，难以形成规模，所以也不利于集中收购，并且受自然环境影响的因素较大。所以在微博上营销可能会出现供不应求，存货不足的情况。并且对于偏远地区的农户而言，农产品保鲜也是一个大问题。如果农产品到达顾客手中时不够新鲜或有所损害，顾客要求退款，最后承担风险的还是农户。

②推广障碍。虽说微博入门容易，但是农户普遍对网络市场不熟悉，缺乏相关的经验和能力，所以很容易跟不上网络更新换代的速度。同时在文字及图片、视频等信息的编辑能力上也

存在缺陷。除了农户自身的问题，微博营销中至关重要的一点就是关注者的数量即粉丝数量。如果用户本身知名度不高，粉丝数量较少，同时文案也不够吸引人，要想在微博上进行营销是不太可能的。

③信息更新速度快。微博上存在海量信息，并且信息更新的速度也很快，但是如果疯狂的刷屏又容易导致粉丝反感。所以如何突出特点，在目标客户群接受的信息中保有一席之地，也是困扰农户的问题之一。

二、农产品微博营销策略

纵然微博营销有诸多好处，能为农户节省不少成本，但由于农户自身的缺陷以及农产品的特点，农产品微博营销并不是看起来的那么容易。微博本身就属于“快餐文化”的产物之一，所以要在微博上进行营销，必须得把握好微博的特点，找准自身的定位，树立自己的特色，打造好从农场到客户手头的一条龙服务。

1. 合理定位，树立品牌

在当今社会，人们对生活品质的要求越来越高，尤其在饮食方面一改以往大鱼大肉的作风，转而注重合理的营养搭配。因此，在进行农产品微博营销时，必须突出产品特色，找准自身的合理定位。

首先要确定自己所销售的农产品属于高、中、低哪个档次，以此来确定目标群体。其次，在宣传时应突出自家农产品的特色，例如绿色、有机、无公害等，以此树立品牌形象。最后在品牌维护上可以不定期发布与自家农产品生产过程紧密相关的图片或视频，以记录的形式向消费者展示种植或养殖过程来赢得消费者的信任。北京的王申福经营健康鸡养殖场，每年产苏禽草鸡 3 000 多只，由于缺乏销售渠道，只好自己提着鸡和鸡蛋去市场上卖。虽然宣称是有机健康鸡，顾客却不太敢相信，加上价格上又贵，因此销售不畅，王申福很苦恼。朋友建议他到微博上去试试，于是他就开了个“乐活园”健康鸡微博，发了许多养殖场的实物照片上微博，还用日志记录下每天的养殖过程。微博开通之后，就得到有很多人回复、询问，很快鸡场里的鸡就被订购一空。

2. 丰富内容，精心维护

建立微博账号十分简单，可如何吸引粉丝却是一大难题。粉丝量的多少是一个微博账号影响力大小的直观表现，同时也是农户进行微博营销的基础。所以要想顺利地进行农产品微博营销，就得在微博信息的内容编写及账号维护上下苦功夫。海南有一个微博名为“@海南土鸡蛋”的农户（实名为李会革），9 个月卖出 10 万个鸡蛋，其秘诀之一就是注重内容建设，设置“扯蛋日记”，把微博写得有趣、可读。“坏蛋”、“傻蛋”、“扯蛋”、“土蛋”，这些有趣的词汇，不时俏皮可爱地出现在“@海南土鸡蛋”微博中。甚至他还更改时下流行的歌词，模仿各种“体”，从而俘获了很多挑剔的微博网友的“芳心”。

农户开设微博的目的是销售自己种植或养殖的农产品，这就表示就不可能像普通人一样随意的发布信息，而必须对微博的内容进行精心的设计。微博的内容要有新意，要避免硬广告性质的微博。同时发布的信息要有实用价值，能为用户提供一定的帮助，例如农户可以在微博上传授一些辨别农产品优劣的方法，科普农产品的营养价值和食用方法等。除此之外，必要的传统宣传手段——促销，优惠等也是微博发布内容的核心之一。

3.保质保量，重视售后

在微博上进行销售的首要条件是农产品的品质与数量。微博上的信息不仅量大，而且更新速度快。所以质量和数量上一旦有一方拖后腿，那么在没有足够忠实客户的情况下，很难进行微博营销。除此之外，良好的售后服务也是一个重要的加分项。微博的留言及私信功能是农户收集市场反应以及与客户沟通的良好渠道。

农产品的质量和数量属于技术范畴，在此不做探讨。在售后服务方法，从微博的转发和留言中，农户可以了解到客户的需求。同时也可以利用私信的及时性来与客户直接沟通。并且在简介一栏可以填写农产品的购买渠道与联系方式，如果是可供参观游玩的农场还可以加入地址以起到宣传的作用。

4.紧跟潮流，加强推广

微博上年轻人较多，如果只是平铺直叙的进行文案编写，是很难达到预期的推广效果的。作为网络用语使用较多的平台，了解当下流行的“××体”用语以及图片编辑形式能帮助更好地融入到微博环境中。利用热点事件也是微博推广的手段之一。由于微博的普及，部分重要事件是通过微博首先发出来，然后由媒体证实，所以微博也是查找新消息的主要平台之一。因此，农户应该经常关注相关的热点事件，并进行评论。“抢热评”也称为推广的手段之一。例如海尔在四处抢热门的过程中就成功被明星郑爽“翻牌”，粉丝在关注郑爽时也能看到海尔，不失为一种零成本的另类推广。

通常，加入微群是一个拓展客户的常用手段。微群中的成员都有共同话题，群成员都是潜在读者。只要微博的内容能吸引人，就可以让群友关注微博，促进农产品的推广和销售。在微群中与其他用户进行共享和交流，除了获取相关的信息外，如果微群讨论的话题和农产品密切相关，那么微群中的群友也就是目标用户。同时还可以借助其他大V的力量。微博大V拥有上万粉丝，用“@”的形式来吸引大V注意也不失为一种自我宣传的方式。最后，最主要的还是自身微博文案的设计。除了常规内容，还可以积极参与公益活动来赢取公众的认可。2011年8月，陕西旬邑县马栏镇马栏村村委会开微博，叫卖数千吨滞销土豆，就带有这样的性质。抽奖以及优惠也是推广的手段之一。同时，有观光、采摘、休闲功能的农户还可以用采摘体验券来吸引顾客。

三、农产品微博营销实施

1.树立目标

在开始微博营销时，必须树立目标，这样在以后遇到困难、困扰、诱惑时，才不会迷路。以毕慧芳为例，她的目标是做“中国玉米姐”，所以，一年多时间里，她每天坚持发微博，参与互动，都是为了让更多的农民朋友能关注她、了解她、信任她，从而为她的下一步营销打下坚实基础。

2.取名字

都说“一举成名天下知”，所以不要小看了名字。名字要好记，要响亮，要更多地传递个人信息。避免过多地使用英文，或者一些生僻字。既要简单易懂，又要给人留下深刻的印象。例如微博营销非常出色的@土豆姐姐冯小燕，微博名字响亮直接，让她的土豆成了品牌，比她精心打造的注册品牌“涌泉居”更知名。并且名字取好了就不要轻易改动，否则，熟悉的人一时间会找不到你。

3.定位

定位既是拟定目标群体,也是给自己定位。定位之后,就要在微博名字下面填上简介,要让看见的人了解你、找到你。简介很重要,它是广告的一部分。很多人不填简介,那就是放弃了营销自己的机会。很少有人愿意通过慢慢看另一个人的微博去了解他、关注他,所以简介一定要填写,可在里面放入联系方式等重要信息。另外,还要选一张较为清晰、有阳光感的照片作为头像。做营销,就要用一切机会展示自己,照片是非常重要的。照片可以是让人食欲大增的农产品,也可以是让人倍感亲切可靠的农户本人的照片。

4.关注

关注是交朋友的起点,也是自我营销的开始。通过有效的关注,才会让粉丝有效的增长。在你获得600个有效粉丝之前,每天至少要主动关注50人,拥有600个粉丝以后每天也要主动关注30人。这些人要从目标人群中去寻找。比如:和做电子商务、微博营销比较好的人互相关注,那么,他关注的人、关注他的人理论上都是可以关注你的。加了关注以后,对回粉的人要私信感谢交流,对重要人物还要私信介绍自己。多数业务就是从私信开始的,因此,坚持私信交流也很重要。

5.内容

设计自己微博的主要内容。内容是核心,要针对定位的目标人群设计传播信息,说什么,如何说,什么时间说,都要有安排。要根据宣传方向设计好微博的版面。比如毕慧芳就有慧眼看农友、随记自然、在路上、农业经验分享,还有三农理论探讨等几个版面。这些内容不断更新,可以赢取相应人群的关注。农产品营销,一般可以通过自然风光、劳动过程、生产过程、农夫故事、产品特点、制作品尝、历史渊源等等来体现,这些内容要有连续性、趣味性,要有照片,一张好照片胜过千言万语。内容方面还要注意的是:适当配合长微博和视频链接,以彰显深度和高度。同时还可以插入话题"#××××××××#",这样别人在点击话题时,也能看到这条微博的内容。

6.互动

互动是微博的最大亮点。微博是馈赠经济,互动才会有交流、交际、交易。"@"的目的是要和对方互动。参与有影响力的"大V"的微博的评论,会让农户尽快成长。另外,转发和评论那些没有回粉的重要博主们,可以引起他们的注意和重视,是促进他们回粉的重要手段。一定要用心去互动,每天至少增加一个互动良好的铁粉。互动要讲技巧,发微博时尽量不要在正文中"@"很多人,尤其不要"@"大V。做销售产品的,总这样"@"很多人,容易引起反感。

7.做活动

做微博的目的是营销,所以要及时进行微博活动,如转发有奖、评论有奖,让产品通过各种活动让更多的人了解、传播。活动一定要大气,有舍才有得。另外,活动不是目的,通过活动,让更多的人了解所售农产品,并成为消费者,还能传播所售农产品,才是目的。这种互动如何做呢,要分几个层次:一是顾客收到货物以后发出的微博要最大限度地转发评论,让更多的人知道他是你的产品的享用者;二是及时与顾客交流品尝后的感觉,促成其他人的购买欲望;三是要跟顾客成为好朋友,让顾客再把所售农产品送给他的朋友,把他圈子里的人变成你的产品享用者;四是不断渗透新的产品的活动。

8.实现销售

所有前期的努力,最终都要在销售达成上得到体现。这里的学问很多,一定要注意细节。

通过对现实发生事件的记录，让顾客有亲切感，并且增加可信度。下面是上海山水食客土猪肉营销的微博。

- 上午在家做客服；客人下了订单；当我说出："谢谢，让我们通过安全美味的食物媒介一起来享受'有源有缘'的快乐生活吧"后，客人马上又订了一个单。很简单，多说一句话，多拉一份单。
- 昨天傍晚房产中介陪着一位买房客户到我家签售房协议，买房客户讨价还价很是老道，最后僵持不下。这时，我看天晚了，就让老婆给他们每人煮了一份遂昌土猪肉炖面条，他们吃后很是叫好，顺便也就妥协了，把买房协议达成了。看来@山水食客土猪肉的威力还是够大的啊。
- 今天上午对接了浦东陆家嘴两个提货点：第一个是桃林路 787 弄 15 号（近张杨路）原香牛排店，第二个是潍坊路 178 号 2 楼（近东方路）自留地生态餐厅。我想城市消费者不但会注重大山深处的原生态土猪肉、土鸡蛋的品质保证，同时还会非常注重物流、新鲜、取货和充分沟通，山水食客生态美味不遥远。
- 有很多朋友问我们@山水食客土生农品的高山土猪肉是怎样做到快速保鲜到上海的，具体公布如下：根据订单提前通知屠夫从农户家散收；凌晨 4 点～6 点屠宰；5 小时排酸分割；12 点冷藏上遂昌到上海大巴车；下午 5 点到汽车站取货；傍晚 7 点打包后由顺丰或者黑猫冷链快递发出；第二天消费者就可以收到了。

9. 有效循环

深挖客户资源，一次销售变成终身客户，一种产品变成多种产品，一个客户变成一个圈子，周而复始地循环。这步是最难做到的，一旦做好了，那就能成为微博营销高手。微博的精妙之处就在于传播快、传播广，而且可追溯，深挖客户资源、形成圈子销售是可能的。这方面，还要充分结合微信的圈子交流，从微博走进微信圈，你的营销就成功了一半。另外，还要重视各种资源对接、各种圈子的合作。除了线上交流，也要尽可能多地走出去交流。请进来，走出去，友情加深，圈子不断扩大。除了线上的活动，还要积极参与各地农人圈的活动，在活动中认识很多朋友，对接资源。在参与活动后，也能增加很多粉丝，并且这些都是有交流互动的优质粉丝。

◆ 链接案例

特色农产品"微营销"很火

2013 年农产品微营销的最大赢家莫过于甘肃省陇南市成县的核桃，因为县委书记李祥以"@成县李祥"的微博（图 6-8）成功营销，将地处欠发达地区的成县核桃，一下子传播到大江南北，几乎家喻户晓。如今，成县有 400 多家淘宝商店，专卖当地特产鲜核桃，成县鲜核桃已经成为知名的区域农产品品牌。书记李祥因为在网上推广鲜核桃，成为网络红人。

挖掘网销的空间和潜力

核桃是成县的一大特色产业，是国家林业局认定的"中国核桃之乡"之一，"成县核桃"是国家质检总局地理标识产品保护认证品牌。当地人口总数不到 30 万，却拥有着 50 多万亩核桃园，几百万株核桃树，2013 年核桃坚果产量达到 1.5 亿元。其核桃富硒富锌，营养价值高，口感好。

图 6-8　成县李祥微博

由于核桃从价值到物理特性都适合网购，成县县委书记李祥敏锐地意识到网络销售的广阔空间和助农增收的巨大潜力。2013 年 6 月初，成县按照品牌、物流、网店、宣传“四位一体”跟进的发展思路，组织种植大户、销售大户联合起来，成立了全省首家农林产品电子商务协会，注册了“山泉牌”电子商务品牌，一系列电子商务知识培训也紧锣密鼓地进行，县里出台了扶持电子商务的政策，促进核桃等农林产品电子商务销售队伍的迅猛发展。

“@成县拿祥”网络止红

2013 年 6 月 19 日，新浪实名认证微博“@成县李祥”发出信息：“今年核桃长势很好，欢迎大家来成县吃核桃，我也用微博卖核桃，上海等大城市的人都已开始预订，买点我们成县的核桃吧 7 月份上市。”一条文字配 7 幅核桃图片的微博信息一经发出，当日微博“@人民日报”就有了 100 多次转发与跟评：“支持县委书记微博卖核桃。”

这条微博的访问量达到 50 万次，成为成县核桃网络营销的先锋。之后，成县王磨镇水泉村一棵百年老树上结的核桃还未采摘，就被一位网友“@土豆姐姐”买断“终身果实”收购权。“成县核桃”成了一时走红网络的“热词”，通过微博、微信、网络等新媒体，成县青皮鲜核桃很快在上海、兰州等地的一些大型超市上架，深受消费者的喜爱。短短两个月时间，“@成县李祥”在众多微博中走红，仅 2013 年 9 月 12 日举办核桃节会这天，粉丝数量就增加近 1 万人，达 13.2 万人。目前粉丝已经超过 19 万，他不遗余力为成县核桃做推广，起到了产品推广大使的作用。2013 年的核桃节上来自全国各省市 20 余家核桃营销加工企业代表专程前来“核桃之乡”参加节会，上海、山西等 8 省市的 1 7 家企业，与成县和相邻的康县、西和县共签订 3.12 亿元的购销合同和项目资金。

成县电子商务协会常务副会长王宗军说：“协会成立以来，以核桃为主打产品，面向全国展开销售。截止到去年 11 月底，销售的鲜核桃已达 340 吨，干核桃 90 吨，其中 30%销售收入来自线上。”“微营销”已经成为成县核桃电子商务的一大特色。目前，成县电子商务协会主要通过微博、微信等工具来营销推广，协会会员注册了统一的微博ID，通过与媒体、专家、大V的互动，极大地提升了成县核桃的线上知名度。当地淘宝卖家也在快速扩张中。据阿里研究中心统计，目前注册地在成县的淘宝卖家账号接近200家，核桃成为主打产品之一，其销量逐月提升。

搭上信息化快车道

由于成县核桃搭上了信息化的快车道，一部手机或者一台电脑，就实现从果园农田到餐桌的直接对接，这在过去想都不敢想的事，因为做微营销，让农民足不出户就实现增收。成县镡河乡80后青年段国强，现在是成县核桃电子商务协会的副会长。2012年，他在深圳打工时学会使用微博。2013年4月，他辞去月薪3000多元的工作，在新浪微博用户上注册“农民小段”，回到老家创办淘宝网店“成县原生态土特产馆”，运用电子商务，将当地的高山土蜂蜜、纯天然老树核桃、椴木香菇、野生干蕨菜、纯天然党参等各类土特产品卖到全国各大城市。说起收入，段国强乐呵呵地说，除去成本和运作费用，每月有五六千元的利润，8、9月份仅销售鲜核桃就达100多单、250多千克，起初没想到做电子商务会有这么高的收入。

2013年成县电子商务依靠核桃异军突起，成为西部县域电子商务的一个亮点。“电子商务的发展必将给当今农村经济发展注入新鲜的血液，也是推动农村经济发展的‘引擎’。”中国社科院信息研究中心主任、博导汪向东说。李祥说：“电子商务将成为县域经济不可缺少的重要组成部分。”在他的牵线下，阿里巴巴农村电商讲习所首期培训班2013年9月在成县举办，通过分享培训，进一步提升了成县农民的电子商务创业热情。去年11月，李祥还带领陇南市9个县长，组团到江苏沙集、浙江遂昌、福建南安学习农村电子商务经验，并准备对成县的电子商务创业环境进行整体升级。

任务二 农产品微信营销

一、农产品微信营销基础认识

1. 认识微信

微信（WeChat）（图6-9）是腾讯公司于2011年1月21日推出的一个为智能终端提供即时通讯服务的免费应用程序。微信支持跨通信运营商、跨操作系统平台通过网络快速发送免费（需消耗少量网络流量）语音短信、视频、图片和文字，还可以进行基于同一朋友圈的群聊。同时也可以使用“朋友圈”、“公众平台”、“服务号”等功能以及基于位置的社交插件“摇一摇”、“漂流瓶”。

图6-9 微信图标

微信除了移动设备的客户端（图6-10），在电脑上也有网页版和电脑客户端。

据《2016微信数据报告》，月平均登录用户为7.68亿人次，其中一半用户每天使用微信达到90分钟，微信用户日均发送消息74次，日均通话次数8次，朋友圈原创内容占比达65%，典型用户月均发送红包28次。

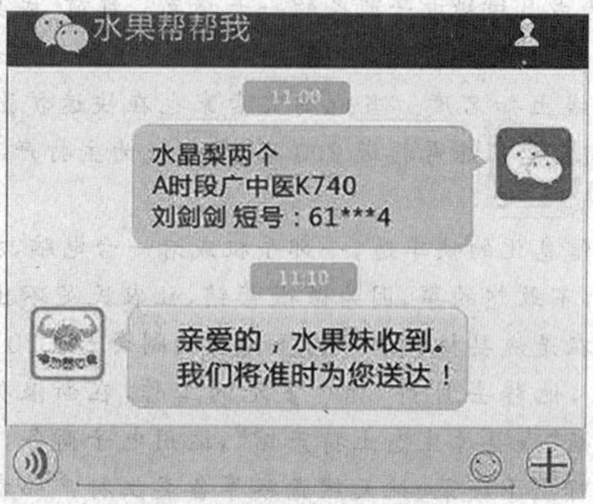

图 6-10 移动设备微信对话框

2.认识微信营销

微信营销是伴随着微信的普及而兴起的一种网络营销方式。由于微信不存在距离的限制,用户注册微信后,即可通过加好友或"摇一摇"与周围同样注册的用户形成"好友关系"。登录后用户可以订阅"公众号"了解自己所需的信息,商家也可通过"公众号"或"朋友圈"发布信息,推广自己的产品,从而实现点对点的营销。

(1)微信营销的优势

①发达的网络。互联网的飞速发展为微信营销创造了技术条件。人们能通过随处可连的WiFi和4G网络利用移动客户端实现即时聊天,查看新闻,网络购物等活动。所以无论何时、何地,即使是偏远地区的农户也可利用这些技术来发布农产品的信息,进行微信营销。

②庞大的用户群。微信除月活跃用户高达7.5亿,同时用户还覆盖200多个国家和地区、16种外语版本。其中55.1%的用户拥有超过200位微信好友,57.3%的用户通过微信认识了新的朋友,或联系上多年未联系的老朋友,58%的用户每天都会使用朋友圈。基于微信庞大的用户群和使用频率,利用该平台进行农产品的宣传推广,要比传统的方式更快捷、更有说服力,也更容易得到消费者的认可。

③实时的沟通交流。微信的优势是用户随时在线,这就使得推送的订阅消息能及时送达用户处阅览,用户有任何疑问都可立即反馈并得到响应和解决办法。虽然一些购物平台也有在线客服可以进行实时沟通,但当代消费者多数使用微信联络自己的朋友亲人,利用微信进行营销,消费者不必再APP直接进行切换,节省不少时间。并且微信营销使用的一对一服务更具人性化,图片、语音等多种信息形式的即时传递使交易双方的沟通具有时效性,大大降低了企业的营销成本,提高了资金利用率。

④精准营销。微信可以通过搜索微信号或扫描二维码加好友或入群,以及订阅公众号,通常都是基于自身的兴趣而做出的行为,所以用户对推送信息的排斥率明显降低。微信公众账号后台可以提取数据,对关注用户的数量、属性、使用行为等数据的统计分析,使企业能更加具体的了解用户需求,实现精准营销。

⑤关系营销。据《2016微信影响力报告》调研数据显示,微信用户对好友发布的生活状态关注度超过了六成,基于微信朋友圈中较多是认识或熟悉的人,当好友发布了对某种产品的正

面使用分享后，更容易增强其他潜在用户的信任感和认可度，从而增强传播的效果。这种隐形营销方式不仅可以培养用户的信任感，还能提高用户对产品的认可度，减少信息的无用传播。

(2)微信营销存在的问题

①产品质量问题。农产品本身很难做到标准化，生产出的产品质量无法精准把握，并且消费者个人喜好的口感、色泽、形状又多样化，如何实现既满足消费者个性需求，又能尽量实现批量标准化生产是问题。另外，产品在运输过程中由于包装配送过程难免出现损耗，消费者往往收到产品时，已经出现产品质量差异，因此不少消费者会通过微信平台给出负面评价，甚至通过社交网络给出负面评价，从而影响到农产品销售。

②物流储运问题。农产品最主要的品质就是新鲜，所以其物流成本相对高，首先包装上要精细小心，尤其是生鲜农产品要采用特殊的包装材料；其次生鲜农产品用到冷链物流，制冰包装除了价格贵以外，还会出现冰融化使农产品保鲜程度不够，甚至影响到其他快递的配送。电商的配送的客户以个体家庭为主，属于小额交易。虽然电子商务能够缩短农产品流通的链条，但在保证农产品质量的前提下，提高物流效率，增加客户满意度，降低物流成本的压力仍然很大。

③消费者购买习惯问题。目前大部分消费者还是习惯农贸市场或者超市购买农产品，而年轻一族由于工作繁忙，不能及时购买新鲜的农产品，并且挑选技巧不熟练，经常出现花费很多时间还没能够挑选到满意的产品的情况。线上销售集中在年轻用户，他们更习惯于网上购物。中老年用户相对较少，但呈现增长趋势。

④信用问题。网络营销的本质是陌生人之间的交易，基于的是双方的信用。产品信息的真实性、合作物流的服务态度、消费者的评价成为购买的重要指标。微商频繁出现假面膜、假奶粉等事件，更是让微信营销步履维艰。尽管已出台不少网络监管制度，但消费者在面对网络上的农产品时仍旧会对农产品本身质量存在质疑，这种不信任感影响了农产品微信营销的效果。而微信中不互为好友的两个人不能看到对方在朋友圈下的留言，所以即使因为产品问题出现差评也不易察觉。

二、农产品微信营销策略

1. 市场策略

微信营销要先经营朋友圈。陌生人之间不一定能互相看到朋友圈，所以要先成为朋友或订阅公众号才能进行对话，查看朋友圈以及看到发布的信息和文章。

通过扫描二维码、搜索微信号或好友推荐可以找到一群志趣相投的朋友。不管是在朋友圈推送信息还是利用公众号，配上自己原创的文字、图片、视频，用心经营，维持活跃度，就能够积累朋友。这种朋友越多，回报越高，微信营销的风险越小，一旦建立合作关系，黏性作用越明显。

2. 产品策略

由于水果蔬菜等生鲜具有季节性，所以在选择产品是可以多选择几种在不同时节进行销售，并且分析朋友圈好友或订阅者的信息来选择产品及产品包装。使用微信的主要客户端是手机，它的屏幕尺寸远不能和电脑箱媲美，因此就不能像淘宝、京东这些平台一样每个产品都用几张甚至十几张高清图片来展示细节，也不能满足海量产品中按顾客要求去筛选这样的搜索功能。微信朋友圈一次最多发 9 张图，在发图时需简单明了，并配以相应的文字说明。

通过个人微信账号或申请公众账号，主要结合个人兴趣爱好上传一些能够逐渐渗透农产品的日常常识，如营养知识、烹饪方法、挑选方法等，然后每天上传一张或几张产品图片，附带产品说明，图片要尽量真实，文字最好原创，这样才能让人感觉更用心，更亲和。只要每天保证质量的保持分享，就能逐渐吸引潜在顾客的购买意愿。

3. 定价策略

价格对消费心理有着重要影响，只要价格超过消费者的心理价位，消费者会改变既定的购物原则。在传统市场上，消费者对价格信息所知甚少，所以在讨价还价中总是处于不利地位。但在网络条件下，顾客接触的信息庞大，分类挑选又很耗时间，不符合现在白领忙碌的生活节奏。

定价时，首先要了解所销售农产品的产品成本、加工和分销的价格，这样才能为产品制定合理的价格。不管是直销还是代理，都要综合考虑产品的质量、物流的难易程度、朋友圈的收入水平和消费习惯来定价，刚进入市场的时候，可以将价格定的稍微高一点，然后再根据消费者的购买频率、促销策略进行不断地调整降价。由于微信营销是一对一的服务，因此可以对不同区间的价格进行测试，这样就能知道哪种价格更容易被顾客接受。

4. 促销策略

微信平台建立后，通过一些日常小知识或活动刺激朋友圈的好友可以增加销售量，如可以发布食用方法、存放技巧、相生相克常识等小知识，或者分等级和批次对购买顾客给予一定的折扣、优惠、礼品。促销手段可以配合微博、QQ、淘宝等多种工具宣传来吸引更多用户加入和关注。也可让消费者将促销信息分享到朋友圈集赞来换取折扣或奖品，通过朋友圈这个网络上信赖度最强的口碑传播平台，引导更多消费者参与。

三、农产品微信营销实施

1. 个人微信营销

(1)个人微信营销包装

①头像。头像是个人微信对外沟通的品牌形象，一方面要避免传递浓厚的商业信息，同时要表达个人魅力，因此建议使用积极阳光、有亲和力的个人形象照片或垂涎欲滴、让人食欲大增的农产品图片。

②昵称。为了便于用户记忆建议使用中文，最好是真实姓名、品牌名称或二者相结合。

③个性签名。个性签名有很多种方式，根据微信号的特点，可以直接展示业务和需求，同时也需要考虑手机屏幕尺寸。如个性签名为。"柑果销售商，欢迎订购。"

④朋友圈封面。朋友圈封面的图片可以通过软营销的方式，展示业务或者需求信息。如果个人微信号定义为营销号，可以做一张(软)广告图作为封面，把营销的产品放在图片上。

(2)添加粉丝的方法。当前主要添加粉丝的办法：附近的人、漂流瓶、雷达添加、QQ好友、手机联系人、微信群、微博、行业论坛、知乎、线下扫二维码等。

(3)个人微信运营。"建信任 软营销"是开展个人微信营销的核心。

建立信任需要1～3个月的时间，主要通过互动建立信任感。建立信任是让朋友知道、熟悉并喜欢。正确使用个人微信以沟通为主，提供有价值的内容给朋友。这里包括私聊、朋友圈、用户分组管理等内容。

具体步骤如下：

第一步，通过微信沟通，把朋友圈里的基础好友建立良好信任，每天坚持互动并对好友进行标签分组，此时不建议直接发广告。

第二步，根据对朋友圈人群的了解，选择目标产品，或者根据目标产品寻找需要这个产品的用户。

第三步，可以通过个性签名或者位置来展示所做的产品，并找到产品所针对的用户圈子。

第四步，互动并融入用户圈子。

第五步，将产品植入故事、植入情感、植入差异化。

第六步，通过活动或者口碑传播，每周发1～2条软文信息。

2. 企业微信营销

(1)企业微信公众平台　微信产品总监曾鸣对微信公众平台的作用定义为：互动沟通、用户管理、服务定制。

(2)微信公众账号规划

①微信公众账号定位。企业要通过微信公众账号定位来确立品牌形象、目标人群。

为公众号取名、描述功能、选择公众类型、设计二维码、设置账号头像以及完善认证环节等代表了企业的品牌形象。

②平台内部建设。微信内容及功能建设主要分为内容建设、功能建设和用户分类3个方面。

内容建设主要是每周向粉丝推送的内容，推送的信息也应该尊重订阅用户的意愿。内容建设要考虑用户关注微信账号的目的是什么？用户希望获取什么？

功能建设比如企业简介、企业商城和企业提供的服务。

用户分类按照用户特征和企业需求进行分类管理。

③运营团队组建。企业微信运营团队一般包括以下5种类型，如表6-1所示。

表6-1　企业微信运营团队的类型

岗位	工作职责
新媒体策划	活动策划、内容策划，主要包括策划粉丝感兴趣的话题，从而与用户互动，使用户产生对公众号的黏性
美编	主要负责图文编排、内容的文字版式设计及图片的美工
推广	负责线上线下企业微信的推广
内容编辑	负责内容的撰写与收集粉丝对内容的反馈，方便策划人员制定出更好的内容策划
客服	负责收取粉丝的反馈意见，提供微信客服支持，比如语音聊天、语音问候、解答问题等。除此之外还需要公司每周安排会议进行数据分析汇总，进行总结、归纳和分析

公司如果只是订阅号，提供信息推送服务，只需要考虑1～2人，主要围绕内容编辑和新媒体策划即可；如果公司订阅号与服务号同时进行，这五种类型的人员都需要配备。

④微信公众平台的运营。制定每月至每周的目标、策划并执行。主要围绕着一切从用户的角度出发，以满足用户的需求为目标。

微信公众平台运营的主要内容为订阅号的内容规划、选择及发布时机，服务号提供客户服务，采集和挖掘老客户的价值，微信公众平台的推广，微信营销效果的量化和评估等内容。

3. 公众号营销

微信公众号这一新型媒体平台，诞生于2012年8月份，其发展的速度飞快。只要打开微信公众号平台，可以找到涵盖社会各个方面的公众号，有政府、医院、商场、学校、娱乐场所以及传统媒体频道等，几乎囊括了社会的每一个行业和角落。凡微信用户都可以接触到微信公众号，利用微信公众号做营销是微信营销不可或缺的工具。但由于公众号众多，且文章内容涵盖面广，只有不断创新其形式与内容，才能在众多微信公众号的激烈竞争中崭露头角，并发挥其强大的社会影响力。下面介绍做好微信公众号营销的几个要点：

（1）标新立异，用标题吸睛　常常听到这样一个例子：狗咬人不是新闻，人咬狗却是新闻。没有一个足够有新意的标题，点进去看的人就少，也就谈不上转发与传播。以事实为基础，适当采用更加引人好奇的标题，能够博得更多读者的青睐，并收获更好地传播效果。

（2）紧跟时代步伐，适时使用新兴语言体系　想要抓住更多用户的关注，对于用户需要适时做到投其所好。网络用语通常更新换代较快，并且诙谐幽默，熟悉使用网络用语给人以亲切入流的感觉。一篇生动、活泼且充满时代气息的叙述风格，相比较于传统的字正腔圆的报道稿，能给读者留下更加深刻的印象，而且更容易引发读者的手口相传。

（3）文字精练，图文结合亮点突出　从信息传播有效性的角度考虑，随着社会经济和人们生活节奏的不断加快，读者对文字精练程度的要求也越来越高。一项实践调研表明：一篇微信文章篇幅如果超过两千字以上，用户跳转率会非常之高。可以说，长篇累牍的文章无法吸引读者的驻足。所以，微信公众号使用精练的语言，可以让读者在短时间内获取更多有效信息，更容易被大众接受。短文中适当添加图片，可以提升阅读体验，也可以更快地俘获读者的心。采用图文结合的方式进行传播是微信公众号编辑的有效手段。

（4）适时推送，多管齐下　上下班的途中和晚饭之后以及入睡之前，是人们普遍的充裕阅读时段。微信公众号选择在这些时段进行推送，将更加容易被读者所关注到。微信文章的“快餐模式”，特别要重视发布时机。当然，优质的微信内容，对于提高读者忠诚度才是重中之重。另外，微信公众号的忠实读者，也称之为“粉丝”，其数量的增加需要持续不断的宣传推广。只有多管齐下，利用多样化的宣传推广手段，才能提高微信公众号的关注度。例如，利用论坛、微博等新媒体介质进行推广，也可以通过活动策划，大面积的印制和张贴微信公众号手机二维码，还可以利用名人效应，与社会公众人物进行互动宣传，另外，微信朋友圈也是一大阵地，如果有实体店的话可以通过小礼品的馈赠来引导消费者对其产品进行朋友圈的发布来宣传推广，效果极佳。

（5）沟通互动，保持黏着度　微信公众号的沟通互动优势，是纸质媒体所无法企及的。让微信用户参与互动，可以逐步培养粉丝的依赖感和信任感。在互动过程中，对于读者提出的疑问和建议，要认真对待，才能提高用户的积极性和忠诚度。在互动过程中，要充分考虑读者的视觉和听觉感受。沟通过程要尽量做到便捷性、及时性和持续性。沟通互动的过程，实际上就是读者参与体验的过程，俱佳的互动体验能给读者留下深刻的印象。

4. H5 营销

互联网营销必不可少的就是“H5”页面了，当这项技术还不是很成熟的时候就已经在朋友圈风靡了。H5 是 HTML5 的简称，就是 HTML 的第五次重大修改，HTML 是超文本标记语言，“超文本”指的是页面除了传统的文字元素，还包括非文字类的元素，例如图片、音乐等。这些超文本必须由包含属性的开头与结尾来标记，浏览器正是通过对 HTML 的解码把网页内容显示出来，也正是互联网的基础。我们常见的在线网页都是基于 HTML4 标准制作的，现当下，我们在朋友圈看到的礼品卡、婚礼请柬、互动游戏、测试等页面都是典型的 H5 页面。

按照功能和设计目标分类，H5 页面主要有以下几种：

一是商品展示型。这一类的 H5 页面重心在于介绍商品的功能，将商品的特性通过 H5 的优秀互动功能淋漓尽致地展现出来，汽车品牌是最常使用这类 H5 页面的。

二是活动运营型。为活动推广营销而打造的 H5 页面是最常见的类型，形式多种多样。包括邀请函、页面游戏、贺卡、测试问卷等形式。同以前单一的静态广告图片不同，现在的 H5 活动页需要有更高的质量、更强的互动、更有话题性的设计来推动用户分享传播。

三是品牌推广型。与活动运营型页面不同的是，品牌推广型的 H5 页面就等同于是这个品牌的微官网，重点在于塑造品牌形象，向客户传达品牌理念，因此这类页面在设计上必须特别注重贴近品牌的定位和气质，使客户对品牌留下难以磨灭的印象。

四是总结报告型。自从支付宝的十年账单引发热烈关注和讨论后，各大公司的年终总结也纷纷开始用 H5 页面来实现，优秀的互动体验令原本枯燥的总结报告生动有趣了起来。其中，《京东的十大任性》无疑是相当优秀的一个案例。这个 H5 通过 10 张横屏页面将京东商城在 2014 年的十大成就淋漓尽致地展现了出来，用户只要全部浏览完一遍，就能对京东在 2014 年干了哪些大事有个大致的了解了。

如何使品牌更好地通过 H5 这个渠道走进消费者的心中，简单地说，就是要做一个有情感共鸣的 H5。

一是要强互动。微信是一个与众不同的关系平台，它构成了关系稳定的朋友圈，在这个平台上所分享的东西，大部分都是与用户自己有关的，或者有他参与其中，又或者让他觉得有趣。因此，想要吸引用户参与，H5 的互动性就相当重要了。

二是要故事化。毫无疑问，H5 本身只是一个承载信息和传达信息的工具。我们想让信息能快速传播，让信息更加生动有趣，更加富有情感，讲故事无疑是最好的方式。能够不着痕迹地将我们想要传达的品牌理念和价值理念融入故事当中，通过 H5 页面生动地展现在用户面前，给用户留下深刻印象，这就可以称得上是一次成功的 H5 营销。

三是要重情怀。随着互联网的发展，每个人都有了自己的判断力，什么样的内容是好的，什么样的内容值得分享，每个人的心里都有自己的一杆秤，而情怀绝对是非常重要的一个标准。H5 的灵魂在于有一个十分吸引人的好故事，这是一个前提。而要将这个好故事通过 H5 传达给用户，就必须赋予 H5 情怀。情怀的表现形式是什么不重要，重要的是能够抓住用户内心中最柔软的点，能够引起用户的情感共鸣。

四是要有温度。温度这个词可以恰如其分地展现出 H5 作者的态度。温度可能是清凉似水，也可能是炽热如火，还可能是温暖如春，它可以千变万化。没有一款 H5 能做到长久不衰，每一个 H5 产品，肯定都有其生命周期，从引发话题到归于沉寂，这是事物正常的发展规律，但是我们能尽量延长它的寿命，赋予它应有的温度，就不失为一个很好的办法。

5. 小程序

按照微信创始人、腾讯高级副总裁张小龙的解释，“小程序是一种不需要下载安装即可使用的应用，它实现了应用触手可及的梦想，用户扫一扫或者搜一下，即可打开应用，也体现了用完即走的理念，用户不用关心是否安装了太多的应用，应用将无处不在，随时可用，但是又无须安装。”

小程序具有如下特点：一是触手可及，唾手可得。小程序可以通过扫码和搜索马上就得到，很快给用户提供服务；二是即用即走，负担较小。小程序无须下载、注册、卸载，用户用完后就可以迅速离开，也不会占用户较多的内存，更不会对用户造成更多的打扰，这也是小程序和

APP 应用最大的差别；三是开发成本非常低，一般一两个大学生，简单的前台＋后台＋UI 就可以；四是对公主体，而不针对个人主体，并且对于行业的准入资质要求较高；五是设置一定的限制：没有“关注”“用户留存”概念，是一个提高效率的工具；小程序的二维码不能发朋友圈，也不能通过识别二维码直接启动。

从小程序的实践来看，与微信公众号、服务号更多偏向于传媒、内容的定位不同的是，小程序更偏向于基于商业场景的服务，这会给相关的商家以及创业者提供良好的机遇。

首先，小程序的成本较低，对创业者有利。一是小程序目前的主要红利就是使用即关注，只要自身的服务做得好，就能够得到快速发展，而这可以节省大量的推广费用；二是小程序的开发成本较低；三是小程序具备了原生 APP 的大部分功能，同时集成了身份验证、支付、分享传播的三大优势。

其次，小程序适合于低频、重服务的领域。一是小程序主要是针对线下流量的转化来设计的，能够为线下的场景或者服务能力提供一个便捷的连接工具，这也要求创业者开发出和自己业务关键点相匹配的触发场景；二是小程序对于低频应用效果更好，一般来说，高频应用需要专门的入口效果才更好，而小程序是弱化入口的，更适合低频应用；三是小程序成功的关键在于服务能力，这为新一轮的创业者提供了新的红利。创业者在从事小程序创业时，必须清楚自身提供什么业务服务，以及如何组织，进而来定义自家小程序的设计和实施，进而达到一次触发就能满足用户需求的目的。

再次，小程序必须先思考变现方式。小程序和微信公众号存在本质区别，微信公众号的本质依然是入口，可以通过先做流量成为平台之后再探索电商等商业模式，而小程序弱化了流量入口效应，创业者一开始就必须确定好商业变现的方式，如售票、提供送货服务等。

最后，根植于场景，小程序和小程序之间，能够自由的联通，小程序也成了事实上的入口，彻底打破处于信息孤岛状态的 APP。创业者可以利用小程序，打造线上和线下深入融合的场景。

以销售农产品为例，小程序可以成为如下入口：一是消息信息流入口，即用户通过好友小程序的分享，而驱动自己去下单预定农产品；二是提醒消息入口，即在交货当天，用户可以收到小程序相关提醒消息，提醒自己到指定地点提货，也可以提醒门店或送货人做好相关准备工作；三是扫码入口，即到约定地点时，用户可以呼出小程序显示订单，同时小程序也会通知到商家后台，某一订单持有者已经到达指定地点，进而做好相关销售工作；四是评价消息入口，即在完成购买后，由小程序消息驱动用户评价此次订单并分享该评价。

第五，小程序不可能替代 APP 应用。目前有人认为小程序会颠覆甚至替代目前的 APP 生态，由于 APP 应用优势在于高频、综合覆盖内容和服务的领域，而小程序优势在于低频、覆盖服务的领域，所以小程序不可能完全替代 APP 生态，但是有可能在一定程度上替代定位于服务的微信服务号。

◆ 链接案例

链接案例一　微信直销草鸡蛋，线上交易线下送达

在办公室做了 4 年文员的尤达，2013 年毅然辞职回到老家承包一片山地，养起草鸡。此前，尤达的姐姐一直从事草鸡蛋销售工作，通过农业合作社收养殖户的鸡蛋，再卖给消费者，但“二传手”不但增加了鸡蛋销售成本，而且没有稳定的蛋源供应，于是尤达和姐姐共同投资建起

养殖场。一方面姐姐负责老渠道销售，另一方面尤达负责微信、微博直销的新渠道开发。

通过线上直销，尤达的账户“互粉”了很多好友，在线养殖场、饲养过程的展示吸引不少市民线上订购，尤达收到订单后，直接配送上门。目前，尤达已经积累了2000多名稳定粉丝。尤达卖的鸡蛋定价1.5元一个，线上交易9个月以来，先后卖了3万只草鸡蛋，实现了他最初预设给自己的目标。

链接案例二 “水果哥”凭微信月入4万

许熠是石家庄经济学院的一名大学生，过去3个月里，他和他的微信水果店“优鲜果妮”在石经院火了一把。作为一名大学生，许熠的创业灵感来源于为女友送早餐的偶然经历。“石经院共有学生1.7万名，其中女生6 000多名。”许熠强调：女生几乎每天都要吃水果，如果按每个女生一个月50元消费来估算，微信卖水果大有赚头。开业之初，许熠的“优鲜果妮”生意并不好做，常常等上一天才有一笔几元的订单。正如本文上面提到的，微信营销的基本条件之一是有足够多的好友，许熠和他的同学采用“扫楼”的方式来增加好友：将印制的市场宣传单、广告册发到学校的教学楼、食堂、宿舍楼；利用课间10分钟在各个教室播放“优鲜果妮”宣传短片……三个月时间的“扫楼”，优鲜果妮关注人数达到4 920个，这些用户多为许熠的同学，针对这点，许熠经常推出个性产品，各类水果组成的“考研套餐”、“情侣套餐”、“土豪套餐”频频吸引同学眼球，此外，许熠的公众平台还会不时推送天气预报或失物招领信息来吸引粉丝。

到目前为止，“水果哥”已经实现了4万元/月的收入。

链接案例三 微信卖粟米，三个月进账200万

2013年12月1日，上海国际马拉松现场一只“愤怒的小鸟”吸引了众多眼球，这只“小鸟”的真身是在微信上卖粟米卖火了的富军。富军在2013年和老婆开玩笑说要卖米，之后开始向微信好友赠送大米，为他的大米营销创造基础口碑。

任何微信营销，都需要两个基础条件，一个是足够多的好友数量，另一个则是与微信好友之间拥有较为紧密的关系。富军通过各种活动、增加自己的微信好友，为了与这些好友保持紧密关系，富军平均每周在朋友圈更新6条消息，并策划过一次效果不错的线下活动。

尽管没策划过品牌营销，但富军很了解互联网的属性，一次事件营销会带来爆炸式的效应，于是背着米袋子、贴满二维码的“愤怒小鸟”在上海马拉松上闪亮登场了。

富军粟米的微信营销是成功的，到2013年11月底，他统计全年订户200个，销售大米200万，而这些，都源自于他的微信好友。

任务三 农产品社群营销

一、农产品社群营销基础认识

“物以类聚，人以群分”这个自古流传的成语，很大程度的印证了社群的客观存在及其价值。只有当客户变成用户，用户变成粉丝，粉丝变成朋友的时候，才算得上是社群。在移动互联网时代，基于“关系”链接的社群，能够直接有效地沟通交流，且不受空间和时间的束缚。因

此，社群受到了企业的青睐，经常通过社群进行产品推广和品牌形象维护，如今，社群营销已经成为一种常见的营销方法。相比粉丝营销，社群营销有着更为强大的凝聚力，在群体密集的线上线下活动中，更容易促使用户将对品牌的喜爱转换为实际的购物行动。

1. 认识社群

"社群"(community)一词在拉丁文中意指共同的东西或亲密的伙伴关系，其最初指人们为了抵御野兽和外敌把一定地域范围内的人群聚集在一起共同生活，是地理学意义上的概念。随着经济的发展和社会的进步，人们不再需要通过群居的方式抵御外敌，但"人群聚集"的行为并没有因此消失，在互联网背景下由于对同一品牌或产品的喜爱而聚集的虚拟社群成为社群新的表现形式，从此"社群"有了新的内涵，它不再局限于现实物理环境中特定的地理区域，而是基于对特定品牌的喜好而形成的各种线上虚拟社会关系与线下社会活动的总和。

社群这一由企业、消费者和相关利益者构成的群体，在这个群体里，群体成员间存在着群体结构和规范，成员在群体内有归属感和认同感，成员之间会进行互动且彼此依赖。它是由成员对某一特定品牌的兴趣维系的，它是相对稳定且具有商业性和运作性的社群，具有共同意识、归属感和责任感，需要通过成员间互动维系的社会关系群体。

2. 认识社群营销

社群营销就是基于相同或相似的兴趣爱好，通过某种载体聚集人气，通过产品或服务满足群体需求而产生的商业形态。社群营销的载体不局限于微信，各种平台，甚至线下的平台和社区都可以做社群营销。

社群营销主要包括社群顾客价值营销、社群互动仪式营销以及社群消费体验营销三个层次：

(1)社群顾客价值营销　该营销方式认为顾客价值是消费者为购买商品或服务的实际支出，是精准可测的；顾客价值是消费者付出成本与所获效用感知之间的权衡，即消费者追求的是既定成本下的最大效用；同时消费者主观意识更注重体验式的感受，顾客价值不仅包含了企业提供的产品以及服务，并且应包括消费者与消费者，企业与消费者之间的情感联系。

(2)社群互动仪式营销　该营销认为互动仪式的参与者会相互传达关注焦点的信息，进而形成统一的意识。共享的情感状态即互动仪式参与者之间的情感连带，参与者彼此之间的关注焦点以及共享的情绪、感情的状态是互动仪式组成要素的重要部分，它们是决定仪式成功的关键。

(3)社群消费体验营销　该营销从哲学角度分析认为，体验是一种主体对世界的认知方式，是一种对客观世界的建构方式，强调人的主观认知在认识事物中的重要作用。也从心理学角度分析认为，体验是人们在参与事件的过程中，将五官感受到的刺激经由脑加工后引发的系列心理反应。体验依据刺激程度的不同分成低程度的感官体验和高程度的高峰体验两种，感官体验是五官系统对外界刺激的反应，而高峰体验则是对感官体验的升华。另外从营销角度分析，消费体验是消费的过程及消费过程带给消费者的美好感觉或难忘的经历。

3. 社群营销的特点

(1)社群营销定位更精准　企业可以通过大数据进行数据挖掘，将性别、年龄、偏好、消费习惯、受教育程度、家庭收入水平相近的人联系在一起，可以精准快速地找到自己的目标客户群体，大大降低营销成本。

(2)可以提高各群体用户的产品黏性　通过得到的数据根据其不同的性别、年龄、消费习惯、经济收入水平等，对用户进行分类。以视频网站为例，网站可以将用户分为付费用户群体和免费用户群体两大类，针对不同的用户群体进行不同的营销。可以利用付费用户群体获得利润，产品的设计也相应地多考虑这部分群体的产品使用习惯和偏好，同时可以利用免费用户增加产品流量与关注度，这样可以吸引更多企业在此投放广告等，实现与第三方产业的战略合作。

这种方式对传统的“谁消费、谁支付”的营销模式是一种从头至尾的颠覆，可以说，随着互联网技术发展和移动网络终端服务的不断成熟完善，传统企业必将越来越依赖于互联网进行社群营销，通过线上、线下活动相结合的方式，培养自己的消费社群，并因地制宜，提高社群内每一个独立用户的黏度，针对不同用户群体实行不同的营销模式，切实改变困扰传统营销方式已久的“众口难调”这种现实问题。

二、农产品社群营销策略

1. 树立核心价值策略

核心价值是一个社群生存发展的基础，也是一个社群的目标导向及定位。几乎所有运营成功的企业社群都是基于自身产品。在互联网时代，社群的发展趋势必然是全民自治，群主负责搭建和奠定社群的主题氛围、落实大方向的规则，并对群成员的社交进行引导和管理。当群规则成为全体社员的群体意志，社群就可以实现自驱动、自运转。将创建的农产品社区作为宣传推广的阵地，制定群内用户奖励、贴补机制。推动群内用户通过朋友圈、QQ好友群、微博等社交平台发布产品信息，购物晒单等活动开展口碑营销，使社群用户成为平台的销售者，加速区域特色农产品信息传递推广，提高区域特产的知名度；形成基于客户体验的新营销体系，增加平台对社群及用户的黏性，发挥平台集聚效应。

2. 品牌服务推广策略

以“地域品牌＋企业品牌”依托，帮助当地的农村供销合作社、农产品企业、农户等创建自有的地标性品牌产品，并从品质、绿色、环保、养生等视角塑造品牌价值开展品牌包装与推广，实行产地直销，一方面能避免陷入农产品同质化竞争的价格战，另一方面也能提升对区域特色农产品的品牌认知度、美誉度、忠诚度及联想度，拉近平台双边用户的距离，促进终端用户的信任感，从而推进区域土特产在本地、省内乃至全国的品牌影响力。

3. 线上与线下无缝连接策略

移动互联网时代，人们的社交远比更早时候活跃，移动互联网时代则比互联网时代更活跃。原因是社交越来越方便了。选择用方便的社交工具，是推动社群的重要环节。社群中的每个个体存在着流动性，追求产品性能和使用体验，已经不足以构建品牌，品牌和消费者需要建立长久的情感关联和互动体验。“忠诚度低”，是进行社群营销的企业面临的最重要的问题之一。这意味着用户黏度低，一旦出现价格更低，或者质量更好的可替代的产品或服务，用户会毫不犹豫地转投他处。而实现线上线下活动的一体化，则是规避用户流失问题最有效的方式之一。线上线下无缝连接的模式，是指消费者反映在线上的需求，在线下得到满足。这种方式可以有效缩短客户的等待时间，优化客户的服务体验。在提高客户产品使用体验的同时，客户的活跃度和产品服务的忠诚度随之得到提升。

通过线上大数据了解客户需求→以优质的个性化的服务满足客户需求→以线上线下联动的方式巩固客户忠诚度。这是移动互联时代社群营销普遍使用的模式。可以说，社群资源是移动互联时代产业的核心竞争力，但是这种资源的获取不易，能够将之巩固，培养出一群忠诚社群，更是难事。借助移动互联网时代的东风，借助线上线下的一体化，提高每一位社群成员的忠诚度，才可以实现企业与消费者的共赢。

4. 农产品监控策略

(1)商家入驻监管机制　“农产品社区”应对商家制定严格的准入机制。首先通过当地各区镇政府部门的协助，推荐所在区域的特色农产品企业、供销合作社及典型特色农产品生产农户，这在一定程度上保证商家的品质。

在与商家洽谈时，须审阅相应的农产品种植、生产资质证明，经营许可证明，如无公害食品行业标准、绿色食品行业标准所认定的环境标准、产品质量标准、农药化肥合理使用标准、转基因生物安全标准等，通过优中选优的方式为终端用户优选合作商户。

(2)产品质量安全检测机制　对商家的农产品进行定期抽检。“农产品社区”通过委托专业的检验检测机构对合作商家所生产的农产品不定期抽查，包括对农产品的种植生产环境、农药肥料使用情况、产品质量等全面检测，从而保证合作商家的农产品品质。

(3)用户体验反馈监管机制　社群用户对所购买的农产品最有发言权。通过构建社群激励机制鼓励用户对所购买的农产品发布评价信息，在社群中晒图写点评，这是从售后反馈视角对合作商户产品质量监控重要手段。

三、农产品社群营销实施

1. 社群(社区)创建与招募服务

借助通讯平台(微信、QQ 等)建立“农产品社区”，并由社群发起人招募社区成员；平台建立了社群会员管理机制，帮助各社区规范管理群内用户行为。

2. 提供群体个性定制服务

借助社群意见领袖(发起人)向群内每 2 周征集 1 次农产品需求，在群内用户达到临界点后，由各社群为单位向商家集中采购，从而实现基于信任的群体个性定制，将碎片化的产销双方有效对接，实现集中采购与集中配送，有效降低用户成本，并提升双边用户的黏性。

3. 特色农产品在线交易服务

“农产品社区”提供信息发布、产品展示、在线交易、支付结算、售后服务、担保授信等全流程电子商务管理，实现农产品的在线交易。

4. 创建农产品安全监控机制

“农产品社区”构建针对商家的全程监管机制，有效保证农产品的“绿色、安全、可追溯”。首先，“农产品社区”通过当地政府部门的推荐、考察严格把关合作商家的准入门槛，从农产品背后的故事、种植基地等方面严格筛选；其次，定期抽检合作商家的农产品质量；最后，通过用户购买、物流评价、体验反馈从舆论、口碑监管农产品质量。

5. 支持区域特色农产品品牌打造服务

“农产品社区”也集聚了产品包装、品牌设计、软件服务等服务商，并通过平台的信息发布、广告宣传、社群口碑推广打造区域特色农产品品牌，树立区域特色农产品良好的商业形象。

6. 提供农产品产销大数据等增值服务

“农产品社区”通过为合作商家提供消费者行为数据、竞争者数据等增值服务来协调农产品的生产与采购。满足订单农业、个性定制的需求。为实现农业精准生产与农村网络服务水平奠定基础。

◆ 链接案例

乡土乡亲品牌故事

乡土乡亲倡导安全、透明和真实，每一款农产品都为消费者透明呈现了生产者信息和生长履历，哪怕只是一根胡萝卜，消费者也可以知道是谁在生产，是怎样生产出来的。通过发现食物背后的故事，改善信息不对称的现状，降低监管和交易成本，用食物重建人与人的信任。

选择茶叶作为切入口除了个人的爱茶情怀，乡土乡亲的定位很大程度上源于他对整个大环境的分析。

在市场混乱、有机绿色认证公信力缺失的现实环境下，要在一个领域重新建立一套严苛的生产标准和品控管理体系，难度并不小。而茶是国内做有机认证体系最早的农产品，比其他品类更早接触有机。另外，相比大米、蔬菜等其他农产品，茶面临的潜在风险相对要小。在此之前，赵翼曾研究过 100 多种大米，以及多种蔬菜、水果等农产品，但最终还是决定进入茶领域。

“一方面，我有做茶的经验。另一方面，国内的茶大多以出口为主，品牌缺失严重。”他不仅看到了有机的明天，也觉察到了品牌农业的机会。

2011 年 11 月份，乡土乡亲启动“透明溯源”农业项目。透明溯源的理念是让农产品供应链透明化，本质是满足消费者的知情权。产品来自哪里？生产者是谁？如何管理？用过哪些农药？……消费者关心的所有问题，乡土乡亲希望可以用一套标准、透明的品控体系提供客观、真实的答案。

项目成立后，乡土乡亲团队用了整整半年时间，严格地将日本的一整套品控体系复制到中国来，并结合美国、欧洲的标准，迭代升级了一套新系统。现在，乡土乡亲的茶人档案、茶人生长履历是借鉴了日本的案例，风险评估系统来自美国，监测体系则借鉴了欧洲标准。

作为国内较早接触有机农业，并提倡透明溯源的农业品牌，乡土乡亲的成长之路并没有赵翼想象的那么顺利。中国的商业信誉在过去几年已经被严重透支，农业领域更甚。乡土乡亲的“透明溯源”项目被不少人认为是在投机，尤其在寻找符合条件的上游农户的过程中，更是充满了艰辛。

由于乡土乡亲严苛的品控要求，尽管团队采用“地毯式”的找茶方式，但更多的茶园因为使用了违禁农药，检测指标超出了标准，甚至因为种植者的经验不足，而无法满足乡土乡亲的要求。

27 个月时间，团队走遍了全国 13 个省市的茶叶主产区，甚至跨越海峡，仅找到盛叔家的安吉白茶、陈叔家的武夷岩茶、江叔家的正山小种、叶叔家的凤凰单枞符合他们的标准。这些茶农分布在不同区域，但都有好的茶叶品种，坚持传统的种植方式，世代以种茶为生。

“2013 年全年，我们没有发布任何一款新品。”赵翼说，在过去的一年时间，乡土乡亲的工作重心是推动茶农转变生产方式。2014 年，预计将有 8 位符合要求的茶农加入到他们的队伍中来。

赵翼称这些茶农为“农作艺术家”。“农作艺术家”是赵翼自创的一个词，在别人看来有些矫情，但赵翼的初衷是为更多诚信劳作的人塑造一种职业荣誉感，从而吸引更多的人才和社会资本进入到该行业。在他看来，农业不仅是单纯的劳作，更是以“农”为基础去呈现多样的生命运动和形态。

信任方法:契约式种植,追本溯源

在生产—营销—交易—服务的闭环中,乡土乡亲要做的是以契约种植的合作方式整合生产基地,做到将生产者实名制、供应链透明化,并通过传统互联网、移动互联网让营销变得简单、可信,从而实现茶叶品牌化。流通模式的变化,无疑改变了茶农在产业链中的地位。

乡土乡亲与茶园主签订合同,茶园按照乡土乡亲的标准进行契约种植,并保证产品有清晰可查的种植记录,包括土壤成分、施肥状况,以及 61 项风险评估、198 项欧盟标准重金属和农残检测等信息,并将茶叶生产者的个人信息印刷在产品的包装袋上。因此,茶园主不仅在价格上拥有增值权,同时还塑造了自己的品牌。

"这是一种双品牌的深度合作方式。"赵翼告诉《天下网商》记者,盛叔、陈叔、江叔和叶叔等农作艺术家为自己的品牌背书,而乡土乡亲要为农作艺术家背书。

而传统上,品牌方一般都不愿意将上游供应商的信息公开,很多生产者对公开个人信息也表示担忧。对他们而言,公开头像及个人信息就意味着让信誉和道德公开接受消费者的监督。但赵翼认为,是不良的制度催生了人性的恶。就像鲜奶一样,茶叶鲜叶也是散收的,难以追溯源头,茶农很容易受利益驱动钻制度的空子。

而乡土乡亲从一开始就把自己假定为坏人,并要建立一套让坏人做不了坏事的制度。"你要创造一种力量去制衡你自己,透明溯源本质上就是这种力量。"赵翼表示,"透明溯源"与目前流行的有机认证的区别在于:是否全盘向消费者公开。

因此,乡土乡亲为每位合作的农作艺术家都建立了茶人档案、生长履历,公开生产者的头像、姓名等个人信息,茶园的位置、面积、海拔以及生产过程中土壤、灌溉、施肥等各种详细参数。同时,为更大程度满足消费者的知情权,乡土乡亲在"透明溯源"之外还建立了一套风险评估体系,根据可能发生的质量风险建立监测指标,经过第三方机构的监测,将数据信息做成监测报告在产品中反馈给消费者。

"敢于这样接受公开监督的生产者都是内心有力量、有坚守的。"赵翼表示,生产者实名制能有效拉近消费者与生产者的距离。为了让消费者能更真实、直观地去了解生产者背后的故事,乡土乡亲推出"农人微电影计划",划在三年内找到 100 位农作艺术家,拍摄 100 部微电影。目前他们已找到 7 位农作艺术家,今年的目标是 12 位,明年是 35 位。

C2B:逆向驱动农业生产方式的变革

如何解决生产与需求之间的对接,是农业电商面对的一大难题。乡土乡亲以契约种植的战略协同方式实现了前端产业链的整合,但后端的销售、交易仍然面临巨大的商业风险。

"万一卖不出去怎么办?"赵翼一边提出问题,一边又做出了解答:"应该让消费者参与到生产计划中来。"他告诉《天下网商》记者,今年年初,乡土乡亲推出"土人会员订阅服务",一年的会费为 2 999 元,两年的会费为 5 699 元。乡土乡亲为会员提供全年八个节气的鲜茶,产品品类大于等于 16 种,重量大于等于 1 600 克。但具体每期会送什么茶、每种茶的数量有多少,都尚不明确。

"但还是有很多人愿意付费成为我们的会员。"赵翼认为这是一种价值观营销,满足的是双方的"心理收入"。在产业链上游,用农作艺术家、茶人微电影等尊重艺术家的方式,满足他们的心理收入;在消费者一端,以会员制的方式支持契约种植。

消费即选票。赵翼表示，当前食品安全现状并不是孤立的，不是商家或生产者单独造成的。即便生产者愿意改变，也需要消费者的支持。乡土乡亲通过会员征集的方式，汇聚消费选票的微力量，从而逆向驱动农业生产方式的变革。

从另一方面看，C2B的会员定制服务也在很大程度上规避了由于农产品产量不稳定而形成的风险。赵翼告诉《天下网商》记者，日本的蔬菜种植模式变动比茶叶还要大，所以有些供应商会为支持的会员提供一个小黑箱。至于小黑箱中有什么蔬菜并不事先告诉消费者，而是把当季产量最大的菜提供给会员，从而巧妙地解决了供需间的不平衡，降低了损耗。乡土乡亲“土人会员订阅服务”也以类似的方式寻找到产销的平衡点。

消费者互动：互联网思维做营销

2014年惊蛰节气当天，乡土乡亲为会员们送上了第一期福利：来自台湾许叔家的“东方美人”。“未来，我们还会送上私茗定制的伴手礼、限量专供的非卖品、茶园游学等福利，或许还有更多。”而对于这样的会员招募活动，赵翼自认为很大胆，但也很有信心。通过与《周末画报》、《逻辑思维》等媒体合作，乡土乡亲吸引了几百号会员。

赵翼在微信中说道：“常常有人问我，你的目标用户是谁，他们为什么信任乡土乡亲。我们把1 000位早期支持者以会员专访的方式呈现出来。”而对于乡土乡亲，这样的会员专访其实就是一种消费者代言。

在营销端，乡土乡亲则以同为互联网品牌的小米为学习的榜样。

利用茶叶天然的载体属性，乡土乡亲在多个城市举办“城市茶话会”。“这是一种十分高效的营销方式，”赵翼说，以前的“城市茶话会”由乡土乡亲自己的团队承办，后来慢慢变成用户自发申请主办。主办者往往都是认可乡土乡亲，并且在当地有一定影响力的人(图6-11)。

图6-11 “土人俱乐部茶园游学”活动

他们自己写招募书、策划文案，并在乡土乡亲的公众平台自主发起。

今年，乡土乡亲将在全国，甚至坦桑尼亚、美国纽约等全球各地举办500场“城市茶话会”。

乡土乡亲没有想过要做茶类的老大，在成为该品类前三名之前，赵翼都不会轻易考虑扩张。慢不是一种姿态，不是一种目的，而是对产品品质的严苛，其中包括用户体验的严苛。错过传统互联网的最佳发展时期后，乡土乡亲开始发力移动互联网。2013年，乡土乡亲的营收超过千万。文/转编自网商在线余玲艳。

（资料来源：http://www.stny.cn/trz/al/2481.html）

◆ 技能训练

技能训练一　农产品微博博文撰写

一、实训目标

通过技能训练，使学生掌握编写微博的基本方法，掌握将博文进行二次编辑，即编辑“伪原创”博文的技巧。

二、情景描述

刘娜是一个美食博主，近日，她看到一个关于蜂蜜的博文写得很好，她想将其进行二次编辑后，发到自己的微博作为一篇“伪原创”博文。请你帮她出出主意，应该怎样进行二次编辑。

原微博地址：

https://weibo.com/ttaricle/p/show? id=2309403986967636378297&md=zwezhang

三、操作步骤

(1)标题修改替代。

(2)首尾段落总结。

(3)段落重新排序。

(4)词组、语句、段落替代。

(5)多篇文章混合。

(6)外文翻译。

(7)添加删除文章。

(8)给文章插入图片。

技能训练二　农产品微信朋友圈推广

一、实训目标

通过技能训练，使学生掌握在微信朋友圈进行农产品推广的技巧和操作方法。

二、情景描述

某小区水果摊贩赵军新进了一批百香果，他想在微信上向已经添加为好友的小区业主们推销这批百香果。请你帮赵军想想有趣的办法在朋友圈推广百香果，增加业主们的关注度，提高销量。

三、操作步骤

(1)求助法：在微信朋友圈上传百香果照片，并配上文字“【求助】百香果的最佳吃法?”

(2)拍卖法：在微信朋友圈上传百香果照片，并配上文字“今天新到一箱新鲜百香果，哪位亲想尝尝？1元拍卖，价高的拿走，称了一下，足有八斤。”

(3)竞猜法：在微信朋友圈上传百香果制作的甜品饮品等照片，并配上文字“猜猜这是什么？第一位猜对的有红包。”

(4)点赞法：在微信朋友圈上传百香果照片，并配上文字“第8位、18位、28位、38位点赞的亲，赠送新鲜百香果一箱。”

技能训练三　撰写农产品微信公众号推文

一、实训目标

通过技能训练，使学生掌握编写微信公众号推文的技巧和操作方法。

二、情景描述

纳雅山庄微信公众号“纳雅健康餐桌”在今年秋季撰写了一篇以“纳雅季——秋之声”为主题的推文。推文上传后，吸引了大量消费者前来赏秋，不少人都在公众号上点赞、留言。秋去冬来，纳雅山庄杜经理想请你以“纳雅季——冬之暖”为主题，再撰写一篇推文。

要求：从纳雅环境、美食、活动(篝火)、服务(笑颜)等方面，让受众体会到纳雅冬之暖，风格自然唯美、无广告痕迹。

三、操作步骤

(1)添加微信公众号“纳雅健康餐桌”，查看历史记录，找到“纳雅季——秋之声”。

(2)整理好“冬之暖”素材。

(3)登录过微信公众号平台，在首页点击新建群发。

(4)然后选择群发的内容形式，可以是图文、图片、视频等形式，在素材库或者是新建群发内容就可以了。

(5)完成素材编辑，点击群发。

技能训练四　农产品社群营销策划与实施

一、实训目标

通过实训，使学生掌握农产品社群营销的技巧和操作方法。

二、情景描述

成都农业科技职业学院畜牧分院推出了一种新品种的鸡——“龙凤鸡”，现在想要在教职员工中进行社群营销。请你帮助他们设计一个助推龙凤鸡或鸡蛋的微信群，策划一个群仪式，策划反馈热点。

三、操作步骤

(1)每周一上午九点在教职员工群众发出消息“本周内需订购龙凤鸡的老师请@畜牧分院张老师，注明鸡的大小(斤)、公母、配送日期(本周三或周五)。收件时间仍周三或周五上午九点，地点在是七教门口”。

(2)每周发布订购消息前，提前十分钟先用红包预热。

(3)反馈活动：①每月收集老师们的龙凤鸡制作菜谱，在龙凤鸡公众号中开启投票，评选出一位最佳分享者，在每月最后一个周天晚上九点进行公布。最佳分享者在下月订龙凤鸡可赠送龙凤鸡蛋一盒6个；②每订满12只龙凤鸡，可赠送龙凤鸡蛋一盒6个。

◆ 知识测试

一、单选题

1. 以下关于农产品微博营销的说法中，错误的是：(D)

A. 操作简单，利于上手　　B. 传播速度快

C. 可以节约成本　　D. 难以实现精准营销

2. 微信可以通过搜索微信号或扫描二维码加好友或入群，以及订阅公众号，通常都是基于自身的兴趣而做出的行为，因此(A)。

A. 用户对推送信息的排斥率明显降低

B. 用户明显排斥推送信息

C. 运用微信难以实现精准营销

D. 运用微信难以实现关系营销

3. 小李为了更好地销售水果，申请了一个微信公众号，不时发布一些推文介绍不同水果的营养价值、挑选方法等，他还每天在朋友圈上传几张产品图片，附产品说明。小李这样的做法，属于微信营销的(B)策略。

A. 市场　　B. 产品　　C. 定价　　D. 促销

4. 企业微信运营团队中的(D)负责收取粉丝的反馈意见，提供微信客服支持，比如语音聊天、语音问候、解答问题等。

A. 新媒体策划　　B. 美编　　C. 推广　　D. 客服

5. (A)这类营销方式的基础是“物以类聚，人以群分”，将客户变成用户，用户变成粉丝，粉丝变成朋友。

A. 社群营销　　B. 社区营销　　C. 微信营销　　D. 微博营销

二、思考题

1. 如果你来经营一个农产品营销微博，你将考虑哪些因素，从哪些方面着手？

2. 列举五条在朋友圈推广农产品的技巧。

项目七　农产品网络促销

◆ 知识目标

　理解农产品网络促销的基础概念

　掌握农产品网络促销的常见形式

◆ 能力目标

　能够判断农产品促销形式

　能够运用农产品常见促销形式进行策划

◆ 目标任务实施方案

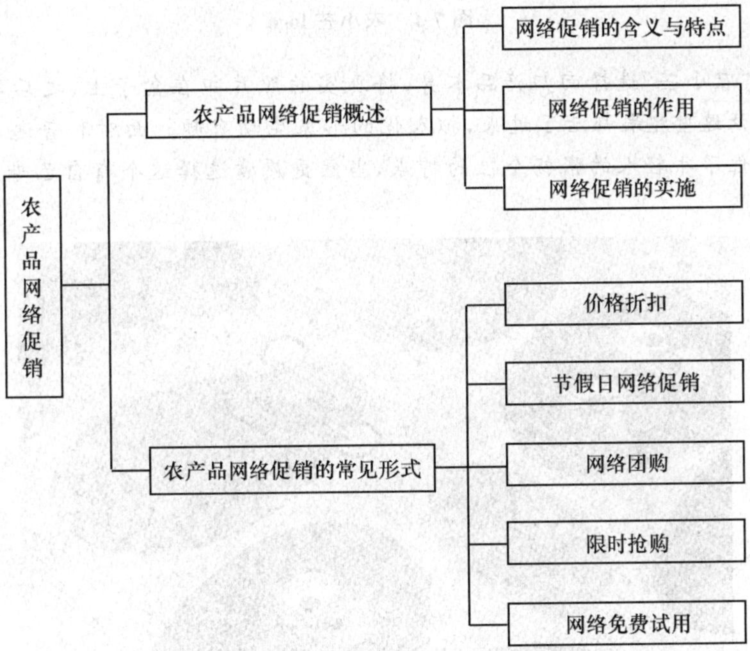

◆ 引导案例

这场“栏果营销战”，让农产品成了潮牌

这是针对觅农水果品牌的一次创意整合营销，10 天不到完成了 LOGO 包装设计、H5 互动、各种周边和线下的销售活动，那么，这些栏果们到底是如何一步步成为明星的？

首先，做一个有“人格”的栏果。

生活在都市里，匆忙成了充实的代名词，忙工作忙加班忙应酬......可是为什么一定要让自己忙的透不过气？“人生还很长，小忙不好吗？”——抽丝剥茧出这样一个能打动都市年轻人的理念，它的名字就诞生了——“农小芒”。

“农小芒”不仅理念动人，LOGO的设计也非常有意思，红芒张开大嘴吃起了“兄弟芒”。自己吃自己？这味道是有多好呀（图7-1）……

图 7-1 农小芒 logo

在包装上，“农小芒”选择回归产品本身，将真实的照片印在盒子上，之后再加上俏皮的颜文字表情处理，让这些杧果都活了过来，拟人化的形象生动有趣。面对和普通水果的竞争，“农小芒”无疑是抓住了年轻人的张扬个性的特点，当然更愿意选择这个有自己专属表情包的杧果（图7-2）。

图 7-2 农小芒包装

“农小芒”的创意团队完成了一场相对完整的整合营销，在把活泼创新的品牌形象打入年轻人心里的同时，他们也真正让60万盒杧果将走进了千家万户……

任务一　农产品网络促销概述

随着科技的发展，计算机的普及，网络购物已经成为一种流行趋势，许多商家都纷纷加入网络营销的队伍中，借助网络的力量来宣传自己的产品。如今，网络拓宽了购物渠道，消费者接受的促销信息越来越多，内容也越来越丰富，而在这信息泛滥的时代，相较于美妆类、服装类以及电子类产品等，农产品商家也希望能够在这个信息时代抢得市场先机，运用网络促进农产品的销售，那么网络促销到底有哪些方式方法？它的作用是什么？如何实施？农产品如何在众多网络营销的产品中脱颖而出已经成了农产品企业和商家所必须重视的问题。

一、网络促销的含义与特点

企业为了把产品销售出去，会采用许多促销手段来刺激消费者，而网络促销和传统促销相比其实其目的性都是一样的。但由于网络促销是利用互联网这一虚拟的特殊渠道来完成产品销售，因而便具有了自己独特的概念：网络促销是企业利用现代化虚拟网络技术向潜在消费群传递相关商品信息或服务，刺激消费需求，引发消费者的购买欲望，促使产生购买行为，从而增加企业盈利的各种活动。它突出表现了以下三个特点：

第一，网络促销是建立在现代计算机与通信技术基础之上，有着传递产品和服务的性能、功效及特征等信息的特点。并且随着计算机和网络技术的不断发展，网络促销手段也在随之发展和变化。

第二，网络促销是建立在虚拟市场上的。我们所说的虚拟市场就是互联网。互联网是一个连接世界各国的通道，它在虚拟的网络社会中聚集了庞大的人口数量，融合了多种文化，我们甚至可以足不出户便能购买国外商场的产品。

第三，在经济全球化的统一大市场中进行。全球性的营销竞争迫使每个企业都必须学会以全球化的眼光看待问题，如今，信息更加开放，消费者可以通过各种渠道了解产品，在这经济全球化的大市场中企图蒙蔽消费者的眼睛已经不再行得通。

二、网络促销的作用

网络促销比传统促销更容易刺激消费者，智能手机的普及率在全世界来说已经非常高，我们只需要打开手机就能随时随地轻松购物，据统计中国大多数智能手机用户每天看手机的时间超 3 小时，许多商家更是借助微信，微博等通信软件植入广告促销，以达到扩大品牌知名度和消费人群的目的。网络已经成为人类生活和工作的必需品，网络促销传递信息的速度远远超过传统的促销活动，那么对于企业和消费者来说，网络促销到底有什么样的作用呢？

整体而言，网络促销的作用主要表现在以下 5 个方面：

1. 传播功能

由于网络传播速度块，范围广，受众多，所以网络促销能够及时地把产品、服务、价格等信息传递给目标公众，引起他们的注意，刺激购买欲望。

2. 说服功能

网络促销的目的在于通过各种有效的方式，说服目标群体购买产品，消除消费者内心的疑虑与不安，坚定购买决心。在这个物质丰富的时代，同质产品很多，产品之间很容易相互替代，用户难以察觉细微的差别。企业就可以通过网络促销活动，宣传自己产品独有的特点，使顾客认识到本企业的产品能带给他们的特殊效用和利益，进而乐于购买本企业的产品。

3. 反馈功能

网络促销能够通过各种渠道，比如电子邮件，网络调查问卷等及时地收集顾客的需求和意见，迅速反馈到企业手中。由于网络促销所获得的信息反馈速度快，操作方便，大部分顾客都愿意采用这种方式，信息准确，可靠性强，对于企业经营决策具有较大的参考价值。

4. 创造需求

企业生产产品，不仅要考虑什么样的产品会被消费者喜欢，同时还应该考虑如何让更多的消费者喜欢，这就需要运作良好的网络促销活动，受欢迎的促销活动，不仅可以诱导消费者需求的走向，让现实消费者忠诚于品牌，还可以创造更多的需求，发掘潜在消费者，扩大现实消费者的数量，进而增加产品销售量。

5. 稳定销售

企业的产品销售量不可能每天都相同，如果长期下滑，波动太大，证明企业的经营出现问题。而良好的网络促销活动，可以为企业树立良好的品牌形象，带动企业旗下的产品发展，同时能够改变消费者对企业的认识，在消费者心目中形成偏爱，受到消费者的赞赏与肯定，达到稳定消费群体，培养忠实客户的目的，同时稳定销售量，维持企业盈利。

三、网络促销实施

网络促销已经成为互联网时代的新型促销手段，根据国内外网络促销的大量实践，网络促销的实施程序可以由六个方面组成：

1. 确定网络促销对象

网络促销对象是针对在网络市场上产生购买行为或可能产生购买行为的消费群体提出来的。随着互联网的迅速普及，网购群体已经成为购物主力大军之一。很多企业都先后建立了网络商城，进驻京东天猫等网购平台，所以要实施网络促销的第一步就是要明确产品的消费群体是谁。

2. 设计网络促销内容

网络促销的最终目的是促成消费者产生购买行为。要实现这个目标就要通过设计具体的信息内容来实现的。消费者的购买过程是一个复杂的、多变的过程，由于信息泛滥，消费者很容易受到各种信息的影响，所以设计网络促销内容不仅应当根据购买者目前所处的购买过程的不同阶段和产品所处的寿命周期的不同阶段来决定，还要考虑到突出产品特色，树立好的企业形象，同时促销内容也要新颖，富有创造性。

3. 决定网络促销组合方式

网络促销活动主要通过网络广告促销和网络站点促销两种促销方法展开。这两种促销方式采用了“推拉战略”。网络广告促销主要运用了“推战略”，将企业的产品通过广告宣传的方式推向市场，让大量的潜在顾客认识产品。网络站点促销主要实施“拉战略”，通过活动宣传告知顾客活动时间等，将顾客牢牢地吸引过来，扩大销量，保持稳定的市场份额。但由于产品种类不同，销售对象不同，促销方法与产品种类和销售对象之间会产生多种网络促销的组合方式。企业应当根据促销方法各自的优缺点，在充分了解自己产品的市场情况和顾客情况下，结合实际情况，合理组合，以达到最佳的促销效果。

4. 制定网络促销预算方案

在促销实施过程中，使企业感到最头疼的往往就是预算方案的制定。在互联网上促销，对于任何企业来说都是一个新领域。需要企业通过不断地摸索、学习、对比，积累丰富的经验才能更好地制定出较好的方案，因为网络销售不需要支付昂贵的店铺租金，但是其受欢迎的优势往往来源于产品的价格更理想，所以，网络虚拟平台促销的预算与传统的促销预算有一定的差异，需要企业重新积累整合资源信息制定好的方案。

5. 衡量网络促销效果

在这一阶段，企业必须对已经执行的促销内容进行评价，衡量促销的实际效果是否达到了预期的促销目标，如果预期目标达到，企业可以在此基础上更佳优化促销内容，力争未来争取到更多的消费者，扩大市场份额。如果预期目标与实际目标不符合，企业则需要考虑促销内容是否存在问题，修改不足，以求实现预期目标，或研究是否因为预期估计过高或过低，导致实际与预计不服，根据实际情况降低或提高预期目标。

6. 加强网络促销过程的综合管理

在网络促销过程中，往往会产生各种各样的实际问题，企业应该加强网络促销过程的综合管理，以应对在促销中会面临的各种复杂的情况，企业不仅仅要管理好促销活动的开展，还要管理好自己的员工，服务，以及产品质量的监管，和消费者的售后问题等等。

任务二　农产品网络促销的常见形式

随着时代的发展，网络促销形式开始多样化，各种各样的网络促销形式开始应运而生，而农产品也同样可以通过网络进行销售，这样不仅扩大销路，也更容易打开市场，消费者也可以根据自己的喜好选择不同的农产品进行购买，农产品购买的地域问题已经逐渐被解决，在此基础上商家开始思考运用什么样的方式才能让农产品更好地被促销，扩大消费市场。促销的方式多种多样，而我们所常见的网络促销方式其实也同样适用于农产品。接下来，我们就一起来看看，常见的网络促销形式有什么。

一、价格折扣

价格折扣是指销售者为回报或鼓励消费者购买产品，给予一定比例的价格减让形式。价格折扣是产品特价销售中最常用也是最直接的营销战术。它是商家通过降低产品的原本售价，为消费者提供直接的经济利益，从而促进消费者购买的一种促销方式。其类型有产品直接价格折扣，产品数量价格折扣，产品组合价格折扣。

1. 直接价格折扣

如图 7-3 所示，直接价格折扣类似于线下促销，是指在产品原价基础上对产品给予一定的优惠，如：九折优惠，特价销售等，都是直接折价的促销方式，消费者可以直观地了解到产品的折扣情况，也易于接受。直接打折的方式能够较强烈的引起消费者的注意和吸引力，并刺激消费者做出购买决策，是消费者增加购买数量，或者改变购买时间（提前购买）或者增加购买频率最常用的手段。随着此种手段的使用越加广泛，消费者已经在一定程度上形成了“免疫力”。要引起消费者较大的兴趣只能采用较大的折扣方式，以这种大力度的折扣对消费者产生强烈的刺激,进而促进销售。通常情况下,不同的品牌和产品采用不同的折扣力度,对于消费者的刺激和影响也是不同的。对于品牌知名度高的品牌产品,以及购买频率高、消费者关注度高的产品,直接折扣力度就算不大,对于消费者的刺激也是较大的。而对于一些知名度较低,购买频率较低、关注率较低的产品,折扣力度如果太小,消费者可能很难产生购买行为。而网络销售由于时间空间没有限制,促销活动随时可以进行,再加上竞争力大,同质产品多,消费者对于促销力度的要求自然更高。而网络销售一开始在消费者的心目中就是以价格实惠立足的,网上购物更便宜的概念已经深入人心,所以网络上直接价格折扣的力度往往更大,这样对于消费者的吸引力才能更大,促进销售。

图 7-3 鸡蛋直接价格折扣

2. 数量价格折扣

数量价格折扣是指企业对大量购买产品的顾客给予的一种减价优惠。如图 7-4,数量价格折扣通常是按照消费者购买数量,给予一定程度的价格优惠,购买数量越多,折扣则越大。数量折扣可以规定消费者一次购买产品达到一定数量或金额时,给予一些折优惠,也可以规定消费者购买某几种产品累计达到一定数量或金额,按照总购买数量给予一定的折扣优惠,这也是网络销售常用的一种促销手段。由于网络购物不受时间空间限制,消费者可以随时随地购买产品,再加上网络店铺数量、人员、地点不受限制,同质产品大量充斥其中,消费者选择多,采用数量价格折扣的商家比起没有数量折扣的吸引力自然更大。数量折扣的目的在于鼓励消费者大量购买或者集中购买,因此常用于购买频率高,需求量大的产品。

数量价格折扣常见类型:

(1)累计数量折扣　累计数量折扣是指对一定时期内累计购买达到一定数量或金额的消费者给予适当的价格优惠。目的在于鼓励消费者与厂商建立长期稳定的关系,培养忠诚客户,减少自身的经营风险。累计数量折扣的关键在于合理确定给予折扣的起点、折扣档次及每个档次的折扣率。比如,商家规定购买量累计达到 1 000 块,成为店铺 VIP,以后可享受 95 折优惠;达到 2 000 元,成为店铺白金 VIP,以后可享受 9 折优惠。累计数量折扣有利于加强顾客的稳定性,鼓励顾客经常光顾,长期购买。这种折扣方式适用于需要长期频繁购买的商品以及需求相对比较稳定且需求量较大的商品。

(2)一次性数量折扣　又称“非累计性数量折扣”,是对一次性购买超过规定数量或金额的消费者给予适当的价格优惠。其目的在于鼓励消费者增大每份订单的购买量,便于商家可大批量进货获得进价优势。这种方法只考虑消费者单次购买量,并不容易促成顾客长期购买。比如,商家规定,一次购达到 398 元,便可优惠 60 元。一次性数量折扣适用于短期交易的商品、季节性商品、零星交易的商品,以及过时、滞销、易腐、易损商品。采用这种方式可以鼓励顾客大批量购买,也有利于节省销售、储存和运输费用,促进产品多销、快销。一次性数量折扣计算简便,有利于中小厂商日常操作(图 7-4)。

图 7-4 葡萄干数量价格折扣

3. 组合价格折扣

在网络上,组合价格折扣是指企业或店铺根据顾客购买的喜好或规律,设计、提供多种可选择的产品组合套餐,同时给予一定的价格优惠,促进产品销售(图 7-5)。与线下销售不同的是,网络销售能够随时统计销售情况,针对产品组合做出实时调整;其次,网络销售可以自由搭配各种产品组合,为消费者提供多样化的选择;而商家更是能够通过这种组合价格折扣的方式覆盖所有产品自由搭配,显然,这点优势是线下销售无法做到的。组合价格折扣不仅可以提高厂商销售额,还能满足消费者的不同需求,增加消费者的满意度。

图 7-5 组合价格折扣

4. 减免邮费

网络销售过程中,还存在一个与线下销售不同的价格折扣形式,这就是减免邮费。简单地讲即减免邮费的商品拍下后不用补邮费差价,有卖家来承担。尤其是在现在的电子商务平台都会以包邮或是减少邮费来吸引客户购买,以求增加销量,实现利润增长。在网上开店经营,商品的邮寄运输费用可以设置为卖家包邮或者不包邮,而包邮有两种形式:①不限定金额,即是说只要消费者购买产品，无论产品价格、数量的多少，厂商承担邮寄费用；②累计购买达到一定额度，是指消费者购买产品时累计金额达到商家所规定的额度，才能享受卖家承担邮费的优惠活动。通常情况下，第一种形式只是暂时性的活动，一般只在较短时间内使用，而第二种形式，一般是商家长期采用的形式，目的是为了吸引消费者大量购买并且长期购买，比起暂时性包邮活动的商家来说，这一种形式更能和顾客建立长时间的合作关系，达到利润的长期增长。图 7-6 为三只松鼠减免邮费界面。

图 7-6　三只松鼠减免邮费

5. 电子优惠券

电子打折券与电子代金券统称为电子优惠券。电子优惠券是指由各商家发放，以电子媒介为形式制作、传播和使用的促销优惠凭证。电子促销券通常所使用的电子媒介包括互联网、手机网络、短信和彩信(图 7-7)。

图 7-7　电子优惠券

电子优惠券的类型分为两类：

(1)传统电子优惠券　通过互联网制作和传播的优惠券。这种优惠券通常为一张事先编辑好的图片文件，消费者在上网后，通过下载、打印成纸质版本，然后凭打印的优惠券消费。采用这样的方式，虽然降低了商家的印刷成本，但使用起来也不太方便，消费者必须找到能打印的地方。而且因为消费者也需要打印优惠券，此费用便承担到了消费者身上，可能导致消费者产生不满，不愿意承担此费用的情况。

(2)新型电子优惠券　传统打印方式的电子优惠券还是需要打印纸质版本，而新型电子优惠券则运用网络或手机传播，者在购物时只需直接领取虚拟网络优惠券或出示自己收到的优惠信息便可直接节省购物费用，既省时方便，又容易获取，成了现在各大电子商务平台常用的优惠形式。

由于电子优惠券的普及，消费者容易获取，使用也方便快捷，所以电子优惠券已经成为各大商家在网络营销中常用的促销手段，电子优惠券对促销的好处可总结为 6 点：

①可以有效区分价格敏感度不同的顾客群体。对于价格敏感度高的顾客可能会主动了解并及时获取优惠券，反而促进了产品销售，而对于敏感度低的顾客则倾向于直接支付，商家也

不会有任何损失。

②在一定时间内，提供暂时性的优惠活动，时间结束后恢复原价。此种做法可以在短时间内吸引大量消费者，利用消费者的“占便宜”心理提高销量，获取利润，即使有些消费者没有立即购买，也为商家增加了潜在客户。

③电子优惠券可以让商家鼓励潜在客户尝试购买使用产品，增加现实顾客，提高品牌或是产品知名度。

④运用客户关系管理数据分析技术，可以实现优惠券的精准投放，促进销售。

⑤可以获取使用电子优惠券的消费者情况，分析其消费行为，及时了解消费者需求。

⑥便于商家及时调整促销策略，灵活应对市场变化。

双十一购物狂欢节就是节假日网络促销的一个典型代表。双十一购物狂欢节是指每年11月11日光棍节的网络促销日。在这一天，许多网络商家会进行大规模促销活动。

二、节假日网络促销

节假日网络促销：是指商家利用消费者节日消费的心理，在传统或现代节日综合运用广告、微信、微博等平台宣传，进行产品、品牌的推介活动，以吸引大量客流前来购物。

1. 节假日网络促销类型

节假日网络促销是目前商家运用地非常频繁的一种促销手段，无论在什么节假日，我们都会看见网络上各种各样的促销广告，这无疑成了当下最热门的一种促销方式，商家在这些日子通过各种促销优惠来吸引消费者，最常见节假日网络促销主要有以下三种类型：

(1)国内外重要节日促销　包括元旦、春节、情人节、妇女节、母亲节、劳动节、儿童节、端午节、万圣节、圣诞节等等，做综合性促销，如母亲节，推出鲜花降价或购买多少送礼物等，根据每个节日的不同性质，商家要采取不同的广告宣传与促销活动。

(2)周年庆促销活动　无论是商场还是网络购物平台，抑或是每个品牌，都会有建立时间，就如人过生日一样，很多品牌都会在一周年或几周年，甚至几十周年的诞生日那一天做周年庆促销活动。这种活动一般情况下促销力度相对较强。商家会运用各种渠道和不同的方式大力宣传，如运用LED电子屏、条幅、短信、DM、网络广告、车载广告等各种媒体综合性宣传。

(3)例行性促销　例行性促销可以根据需求临时制定，自己推出一个日期作为节日实施促销活动，主要是针对季节性更新，新品上市等加以运作。如淡季推出半价折扣、新品实行买二送一等等。

2. 节假日网络促销策略

节假日网络促销有各种类型，但是这些促销方式应该运用什么样的策略来实现呢？要做好节假日网络促销，下面三个策略是我们应当熟练掌握的：

(1)多渠道预热，整合造势　企业会在热点节假日前，整合资源，制定好节假日营销方案，并为营销做好预热。商家会充分利用微博、微信、官方网站等各种网络渠道提前进行大量宣传。另外，企业还可以根据自身需要，在目标客户群体高度活跃的网络渠道进行网络广告投放，大范围影响目标客户群体，吸引潜在客户。

(2)品牌文化与节日文化的融合　节假日的购物氛围为企业和消费者提供了亲密接触的机会，企业会根据不同的节假日文化，开展有针对性的营销手段，企业会充分挖掘和利用节假的文化内涵，并与自身经营理念和企业文化结合起来，达到吸引消费者的目的，这样做不仅可以引起消费者的注意，同时对树立良好的品牌形象，以及对品牌文化的传播也起到了极大的促进作用(图 7-8)。

(3)善打价格战　对一般的消费者而言，低价的吸引力是非常大的，这也是商家抓住节假日促销的目的所在。这里的价格战不是指一味地降低价格，而是在折扣上运用一些技巧，在价格上打胜仗。很多消费者要的其实不是真便宜，而是“感觉自己占了便宜”。针对消费者这样的“占便宜”心理，有些商家就会在节假日故意抬高价格，再采用打折的促销的方式让消费产生“捡便宜”的错觉。

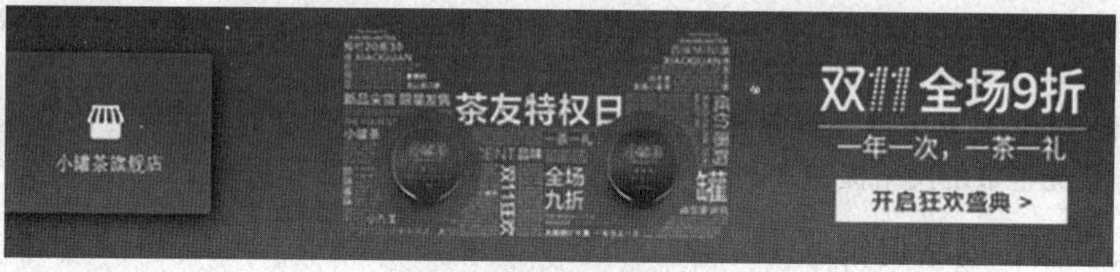

图 7-8　小罐茶双十一促销

3. 节假日促销注意要点

如今，节假日促销已经逐渐成为一种商业文化，作为消费者来说，大部分人已经习惯了节假日再消费的做法，特别是价格比较昂贵的选购品或是特殊品，许多消费者都愿意等到节假日再购买，以便享受更多的优惠。这么看来，节假日促销已经是现代商家必不可少的会运用的商业手段，在此，我们有 6 个促销要点需要注意：

(1)要有明确的目标　节假日促销要有针对性，分清主次，首先它是针对消费者的促销活动，就要正确把握消费者对产品的偏爱程度、消费行为，对促销手段的接受程度。

比如过年送礼是中国人的习俗，所以很多产品都会推出礼品装或者针对节日的特别包装。与此同时，一些节日里消费较大的物品也适合在节日促销，过年时，消费者喜欢大量采购储备年货，对于这些日用消费品的促销设计上，就要注意除了迎合春节的文化氛围，还应该考虑到消费者希望经济实惠的消费心理，设计的活动不可以只注重出彩，也要考虑实实在在。

(2)突出促销主题　有个好的促销主题，才对消费者有足够的吸引力，如果好的促销主题年年重复使用，消费者也会厌倦失去新鲜感导致促销失败。因此，节日的促销主题设计有几个基本要求：一要有视觉冲击力，让消费者看了之后记忆深刻；二要有足够的吸引力，让消费者能够产生浓厚的兴趣，三要主题词语要简短易记，朗朗上口，让消费者随时可以想起。

(3)关注促销形式　一说到促销，很多消费者可能就会想到买赠、折扣、双倍积分、抽奖等方式。尽管所有商家促销方式上大同小异，但是有时候也会有细节上的变化，比如今年的包装和去年的不同，今年的礼赠也比去年的丰富等等。商家应该时刻关注消费者的消费行为和偏好走向，根据消费者喜欢的促销形式采用消费者需要的促销方法。

(4)把产品卖点节日化　商家可以根据不同节假日文化、不同节假日消费心理、不同节假日市场需求和产品自身的特色，赋予产品适合节假日的新卖点，也可以研发推广适合节假日消费者购买的新产品，这是顺利打开市场通路，迅速抢占市场的手段之一。

(5)促销方案要科学　搞好节假日促销，要有准备充分，尤其是促销人员，必须经过严格的培训指导，否则很容易导致服务不周到，使消费者不满，活动效果受到影响。节假日促销要做好三件事：销售促进媒介的选择；销售促进时机的选择；销售促进目标对象的选择。

(6)对促销活动的设计　在促销活动上,如果商家本身实力不够强,知名度也不高,尽量不要和知名商家打价格战,这种时候商家应该考虑的是如何吸引消费者的注意,那么独特的优势和卖点就是对产品最好的促销。

◆ 链接案例

双十一网购狂欢节源于淘宝天猫商城 2009 年 11 月 11 日举办的促销活动,当时参与的商家数量和促销力度均是有限,但营业额远超预想的效果,于是 11 月 11 日成为天猫举办大规模促销活动定日期。近年来双十一已成为中国电子商务行业的年度盛事,并且逐渐影响到国际电子商务行业。

双十一不仅让电商热衷于促销,就连运营商也开始搞促销活动了。2015 年 11 月 9 日至 11 月 19 日,中国联通在联通网上营业厅、手机营业厅、天猫旗舰店及京东商城等多个平台同时开展“11.11 沃 4G 狂欢节”活动。2014 年 11 月 11 日,阿里巴巴双十一全天交易额 571 亿元。2015 年 11 月 11 日,天猫双十一全天交易额 912.17 亿元。2016 年 10 月 24 日 0 点,天猫双 11 红包正式开抢,时间为 2016 年 10 月 24 日 00:00:00 至 2016 年 11 月 10 日 23:59:59。2016 年 11 日 24 时,天猫双十一全天交易额超 1207 亿元。图 7-9 为淘宝双十一宣传图。

图 7-9　淘宝双十一宣传图

三、网络团购

1. 网络团购的概念与起源

网络团购是指一定数量的消费者通过互联网这个渠道组织成团。

从而可以取得以便宜的价格购买同一种商品。团购网起源于美国的 Groupon 网站,它的特点是:每天只推一款折扣产品,每人每天只能购买一次。这种电子商务与传统的电子商务模式,它需要将消费者聚合在一起才能形成交易,所以需要有即时通信和社交网络作为支持。如今网上购物已经是一件平常的事,随着互联网的发展,科技的进步,不同地区的消费者开始有组织地成团通过互联网向商家购买产品。

2. 开展网络团购的好处

网络团购的好处主要表现在两方面:

(1)产品的团购价格通常比市场零售价低　参加团购能够有效降低消费者的交易成本,使消费者获得理想的低价。团购实际上类似于批发,一个人购买的数量少,价格不能优惠,但一群人购买的数量大,价格就相对的便宜一些,所以消费者组织成团购买产品的价格就类似于商家大批量进货的批发价格。通过网络团购,可以将分散的购买者聚集起来,变成大批量购买,所以购买同样质量的产品,团购自然就能够享受更低的价格和更优质的服务。

(2)能够有效保证产品的质量和服务　团购能够彻底转变传统消费中,因市场信息的不透明,而导致的消费者被动的地位。通过参加团购消费者可以更清楚地了解到产品的性能、规格、价格等,并能够参考团购组织者和其他消费者对产品的客观评价,在购买和服务过程中由被动转化为主动，真正买到质量好、服务好、价格好、称心如意的产品，也可以达到省时、省心、省力、省钱的目的。

3. 网络团购的类型

当前存在的网络团购类型大体可分为三种：

(1)消费者自发组织的团购　采用这种团购方式，即所有参与团购的人员都是消费者，组织者作为消费者之一通过网络将零散的消费者组织起来，以团体的优势与销售者达成协议，获得比个体消费者更优越的购买条件(图 7-10)。

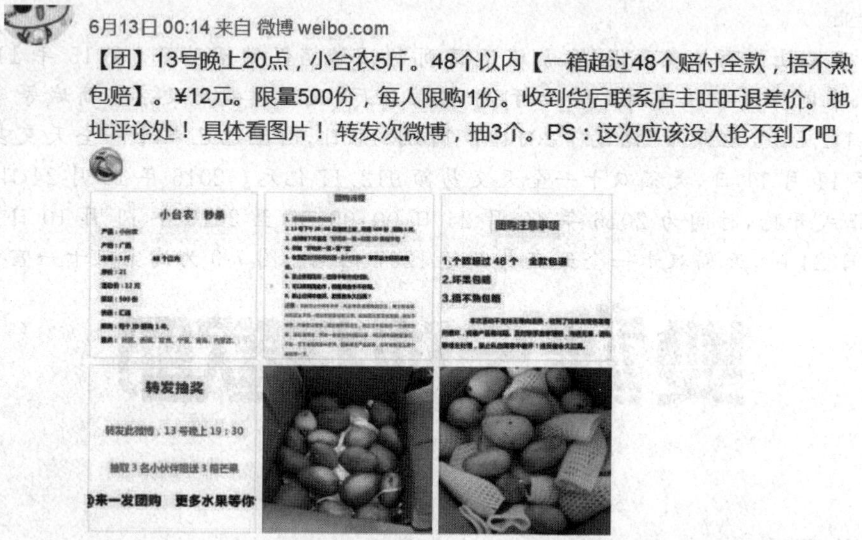

图 7-10　微博团购

(2)销售者组织消费者团购　此种团购方式，是由销售者发起，销售者通过网络发布信息，邀请消费者参与团购活动，而销售者自愿降低零售价格。因为消费者数量大，虽价格便宜，但也保证了销售者的利润(图 7-11)。

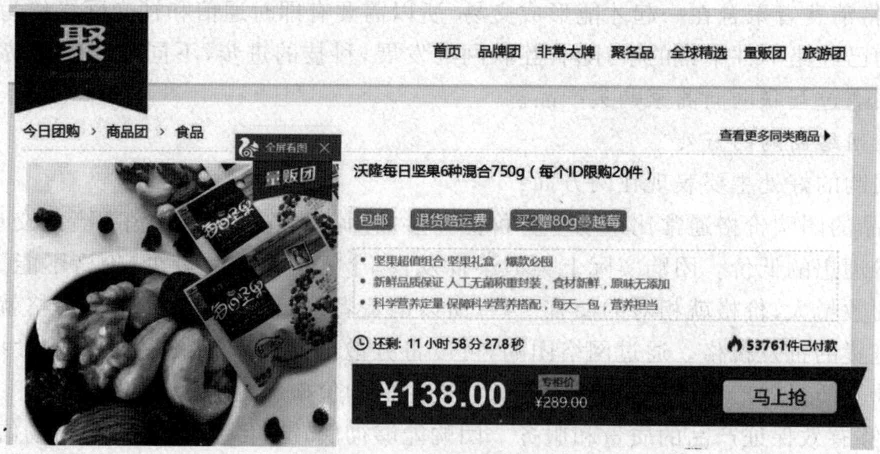

图 7-11　聚划算团购

（3）专业团购平台组织　此种团购中，既有消费者、销售者还有专业的团购平台。专业团购平台既不是消费者，也不是销售者，而是为了帮助销售者售卖产品以及消费者购买产品而提供服务的组织。消费者通过此种平台可以找到大量的价格合理的产品，销售者也可以通过此种平台扩大市场（图 7-12）。

图 7-12　百度糯米团购网

4. 网络团购的特点

（1）价格折扣高　团购交易本身就是为了通过大量购买，获取较大的价格折扣而产生的一种新型购物方式，所以价格折扣高是最基本的特点之一。

（2）限制成交数量　团购交易成立的前提条件是必须达到商家要求的最低购买数量，否则团购可能无效；而且由于生产、库存等方面的限制，团购也可能会有购买最大数量限制。

（3）时间限制　团购交易因为价格折扣高，再来受到生产、库存等因素限制，所以它属于阶段性的商业促销活动，只是商家扩大市场，宣传产品的暂时性策略，因此一般团购活动都会有时间期限。

（4）商品毛利高　团购活动本身属于促销行为的一种，它是利用消费者的求廉心理，吸引消费者购买体验产品，以达到使消费重复购买的目的，只有商品的毛利高，才能支持低折扣销售。

◆ 链接案例

唯品会：凭借“限时抢购”模式“长大”

6 折的施华洛世奇水晶、3 折的巴宝莉手表、2.4 折的莱尔斯丹女鞋……这些你都可以在国内品牌折扣网站“唯品会”上买到。日前，中国经济时报记者从唯品会招商部获悉，截至今年 12 月，已有超过 600 个品牌的“特许折扣”落户唯品会。

“这些折扣商品大多由品牌商直接供货。如今，唯品会高峰时期单日的订单数已经破万。订单量的激增不仅预示着新年购物季的提前来临，也意味着唯品会‘滚动销售、限时抢购’的模式被越来越多的消费者接受。"唯品会创始人兼 CEO 洪晓波说。

"名牌折扣＋限时抢购"

2008 年 12 月上线运营的唯品会，参考了美国网络零售商 Gilt Groupe 和法国购物网站 VentePrivee 模式——"名牌折扣＋限时抢购"：以低折扣的价格对名牌服饰、化妆品、潮流配件提供限时、限量抢购服务。

"我对该模式的信心来自于我的太太。每天清晨，她都会早起守候在电脑旁，兴奋地等待抢购一款名牌包。这让我意识到，'名牌折扣＋限时抢购'模式有着巨大的威力，这种抢购的快感适用于各个阶层的消费者，包括渴望得到名牌的中低收入人群和已经拥有名牌的高收入人群。"洪晓波说。

在借鉴 Gilt Groupe 和 Vente Privee 模式的同时，洪晓波也有自己的思考。"Vente Privee 不做实物库存，消费者买下商品后，网站才通知品牌商发货，导致物流时间非常长，消费者常常一个月后才能收到货。为此，唯品会自己投资建立了仓库。"洪晓波透露，唯品会在华南已建有一个 2 万米^2 的仓储物流中心，该中心是按照 3 万单/日的发货能力来进行投资建设的。

洪晓波表示，"相对一般的网上购物平台，唯品会实行'零库存'模式，我们一周开售四期，每期推出 8～12 个品牌，限售时间一到，库存商品马上从仓库撤掉，腾出空位上架新的单品。这样每个品牌单品在仓库滞留的时间不会超过 8 天。而且唯品会结账周期最短为两周，大大减少了品牌商的现金流压力，这也让唯品会获得更多品牌'最低特许折扣'成为可能。"

（中国经济时报/2010 年/12 月/9 日/第 006 版）

四、限时抢购

在当今网络购物的如此方便的环境下，许多商家想出了限时抢购的促销方式吸引消费者，以此在短时间内获得了巨大的销售利润，甚至诞生了许多限时抢购网站。那么到底什么是限时抢购呢？

1. 限时抢购的概念与起源

限时抢购又称闪购(Flash sale)，起源于法国网站 Vente Privee。闪购模式是建立在以互联网为媒介的 B2C 电子零售交易活动中，以限时特卖的形式，定期定时推出国际知名品牌商品，供消费者限时抢购，一般以原价 1～5 折的价格，每次特卖时间持续 5～10 天不等，先到先买，限时限量，售完即止。顾客在指定时间内(一般为 20 分钟)必须付款，否则网站会取消消费者拍下的商品，商品会重新回到待销售商品的行列里。

如今的 B2C 电子零售交易平台里，已经不仅仅只限于知名品牌的限时抢购，在淘宝、京东、亚马逊等 B2C 平台上，流行商品、应季商品、大众化商品等已经成为限时抢购的首选。根据统计：针织品、内衣内裤、皮带、钱夹、围巾、手套、文具、裤子、T 恤衫、衬衫，还包括洗发水、洗涤类、纸品、饮料、油品、大米，甚至生鲜等品类下的单品都可以作为限时抢购商品选择的对象。所以，如今的限时抢购已经不再局限于某一类特定的商品上，农产品也是可以进行限时抢购的。

2. 限时抢购的类型

常见的商场、超市、店铺的限时抢购类型，可分为定时和非定时两种。

(1)定时限时抢购　是指销售者在固定时间实行限时折扣价，如有些生鲜果蔬产品会在当天晚上营业时间结束之前的几个小时里，将当天未售完，第二天也不再新鲜的商品按原价打折销售。

（2）非定时限时抢购　商家随机抽取一个时间段，可以是几个小时，也可以是几天或者一个月，商家会对个别或部分商品进行折扣销售。

3. 网络限时抢购类型

常见的限时抢购可分为三种：包邮、限时折扣、付邮试用。

（1）包邮　是指商家在指定时间内部分产品以包邮的形式进行促销，吸引消费者的注意力，以获取大量的销售数量和更多的客户，比如：淘宝 9.9 包邮活动；

（2）限时折扣　是指商家在指定的时间推出产品折扣价，如有些淘宝店铺会店铺周年庆当天部分商品按优惠价进行打折销售。

（3）付邮试用　是指部分商家为推广新产品试用而采取的一种活动，用户通过申请试用，然后经商家审核或抽选，被选中的消费者只需要支付邮费即可享受产品试用，但是试用者在试用之后必须给予商家试用报告。

4. 网络限时抢购的优点

网络限时抢购的诞生对于商家来说是不可多得的牟利机会，其优点主要从三个方面体现：

（1）提升曝光率　商家通过限时抢购可以参加平台的促销活动，上促销频道推荐等，提升店铺的曝光率，提高知名度。

（2）提高转化率　把更多潜在消费者转化为现实消费者，拥有更多客户。

（3）提升客单价　通过限时抢购进行促销，抓住消费者的心理，提高店铺整体交易额。

◆ 链接案例

商家热衷网络体验营销 免费体验催生“试客族”

如今，网购已经不是什么新鲜事了，随着互联网在人们消费过程中的作用日益明显，很多商家都把营销手段嫁接到互联网上，商家拓展客户群的新方式——免费体验应运而生。在商家“网络体验式营销”的大潮下，一个全新的群体——“试客族”悄然兴起。没有试不到 只有想不到“试客族”走红网络商家热衷的“网络体验式营销”催生了一个全新的群体——“试客族”的诞生和兴起。在北京恒基中心上班的周小姐就是一位标准的“试客”，从化妆品到饮料，从商场购物券到新开业的美容 SPA 免费券，她都在网上搜。她说，自从变身“试客”后，她的月开支节省了将近 1/4。向来是“月光族”的周小姐，现在不仅有了更多的消费体验，还能节省不少开支。

据了解，这种全新的“试客”行为正在风靡互联网。进行购物前，先从互联网上免费索取相关商家的试用赠品，经过仔细试用并与其他爱好者们互相交流看法后才购买产品。而且，国内的“试客族”正处于迅速扩张的阶段。有数据显示，目前国内的“试客”人数已达到 300 万之多。

（经理日报/2008 年/2 月/5 日/第 B03 版 生意人）

五、网络免费试用

1. 网络免费试用的含义

互联网所形成的网络有很多可以让商家直接与消费者对接的体验接触点。通过免费试用活动可以给予消费者充分的想象空间，最大限度地提升了用户参与、分享的兴趣，提高了消费者对品牌的认同，凡是我们在网络上所能看见的试用报告，大部分都是好的，对品牌和产品是充分肯定的。

网络免费试用就是商家将产品免费赠送给申请的消费者，供其使用或者尝试，并诱导消费者购买的一种促销方式。通常情况下商家会从网络发布试用信息，并在规定时间内选择部分申请顾客，免费寄送产品让其进行一段时间的体验，顾客体验后对产品的性能和效果表示认可，并主动表达消费意向，商家再大量出售产品(图 7-13)。

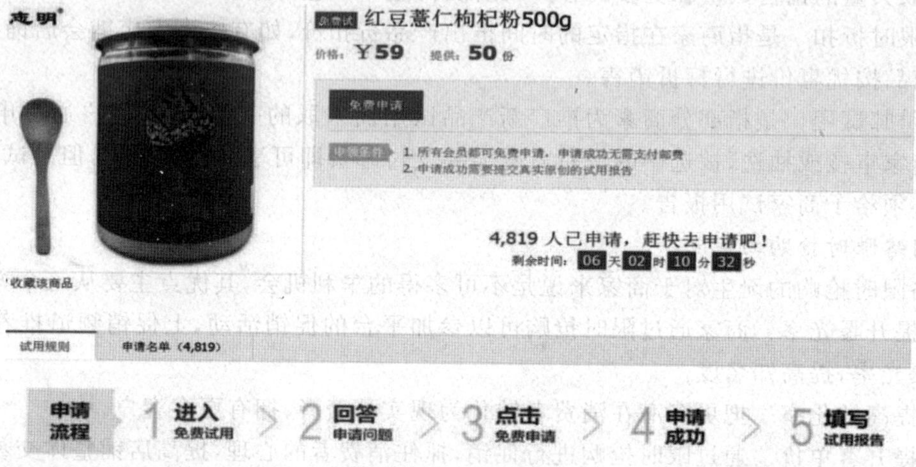

图 7-13 淘宝试用

这种做法有利于提高产品进入市场的速度，对于实行免费试用的促销手段的产品，通常是商家会大力宣传，并且有一定优点的产品。同时，通过消费者的免费体验与口口相传，以及在网络上反馈的体验报告，还能够有效地提高品牌知名度和品牌亲和力。

2. 网络免费试用特点

(1)网络免费试用通常具有少量、限量、限时等特点，它是基于商家对其产品品质自信的一种市场商业活动。

(2)网络免费试用具有强烈的安全感，顾客都喜欢试用后再买，这样能够降低顾客的购买风险，比如免费试用化妆品，免费试吃食物，免费试用电子产品。

网络的普及使得越来越多的商家选择网络推广平台来树立自己的品牌和形象，这样推广速度快，宣传覆盖面广。特别是由于试用产品大多免费，申请方法简单，所以大多消费者都很容易上手，可以说网络免费试用是一种电子商务的大趋势。很多品牌，都在通过免费试用的方式扩大自己的消费者群体，宣传品牌，建立品牌知名度，获得品牌效应。

3. 网络免费试用的优势

网络免费试用越来越受到消费者的喜爱，为什么免费试用会如此的流行，一定有其优势所在，下面我们来总结一下网络免费试用的三点优势：

(1)能够提供给体验者详细的产品说明，图片，文字以及视频结合能够更清晰地宣传产品特色。

(2)由于通常情况下大部分试用都是免费，不管消费者购买与否，都不给予他们任何压力，所以试用体验非常受欢迎。

(3)免费的试用体验不仅不会给消费者压力,而且还能够让更多人了解该产品,体验者试用后给出的反馈报告,无形中也是为产品做了广告。

4. 网络免费试用类型:

通常情况下,网络免费试用从字面意思来看是免费的,但也不完全就是如此,由于商品是在网络申请,要拿到实物也需要一个过程,所以网络免费试用通常被分为以下两种类型:

(1)完全免费的试用活动。很多商家在网络平台都会提供这样的活动,商品由卖家提供,不需要申请者支付任何费用,只要申请成功,就会免费寄送到申请者手中,比如淘宝试用中心,51 试用、京东免费试用等等。

(2)需要自付邮费的试用活动。这样的类型大多是在品牌官网会采用的一种促销活动方式,消费者可以在网管申请试用,通常每个人都能申请成功,但需要消费者自付邮费,这样的产品往往容量很少,只作为给消费者自己体验,不需要写试用报告,但也能扩大消费人群,提高品牌知名度。

◆ 技能训练

技能训练　农产品网络促销类型分析

一、实训目标

1. 能够区分农产品网络促销类型。

2. 能够合理运用多种促销方式。

二、情景设计

学生分成若干小组,运用电子设备和网络搜寻农产品相关品牌,并收集该品牌的促销活动,分析每一个促销活动所采用的促销类型,并运用所学促销类型为该品牌策划一个新的促销方案。

三、操作步骤

(1)确定品牌。

(2)收集该品牌相关促销活动资料。

(3)分析促销活动类型。

(4)策划一个新的促销方案。

◆ 知识测试

一、单选题

1. 某商家规定"购买量累计达到 600 块,成为店铺 VIP,以后可享受 95 折优惠;达到 1 200 元,成为店铺白金 VIP,以后可享受 9 折优惠。"这样的折扣类型属于(A)。

A. 累计数量折扣　　B. 一次性数量折扣

C. 组合价格折扣　　D. 减免邮费

2. 某商家的 A 产品卖 100 元,B 产品卖 80 元,如果购买 A+B 产品组合,则可以以 150 元的价格买下。这样的折扣类型属于(C)。

A. 累计数量折扣　　B. 一次性数量折扣

C. 组合价格折扣　　D. 减免邮费

3. 某商家规定“购满 5 件不同产品，或者总金额超过 500 元，则可以免邮费”。这样的折扣类型属于(D)。

A. 累计数量折扣　　B. 一次性数量折扣

C. 组合价格折扣　　D. 减免邮费

4. 某商家推出一个新品促销活动，在新品上架当天 0～1 点之间付款，则可以半价买入。这样的折扣类型属于(B)。

A. 付邮试用　　B. 限时抢购

C. 节日促销　　D. 网络团购

5. 某商家为了提高用户的参与和分享兴趣，增加消费者对品牌的认同感，采用了“消费者申请，经商家筛选，仅需支付邮费即可免费试用商品。使用完成后需完成 1 000 字带图试用分享”的促销方式，这属于(A)。

A. 付邮试用　　B. 限时抢购

C. 节日促销　　D. 网络团购

二、思考题

1. 什么样的商品适合采用“付邮试用”的促销方式?

2. 网络团购有什么样的特点和优势?

项目八　农产品网络营销新发展

◆ 知识目标

理解农产品网络促销新发展模式的概念

了解农产品网络促销的新发展模式

◆ 能力目标

能够判断农产品促销的新模式

能够运用农产品促销的新模式形式进行策划

◆ 目标任务实施方案

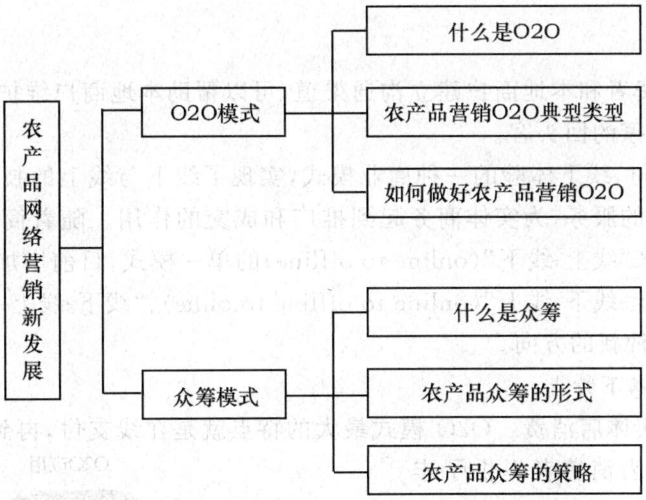

任务一　O2O 模式

一、什么是 O2O

1. O2O 的概念

O2O 即 Online To Offline(在线离线/线上到线下)，指是将互联网线上虚拟经济与线下的实体商业交易有机结合在一起的一种商业模式。这个概念最早来源于美国，是由 Alex Rampell(2010)提出的这一概念，他提出 O2O 即是从线上到线下，让互联网成为消费者线下进行交易的前台，O2O 商业模式的核心在于：在线上挖掘消费者，完成预先的支付或预约后，再他们巧妙地引导到线下进行消费，从而来完成整个交易过程（图 8-1）。

与传统的消费者在商家直接消费的模式不同，在 O2O 模式中，消费者的消费流程可以分解为五个阶段：

第一阶段：引流

线上平台作为线下消费决策的入口，可以汇聚大量有消费需求的消费者，或者引发消费者的线下消费需求。常见的 O2O 平台引流入口包括：消费点评类网站，如大众点评；电子地图，如百度地图、高德地图；社交类网站或应用，如微信、人人网。

第二阶段：转化

线上平台向消费者提供商铺的详细信息、优惠（如团购、优惠券）、便利服务，方便消费者搜索、对比商铺，并最终帮助消费者选择线下商户、完成消费决策。

第三阶段：消费

消费者利用线上获得的信息到线下商户接受服务、完成消费。

第四阶段：反馈

消费者将自己的消费体验反馈到线上平台，有助于其他消费者做出消费决策。线上平台通过梳理和分析消费者的反馈，形成更加完整的本地商铺信息库，可以吸引更多的消费者使用在线平台。

第五阶段：存留

线上平台为消费者和本地商户建立沟通渠道，可以帮助本地商户维护消费者关系，使消费者重复消费，成为商家的回头客。

O2O 是线上支付，线下体验的一种商业模式，实现了线下与线上的技术融合，为顾客提供便捷化、个性化优质的服务，为实体商务起到推广和成交的作用。随着商业模式的发展，O2O 已经不单纯的是原来"线上-线下"（online to offline）的单一模式，目前增加了"线下-线上"（offline to online）、"线上-线下-线上"（online to offline to oline）、"线下-线上-线下"（offline to online to offline）这几种新的方向。

2. O2O 模式有以下特点

（1）在线支付，实体店消费　O2O 模式最大的特点就是在线支付，再到线下实体门店体验消费。O2O 在线上为消费者提供了丰富全面、及时准确的商品、商家折扣以及优惠等信息，能够帮助消费者快捷筛选并订购适宜的商品或服务，同时，线下消费可使消费者在了解商品和商家情况后再做购买决策，这能减少出现信息不对称。对于商家而言，O2O 模式下消费者可网上在线支付，支付信息为商家提供了了解消费者购物信息的途径，以便搜集消费者的购买数据及更好地维护和拓展客户，实现精准营销。

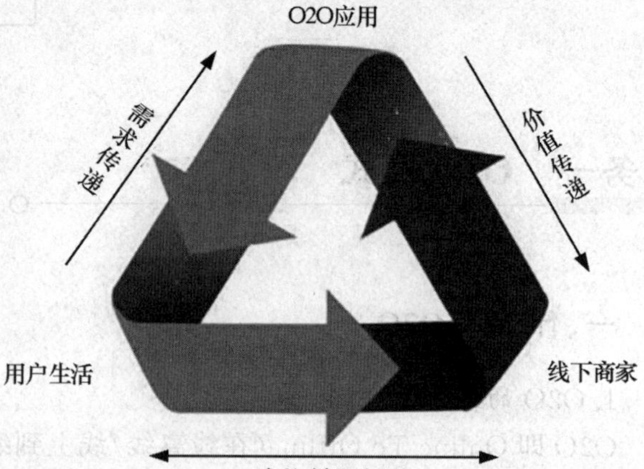

图 8-1　O2O 应用

（2）良好的客户体验　O2O 模式打

破了传统电子商务模式，客户线上支付之后，在线下体验服务。将用户从线上带到线下，给用户带来的不仅仅是流量，更多的是给他们带来不同于线上的用户体验，将这些用户成为自己的忠实粉丝，从而达到精准的营销目标。

(3)本地化服务　O2O模式的最具特色的特点就是本地化，针对本地生活消费群体进行精准化营销，通过地理信息定位系统，可将用户精准引入本地商家，达到线上到线下的引流效果。同样，线下用户接受了好的体验也会带来线上流量。

◆ 链接案例

O2O新解 腾百万的电商APP飞凡签约立天唐人

【天极网手机频道】 11月27日，由腾讯、百度、万达合力打造的"实体商业＋互联网"场景服务运营商App飞凡与立天唐人商业集团宣布签署战略合作协议，立天唐人旗下运营的购物中心将悉数入驻飞凡开放平台。此举标志着线上商业和线下商业将打破竞争局面，走向融合(图8-2)。

飞凡开放平台的核心功能是服务实体商业，与实体商业的互联网化转型相辅相成，当转型成为新常态，已经有越来越多的购物中心选择与飞凡开放平台嫁接。目前，飞凡已与超过300家购物中心达成战略合作，包括五洲国际集团旗下项目、一方集团旗下龙德广场、红星商业旗下爱琴海购物公园、西安赛格国际购物中心，以及万达集团旗下万达广场等，这些合作的购物中心均已经或正在进驻飞凡开放平台。

随着"腾百万"合力打造的飞凡电商正式上线，推出飞凡APP智慧购物移动应用，消费者逛街扫货又多了一个便捷的工具。相信不久之后，朋友约伴逛街，见面第一句话就是提醒对方，"今天你使用飞凡APP了吗"？

图8-2　飞凡APP

飞凡为什么让人爱不释手？

除了有丰富的优惠券抢购活动，飞凡APP还有许多令人称赞的功能。据飞凡的工作人员介绍，只要下载了它，市民就可以在支持的购物中心内享受到超值购物、免费 Wi-Fi、室内导航、智能停车、智能排队、智能观影等服务，既能获得实惠，又便捷、省时，让购物体验全程舒畅。

“在线排队功能太方便了，可以节约很多时间去别的地方逛逛，购物、就餐两不误，把时间利用的很充足。”他向大家介绍。

值得一提的还有飞凡 APP“停车”功能，用户只要关联自己的车牌号和银行卡，就可以查找停车场，提前查看剩余车位在线缴费，简化了停车流程，实现“极速”停车体验。

另外飞凡 APP 还有看电影在线购票选座，手机感应检票过闸等功能，真是“小小应用，内有乾坤”。

（资料来源：http://mobile.yesky.com/357/98963857.shtml
http://www.linkshop.com.cn/web/archives/2015/330765.shtml）

3. O2O 模式与 B2C、C2C 电子商务模式的比较

在众多电子商务模式中，B2C 电子商务模式是通过线上发布信息，双向的信息交流，进行线上支付，便捷的线下物流配送模式，以低成本高效的运营模式存在至今。C2C 模式的网站以专业的方式来展示独特的商品信息和服务，为潜在客户提供最有价值的信息，提供最具商业价值的网站结构布局。而电子商务 O2O 模式是通过用户在线支付——线下消费——购买线下的商品、服务这一过程，最终使用户到线下去享受线上发布的服务。对于传统的 B2C 电子商务模式 W 及 C2C 电子商务模式与 O2O 模式的对比（表 8-1）。其总结为；O2O 模式是一种省去快递物流这一中间环节的新兴模式，主要适用于本地生活。O2O 模式与传统的 B2C 模式和 C2C 模式最大的区别就是注重线下体验这一环节，这也是 O2O 电子商务模式最大的亮点，发挥着强大的生命力。

表 8-1 O2O 模式与 B2C 模式、C2C 模式的比较

项目	O2O	B2C	C2C
在线预付	√	√	√
通过快递服务	×	√	√
线下体验服务	√	×	×

4. O2O 与团购的比较

O2O 的概念非常广泛，在美国 O2O 所蕴含的范围也是十分宽泛的，它既可涉及虚拟的线上，又可涉及实体的线下，广义地都可通称为 O2O。只要是一条产业链中所能包含到的不论是线上或是线下的，就都可以认为是 O2O。其实它早已在我们国家发展起来了，但是它确是以团购的形式进入到公众视野里的。随着各种团购网站的兴起，O2O 这种电子商务模式才逐步被大家认识和慢慢接受，O2O 作为一种新的商业模式，其对传统业态以及传统的电子商务平台走到线下起到了巨大的推动作用，而正是在 2013 年，O2O 才开始慢慢步入进快速发展的阶段，不断利用移动终端设备拓展本地化服务。

O2O 模式涵盖众多商业领域，而团购仅是 O2O 的一个最具代表性的表现形式，也是最初 O2O 模式的典型。简单地说 O2O 是网上商城，服务于商家整体的市场推广及营销，团购是低折扣的临时性促销，针对的是单一商品或服务。目前采用 O2O 模式经营的网站数量日益增多，团购网就是其中一类，也是最早被广泛应用的一批，如篱笆网、拉手网、糯米网、58 团购、赶

集网、爱邦客等。作为O2O实践的先锋代表，团购对于创新传统商业营销模式、提高企业运营效率和刺激民间消费等方面都做出了积极贡献，让商业模式趋近完美，实现了消费者、商家、平台服务商之间的真正共赢，为我们正式开启了O2O时代的大门。当然，团购不等同于O2O，实物、虚拟物品或线下服务等几乎一切零售业态都可以进行团购，但有些团购并不需要线下消费，而O2O的核心是线上预付，线下消费。因此团购和O2O之间有交集，但是团购并不等于O2O。

作为O2O初级表现形态的团购在蓬勃发展的同时显现的问题也很多，其中一大问题就是团购网站以打折、促销为噱头为商家带来了大量用户，短时期内提升了业务量和交易额，但却黏不住用户，二次消费者寥寥无几，这使得团购网站仅仅成了商家所谓的“线下交易前台”。此外，还存在商家诚信缺失、产品虚假宣传、商品价格欺诈、强迫二次消费、同行恶性竞争、市场盲目扩张等问题，给整个电商行业的健康发展带来了负面影响。而在团购网站上强化O2O模式的作用，突出线下消费的重要性，无疑能够较好地解决以上问题，使团购焕发新生。

二、农产品O2O典型类型

2014年被称为我国农产品O2O元年，互联网巨头、物流企业、创业者纷纷构建O2O平台，抢占农产品市场。经过几年发展，目前形成了以下几种典型类型：

1.“大型超市 + 第三方平台 + 消费者”

超市是农产品主要的零售商之一，继实体巨头大润发、沃尔玛等大型超市自己构建电子商务平台后，各大超市也意识到要在竞争中立于不败之地，现在必须要抱团发展，要与专业的O2O平台联盟。在未来，线上、线下如同零售业的双腿，缺一不可。未来零售业的竞争不单单只是门店的竞争，更是线上＋线下综合能力的竞争，更是平台的竞争。超市与平台联盟，不仅解决了平台建设、网站宣传等问题，而且增加了青睐网购的新客户。

◆ 链接案例

永辉超市:深耕生鲜O2O模式

永辉超市成立于2001年，是中国大陆较早将生鲜农产品引进现代超市的流通企业之一，公司已发展成为以零售业为龙头，以现代物流为支撑，以实业开发为基础的大型集团企业。

永辉超市初试牛刀拓展自己的O2O业务是2013年5月，然而仅仅上线不满百日的“半边天”因为销售不佳，产品大多内损导致亏损严重而悄然下线。在初次尝试失败之后永辉调整发展战略卷土重来，以“永辉微店”重新上线其O2O业务。作为一个全新的O2O业务平台，“永辉微店”将线上“微店”选购、线下“实体店”提货融合起来，客户可以在线上以“微店”为输入端，下完订单之后在线下的任意一家永辉超市实体店进行取货。业务自从推出以来率先在福州地区8家门店上线试运行。消费者通过APP下单，基本可实现货物“半日送达”。

2015年永辉超市继续在其生鲜O2O领域深耕，8月7日，永辉超市宣布，和京东建立战略伙伴关系。内容包含仓储、采购、物流等，将线下和线上O2O、信息技术、金融等进行全面融会贯通。12月8日，双方共同宣布业务合作落地，首先将联合拓展生鲜O2O市场，通过资源优势互补，为消费者提供超市生鲜产品到家服务。据悉，在京东到家App平台上购买永辉超市的生鲜产品将享受3千米氛围内2小时送达的便捷服务（图8-3、图8-4）。

图 8-3　永辉蔬菜

图 8-4　永辉生鲜到家

（资料来源：http://www.ebrun.com/20150520/134569.shtml
http://www.sohu.com/a/47498120_184641）

2.“直采＋O2O平台＋消费者

近年来，专营农产品的垂直电商平台越来越多，如本来生活网、顺丰优选、梅子淘源，它们通过专业买手在国内外直采，主营安全、绿色的产品。本来生活网通过挖掘农产品背后的故事，借助专业“买手”的视角，帮助消费者发现每个地方富有特色的农产品，并通过“买手笔记”以文字、图片、视频等方式向消费者传递产品信息，以赢得消费者对产品的信赖和支持。为了充分整合线上和线下资源，本来生活网开设了“本来厨房”体验店，消费者可以在店里体验线上商品做的食物，网站希望借力体验店中优质的产品和服务质量增加线上销售额；梅子淘源则将生产基地的体验，种植者的种植过程真实呈现在平台上，以吸引注重线下体验的消费者。顺丰优选凭借顺丰集团的物流与配送优势，在冷链物流方面处于行业先锋位置。通过其自身的保鲜、保湿、冷藏、冷冻仓储等方面的具有突出的优势，保证其在生鲜农产品储运方面优于其他同类型电商平台。乡土乡亲平台坚持为顾客提供更安全、优质、正宗的农产品为己任，为了从源头把控农产品的安全性，采用建立生产者个人档案，跟踪记录并检测农产品的生长情况，将农产品检测与控制贯穿到农产品生产的全过程，其次通过第三方检测机构对产成品进行检测，保证产品品质。最后在产品包装上印上生产者头像，以生产者自身对产品信誉做保障。

3.“农产品基地 ＋ 自有平台 ＋ 消费者”

第三类是农产品生产者自建电商平台，直销自建基地的农产品，消费者可以在平台上下单，到实体店、基地取货。比如多利农庄在北京、上海均有基地，从事有机农产品的直销，客户可以选择冷链配送和上门自提的方式。

由于农产品有季节性，周期性，地域性，非标准化，易腐易损不易保存等特点，带来了农产品销售中物流成本高等，网购风险大等难题，从以上农产品 O2O 模式的运用，对破解难题有积极作用。

首先，对消费者而言，相比传统的农产品批发零售模式，O2O 模式将农民与消费者直接连接，减少了中间环节的费用和利润，可以有效降低农产品的成本，从而让利于消费者。相比生鲜类农产品在 B2C 模式，经营者展示了每类农产品的产地，种植、运输过程，背后的故事，消费者的购物体验更佳。

其次对于农产品经营者而言，由于消费在购买生鲜类农产品时具有购买频率快、单次购买量少、购买品种多的特征，精确统计和预测消费者的需求具有一定困难，运用 O2O 模式能利用用户的浏览和消费数据分析其偏好，及时推送相关产品的信息，而且能充分利用用户的地理为其提供最近实体店、自提点的信息，做到精准营销，降低经营风险。

◆ 链接案例

多利——打造中国最具有体验性的有机生活体验平台

多利农庄成立于 2005 年 6 月，是上海著名的有机蔬菜生产企业，早在 2010 年上海世博会期间，多利农庄就作为唯一的有机农业参展商，在城市未来展馆展示上海市新农业的风貌。多利农庄采用先进的“从田间到餐桌”直供会员的服务模式，自建了电子商务平台，物流中心，消费者可以在平台上下单，客户可以选择冷链配送和上门自提的方式取货。目前，多利在中国拥有覆盖不同维度的 11 大有机蔬菜种植基地，自有种植面积 1 万多亩，合作耕种面积 2 万多亩，有机种植总面积达 3 万多亩，产品品类涵盖蔬菜瓜果、肉禽蛋奶、米面粮油、水产海鲜等，目前已服务数百家优质企业以及 10 万多个家庭。多利在不断发展有机蔬菜种植的同时，多利也筹备了有机餐厅、多利岛、农庄亲子旅游等 O2O 项目，全力为中国消费者打造中国最具有体验性的有机生活体验平台。其中多利有机体验餐厅选址陆家嘴滨江，背靠双辉大厦，毗邻文华东方大酒店，是陆家嘴少见闹中取静的一端。体验中心由世博德国馆设计团队打造，全玻璃透光构造。为避免光污染，外立面由环保线网覆盖，兼备私密性与高端体验(图 8-5)。

图 8-5 多利农场

(资料来源：http://www.mafengwo.cn/travel-news/191244.html
http://www.tonysfarm.com/site/farm)

三、如何做好农产品营销 O2O

1. 线上线下无缝对接

O2O 是一种虚实相融的商业模式。这种模式要想获得成功就必须从三方面着手，即上游供应商研发制造系统、平台保障服务体系和满足用户需求的物流体系，通过整合改善这一“供需链”，充分发掘企业在研发、采购、物流等方面的优势，并借助于信息化扩大这些优势，并创造出新的价值。新时代经济环境下，不再是产能决定消费，而是需求决定生产。消费者的需求并非不可预测的，商家通过统计消费者的购买信息可以分析出他们的购买习惯、上网频次、价格喜好等要素。实践中网店和实体店通过互联网系统已实现信息的交流及共享，这种共享的信息更为全面有效，更易产生价值。线上的购买信息可以更好地指导线下的服务，线下的消费数据可以反过来改善线上的营销。以数字化消费需求为中心推动产品研发、采购、物流配送等运营体系改革创新，达到上游供应商系统与下游销售商系统的无缝对接，线上筛选购买与线下体验消费的无缝跳转。通过调整产品及市场战略、供应链战略、人力资源战略、营销及物流战略，从产品、营销、推广、物流上进行资源整合，让网站成为实体店的“门头”，让实体店成为网店的“仓库”并承担配送、体验等服务。

2. 准确市场定位，体现特色经营

在经营企业时要明确企业经营理念、找好企业市场定位，选择符合这种运营模式的经营方式。由于 O2O 营销模式天然地和顾客体验、精准营销相关联，市场细分，区分消费群体在 O2O 经营模式中尤为重要。

目前，O2O 模式的重点服务对象应该是以下三类人群：一是价格敏感度高，追求最大化的综合性价比。这类人群在物美价廉中更为重视价廉，对于这类群体，“全网最低价”、“剁手价”

等词语最具吸粉效力；二是讲究生活质量、追求时尚潮流，想买在本地实体店买不到的新潮物品。对于以这类人群为消费主体的电商平台或商家一定要重视网站设计的创新性和商品的时尚性，明星广告效力在这个平台上可以发挥最大的作用；三是工作比较忙、空闲时间比较少、文化素质比较高的人群，如白领、银行职员等，对于这类人群，快捷便利是第一要素。商品不在多而在精，操作不在全而在简。确定好自己的消费群体后，企业应该重新定位并及时调整商品结构，注重服务提升，体现特色经营以及培养客户忠诚度，传递的商业价值也要差异化。

◆ 链接案例

"青年菜君"创始人：饿出来的生鲜 O2O 创业

蔬菜销售一直以来都是一门线下传统生意，依赖居住小区周边的超市、菜市场来满足用户购买需求。在这个常年不变、几近饱和的市场里，任牧的团队以线上为主要渠道，找到了新的发展思路。

北京的上班族一般正常 5:30～6:00 下班，6:30～7:00 到家，所以他们中存在一个很普遍的现象——一个人下班懒得买菜做饭，因为时间成本太高。即使想做饭，可等下了班回去，菜市场关门了，或者排很长时间的队，洗菜、切菜、再做饭，吃饭就会被拖到很晚。小摊、外卖偶尔吃吃可以，除了不卫生的因素，在开销上也是大问题。

这样的画面，其实就是大多数北漂的缩影。对于数量相当庞大的北漂来说，晚餐是他们每天都需要面对的问题。这其实也是任牧自己的生活状态。于是，任牧产生了创办一家半成品净菜的实体店的想法。

青年菜君的目标用户很清晰：20～35 岁的白领上班族，在这些人里边，这个有相当比重的人是北漂和第一代的北京移民。青年菜君的思路是：在线上建立电商平台，提供选购、支付功能；在线下地铁站旁建立实体店面。用户在线上订购之后，在地铁周围店面自提，以节约物流的配送成本及产品的流通损耗。任牧表示，从表面上来看青年菜君卖的是菜，但实质上卖的是用户买菜、清洗的时间（图 8-6）。

图 8-6 青年菜君

在服务上，青年菜君将食材洗好、切好、配好，并搭配菜品所需的相应调料，用户购买后只需添加“青年菜君”微信账号后，输入菜品名称，而后按照微信账号回复的烹饪方法直接下锅就可以。用青年菜君门面店工作人员的话就是“顾客只需要添加日常普通调料即可”。在时间上，大部分家常菜5分钟之内就可以完成，10分钟左右两到三个菜品即可出锅。

（资料来源：http://www.chinaz.com/start/2014/1028/372094.shtml）

3.完善线下服务，提高客户满意度

完善线下服务，提高客户满意度是O2O模式的关键。O2O模式发挥出最大效能，首先要求企业具有丰富的线下资源，即拥有足够多的可以覆盖广泛地域的线下店铺，这样才能够让消费者实现就近消费，享受便捷服务提供条件。其次，不断提升服务，树立良好口碑。口碑是基于体验而产生的，良好的口碑形成需要全程的体验服务做支撑，包括产品实用价值、性价比、售卖场合（线上店面或线下实体服务）、沟通互动、物流及产品售后等。最后，不断挖掘产品的价值，产品是静态的，不能主动与消费者进行交流，更多的是通过产品的外延价值体现出来的（消费的社会属性），消费者在消费一个产品时，既需要产品本身物理属性的价值，同时更需要产品背后联想情感化需求，例如挖掘产品和品牌背后的故事，利用文化创意等方法使产品人性化，使消费过程更有欢乐感和满足感，提升顾客的满意度。

任务二　众筹模式

一、什么是众筹

1.众筹的概念

众筹，译自国外crowdfunding，即大众筹资或群众筹资，由发起人、跟投人、平台构成，一般而言是通过网络平台联结起赞助者与提案者。具有低门槛、多样性、依靠大众力量、注重创意的特征。现代众筹指通过互联网方式发布筹款项目并募集资金，其本质是互联网金融。通过众筹这种模式，可以将有项目且需要钱的人和有闲钱并有投资意愿人直接联系起来。2009年，世界第一家众筹网站kickstarter在美国诞生，截至2012年，其融资规模高 达3.2亿美元，创造了互联网金融的神话。2014年是公认为中国的“众筹元年”，随着互联网金融的崛起和京东、淘宝、苏宁的互联网电商巨头加入，“众筹”模式已经遍布各个领域，成为一种全新的融资和经营方式。众筹与营销仿佛是天生一对，如影随形，完成从金融到各种营销行为的延伸，众筹成为一种能发挥联名筹款、新品上市、用户参与、品牌传播、产品销售等多种营销功效的新工具，构筑一个高效的新营销途径。

2.众筹的特点

（1）有效地聚合社会资源　首先，通过众筹的方式可以解决筹资的问题。对于广大中小企业，尤其是初创企业，资金是一个难题，相比其他融资手段，众筹具有无担保、无抵押、门槛低、便利性等特点。通过互联网方式公开募集资金，可以减轻企业经营者的资金压力。其次，通过众筹可以筹人。通过互联网第三平台结构连接发起人和投资人，能有效地扩大社交圈子，为企业经营管理提供帮助。最后,可以筹智。通过众筹的方式让消费者转变为参与者、投资者,使消费者有很强的参与感,让消费者深入到产品研发、宣传、销售、售后等各个环节。不仅可以优化消费者的体验,最重要的是能为企业的生产经营提供出无限创意,使企业保持生命活力。

(2)试探市场　市场调查是众筹营销的一项主要功能,例如在权益众筹中,通过对将要推出的产品进行众筹从而试探市场反应,来判断该项产品是否具有前景。众筹资金充足可以表明其市场需求旺盛,具有盈利空间,若资金不足则及早退出以免损失。同理,在股权众筹和债券众筹中,众筹的效果能反映出大家对众筹项目的认识。对企业经营者的决策有重要的参考价值。

(3)减少中间环节,实现零库存　不管是生产领域还是流通领域,数量不等的库存积压总是难以避免,而这也是让传统企业很头疼的问题。众筹改变了产品的交易模式,众筹可以让生产者直面消费者,省去繁杂的中间流通环节,让产品直达目标消费者,加快产品动销,同时缩短产品设计周期,让产品更有竞争力,让企业与消费者能双赢。

二、农产品众筹的形式

众筹,作为一种筹资方式和融资手段,在科技创意产业、文化艺术领域受到了广泛认可,农业领域也在不断尝试着如何通过众筹,改变农产品传统的营销模式。众筹按照其回报可以分为权益众筹、股权众筹、债权众筹、公益众筹。目前在农产品销售领域用得比较广泛的是权益众筹。权益众筹又具体表现为如下几种形式:

1. 产品众筹

产品众筹是由消费者众筹资金,农户根据订单决定生产,等农作物成熟后,将农产品直接送到消费者手中的一种模式,这种模式称为“从田间到舌尖”的模式,发展非常迅速。通过该模式,技术、资金、创意、物流等各类资源可以得到最大程度的整合。在此过程中,农产品消费者和农业生产者之间可以不断互动和交流,确保双方信息对称。同时,农业生产者能够第一时间了解消费者需求,按需生产,避免产品积压带来的经济损失。最重要的是,该模式降低了融资门槛,为创业者获得了成本更低、更高效且便捷的资金支持;激发了普通民众创业的热情;拉近了农产品生产者与消费者之间的距离,为项目营销奠定基础。此外,通过众筹,不仅可以满足一部分消费人群对参与农耕、亲近自然的愿望,同时顺应消费者对食品安全的需求。

◆ 链接案例

农产品众筹

一个叫张桢桢的女孩发起的关于梨的众筹,她写道:一个有梦的女孩,厌倦了每天早九晚五的上班生活,毕业后化身梨园主,用心种好梨,此番携好梨,为你惊艳你的味蕾而来。关于梨子,她写到这是一片从翻土到收获都是用双手辛苦完成的事业,这里的每株梨树,经过肥沃土地的滋养,总能硕果累累。这梨园的每一只梨,都是纯天然,无添加,自然成熟的,像孩子一样被精心呵护的,这样的一份美梨,你值得拥有!支持者得到的回报是55元梨一箱,100元梨两箱,200元梨4箱,500元梨11箱(图8-7、图8-8)。

图 8-7　好梨众筹

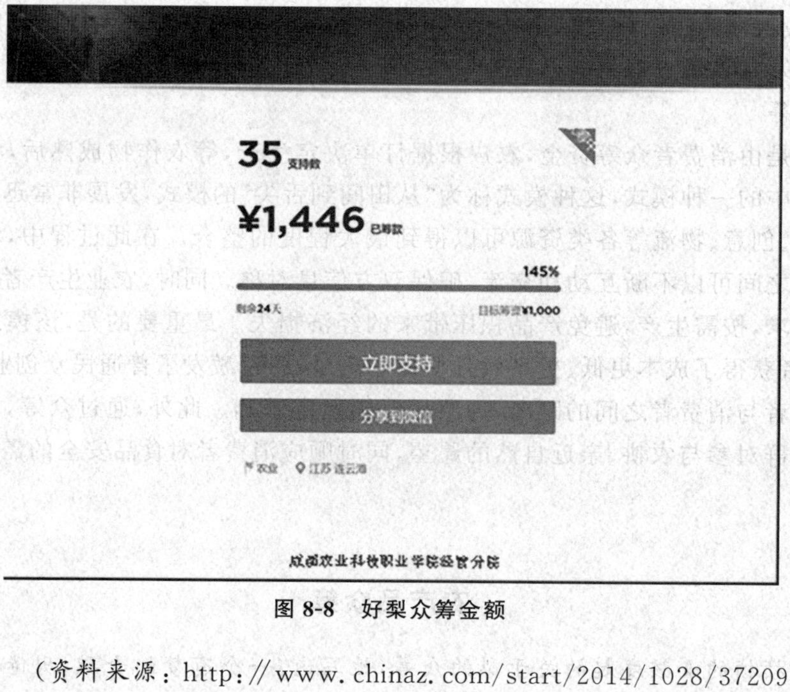

图 8-8　好梨众筹金额

（资料来源：http://www.chinaz.com/start/2014/1028/372094.shtml）

2. 农作物众筹

农作物众筹的形式比较多样，常见的形式有发起人将土地划分为一小块，以私人订制的方式由投资者认种，认购后会获得农场主证书。认种方也可以选择种植的品种，田地耕作还是由项目发起方聘请专业种植人来管理，认种方人可以随时去游玩或者参与耕作。农产品成熟后，再发送给认种人。另一种常见方式是：众筹某一特定的农作物，众筹成功后，发起人正式启动项目，根据众筹的协定，农作物归发起人，生产的产品部分或全部归筹资人。

◆ 链接案例

一粒米撬动乡村旅游

2015 年 6 月 15 日，北山村成立了由 40 户农户组成的天台沧海桑田粮食专业合作社，推出了 50 亩的高山稻田，通过泳溪乡公共微信“天台泳溪里”在网络上发布主题为“泳溪‘招聘’种田郎！”的信息(图 8-9)。田块编号 1；面积 1 亩；香米产量 700 斤；认种总价 3 850 元；预付定金 600 元；适合家庭 10 人……

图 8-9　一粒米撬动乡村旅游

（资料来源：http://paper.taizhou.com.cn/tzrb/html/2015-09/07/content_640343.html）

3. 农家乐等设施的使用权众筹

农家乐等基础设施的使用权众筹指通过一定的资金投入获得民宿或农家乐其他体验方式的使用权，该使用权是有使用期限的，也是可以转让的，投资人获取的主要就是农家乐的休闲体验式的生活。

◆ 链接案例

农家乐使用权众筹

2015，一篇名为“1 000 元，竹泉村认筹一处休闲度假的‘家’”的众筹预约帖活跃于微信朋友圈。据了解，发出提议的是位于竹泉新村的一家民俗宾馆，即沂南县乡村旅游合作社管理的 200 余家沂蒙山特色农家乐小院中的一座。预约帖对本次众筹方式进行了如下说明：感兴趣的投资者只需拿出 1 000 元，便可优先享受周一到周四小院 4 天 3 晚的住宿(平均每晚 330

元)，或是法定节假日以及周五至周日3天2晚的住宿(平均每晚500元)(图8-10)。

图8-10 农家乐众筹

(资料来源：http://news.gaotie.cn/lvyou/2015-02-26/220933.html)

三、农产品众筹的策略

1. 寻找项目本身的特点和创意

农产品产品的同质性十分明显，放到众筹平台上进行众筹，竞争非常激励，有特点的产品，有故事的项目才能吸引的到大家的关注。首先，经营者都需要积极思考如何出特色体现差异化，突出众筹产品的“唯一性”(图8-11)。

图8-11 农产品众筹

其次，要注重挖掘项目背后的故事。消费者不仅有物质方面的需求，也有精神方面的需求。充分挖掘项目背后的故事，分享给消费者，让消费者沉浸其中，使销售的产品变得人性化，有温度，拉近与消费者的距离。

◆ 链接案例

李子书记

2017年8月8日晚21点19分许,九寨沟县境内发生里氏7.0级地震。九寨沟县政府迅速反应,随即展开了6万余游客及外来务工人员的“大转移”。全国媒体也对九寨沟地震展开了全方位的报道,感谢媒体人及时向外传递受灾信息,让更多人了解了九寨沟地震,有力支援了九寨沟的灾后救援工作。2017年8月8日,当回龙村村民满脸洋溢着西梅、脆红李丰收喜悦时,7.0级地震瞬间让九寨沟山河破碎,哭声撼天。回龙村地处甘肃、绵阳、平武到九寨沟的必经之路,群山环绕,地震影响较大,不仅房屋受到破坏,还有人员伤亡。但地震震不垮英雄的九寨儿女,村民展现了九寨沟人特有的责任和担当,回龙村自发组建抗震队伍,迅速集结,村里年轻志愿者,慰问团不断穿梭在充满余震和滚石的绵九高速生命通道上,男人们跑到抗震救灾最前沿,清扫绵九高速道路,搬运地震落石,有力支援了九寨沟6万游客安全撤往平武、绵阳、甘肃;女人们为救援人员免费提供饱腹饭菜,老年和儿童则在路口为惊魂未定的游客送上新鲜水果和宽慰。全村人员在震后第一时间投入抗震救灾,保家乡,促转移,全然将个人利益抛之脑后……

随着游客疏散完毕,救灾工作稳步推进,张冬奎一方面继续指导全村救灾恢复工作,另一方面开始为即将丰产的水果担忧,每天去种植基地巡视一圈是这么多年的习惯,地震救灾期间也尽量去,只是待的时间少了。看着一枝丫一枝丫水灵的果子,他着急上火。乡亲们指望水果过活,娃开学的生活费全靠几拢果树,如今地震来了,游客走了,房子毁了,人也伤了,眼看水果成熟了,销售却出了问题。脆红李还好,十几年在川内外的口碑自然不愁销路,但西梅这种洋气水果每年被游客一洗而空,根本没机会外销,自然没渠道。现在没了游客,西梅马上成熟了,在外找渠道已来不及了,今年让村民怎么过啊?水果书记想到了之前在扶贫工作中遇到的九寨沟本土大学生电商扶贫团队——九寨沟县读本网络科技有限公司,他拨通电话,说明情况,这群有趣且有爱的大学生团队怀抱“奉献九寨,帮助亲人;感恩国人,传递美味”的情愫,摩拳擦掌,跃跃欲试,毅然决然担负责任,帮助“水果书记”众筹赈灾,联系国内众筹平台——众筹网,并获得鼎力支持,在九寨沟县委县政府,县就业局、经信局领导指示和支持下,在顺丰、邮政等多家社会机构通力配合下,有了这次时间紧,任务重,意义深远的公益性质“西梅众筹”(图8-12、图8-13)。

2.灵活运用众筹形式

如前所述近年来众筹在农业领域发展非常迅速,除了常见的众筹形式以外,你能想得到的项目都可以通过众筹来实现。围绕着地域和农场的个性化特色来做文章。可以筹产品、筹技术、筹公益、筹土地、筹农场等。

◆ 链接案例

宝生园—现实版农业众筹案例

中国厦门宝生园休闲农场是最经典的现实版“农业众筹案例”。宝生园于2014年4月30

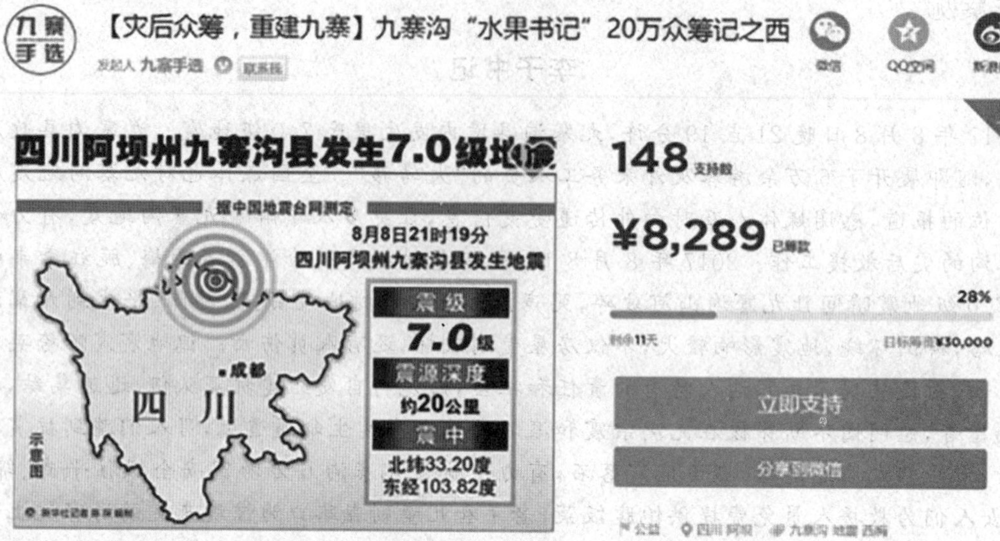

图 8-12 九寨沟灾后众筹

图 8-13 李子书记

（资料来源：http://www.zhongchou.com/deal-show/id-722487）

日在厦门诞生，宝生园是以股权众筹方式成立的，企业家股东出资，农民以土地作价入股。宝生园吸引了资产过千万的企业家股东人数 178 个，土地入股合作社社员已经超过百人。宝生园在科学的股东管理模式中得到了惊人收益业绩。设立还不到一年的时间宝生规模达到 4025 亩之多。在经营项目实现上围绕农业产业核心，以种养殖健康农业产品的同时还以农耕体验、互动、科普、观赏为元素开辟了一条休闲旅游度假的新项目。很多项目在具体经营上灵活运用了农产品众筹的模式。这农场里各股东在高福利享受做农场老板的同时还影响了数以万计的亲朋好友成了农场的常客（图 8-14）。

图 8-14　宝生园开园仪式

（资料来源：http://www.360doc.com/content/16/0625/08/34586218_570565222.shtml
http://mn.sina.com.cn/city/cityfocus/2014-09-29/14552810.html）

3.抓住众筹的时机

众筹带有预售的性质，做农产品做众筹就是相当于做计划订单。首先，经营者要根据产品的特点计划好发起众筹的时间。如果众筹一般是一个月那么在产品上市之前两个月甚至三个月你就要开始准备众筹。众筹结束后最好是产品上市最佳时间，这样支持者更喜欢你的产品，如果经营者在上市之后做众筹，满市场都是可以买到的，消费者直接市场买就好了还可以马上使用，众筹的吸引力就会下降。其次，经营者要计划充分的时间去准备如包装、产品可以生产的数量、人工的安排等。

4.选择众筹平台

目前开展众筹营销的平台非常多，有综合的众筹平台，比如淘宝众筹、京东众筹、众筹网，也有专业平台，比如农业平台大家种，乡村旅游产品平台乡筹网等。经营者要分析这些各自的擅长点，各自的风格，不同的平台吸引的支持者的偏好。做好这些分析后，决定产品投放到哪个平台上进行众筹营销。

5.树立良好口碑品牌建立信任

如前所述，众筹是新生事物，目前还是存在相关法律政策的漏洞。目前，随着国家管理层面的政策不断出台，众筹将会越来越规范，但是经营者要做到的是诚信经营，维护自身形象，树立良好的口碑。例如产品众筹展示在消费者眼前是简单的项目预售，最终能否真正达到预期的效果，未知因素很大。完成预售只是第一步，之后的生产加工、销售、运送，还有大量工作要做。要想让众筹这个好形式实现好效果，就要避免夸张宣传，专心把细节做实、做精。

首先，要充分进行信息的公示和沟通，要把产品、基地、过程这些东西必须要充分展示，让大家看得很清楚明了，能放心。

其次，既然是定制化生产就一定要把各种标准各种预案制定好，农业和工业品不一样，有可能会面临自然风险、病虫害风险，怎么和消费者沟通，这就需要一套办法。

最后，完善产后销售环节，例如包装、储存、运输等，经营者必须思考如何将这些产品怎样以最好的途径送达到消费者手里。

◆ 链接案例

赣南橙子的产品众筹项目

众橙之父刘诗芸，在众筹网上发起赣南橙子的产品众筹项目，第一次发起众筹，以超高的性价比吸引到消费者，使消费者感到十分满意，众筹成功，为他再次众筹打下了良好基础，刘老坚持诚信经营的理念，在后面发起的众筹产品中也一如既往地推出产品，不让支持者失望，目前在众筹网上已经圆满地推出了四期，积攒了大量粉丝。由此可见众筹营销的过程同时也是一个拉人气、赚口碑、树品牌的过程(图 8-15、图 8-16)。

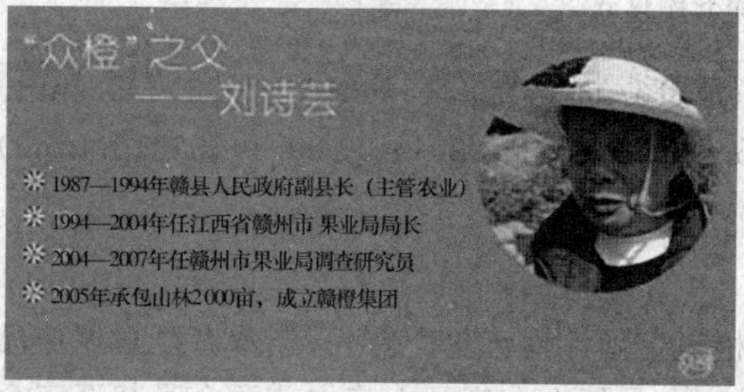

图 8-15　众橙之父刘诗芸

图 8-16　众橙

(资料来源：http://www.zhongchou.com/deals-tags/t-%E8%B5%A3%E5%8D%97%E8%84%90%E6%A9%99)

◆ 知识测试

一、单选题

1. 以下关于 O2O 的特点不正确的是(D)。

A. 在线支付，实体店消费　　B. 良好的客户体验

C. 本地化服务　　D. 全程线上交易

2. 下列关于 O2O 模式说法错误的是(C)。

A. O2O 模式是一新兴模式

B. O2O 模式主要适用于本地生活

C. O2O 模式重点在于注重线上购买

D. O2O 模式使用户到线下去享受线上发布的服务

3. 以下关于众筹的描述不正确是(D)。

A. 有效地聚合社会资源　　B. 试探市场

C. 减少中间环节,实现零库存　D. 并未改变传统营销模式

二、简答题:

1. 农产品 O2O 的典型类型有哪些?

2. 农产品众筹有哪些形式?

参考文献

[1] 吴勇.市场营销.4版.北京:高等教育出版社,2008.
[2] 范小青,吴涛.网络营销.北京:高等教育出版社,2013.
[3] 杜飞川,郝磊.我国农产品网络营销研究综述.经济研究导刊,2013(26).
[4] 肖帆.江西农产品网络营销研究.学位论文,2014.
[5]刘永宏.农业企业营销管理——基于品牌营销视角.成都:西南交通大学出版社,2013.
[6] 胡晓云.品牌价值评估研究——理论模型及其开发应用.浙江:浙江大学出版社,2013.
[7] 胡晓云.价值再造——中国农业品牌战略规划选本精要.浙江:浙江大学出版社,2015.
[8] 胡海卿.激活品牌——我们可以超越褚橙.北京:机械工业出版社,2016.
[9] 胡晓云."品牌"定义新论.品牌研究,2016(2).
[10]刘毅.农产品的微博营销探析.云南社会主义学院学报,2014(2).
[11]焦宏.特色农产品"微营销"很火.农产品市场周刊,2014.
[12]陈果.农产品微信营销的途径分析与研究.中国内部审计,2014(10).
[13]孙美楠.微信创业中的生鲜农产品网络营销模式研究.企业文化,2014(8):219-220.
[14]惠亚爱.网络营销:推广与策划.人民邮电出版社,2016.
[15]周芳.社群导向的区域特色农产品电商平台的研究.山东商业职业技术学院学报,2017(4).
[16]张余.移动互联网时代 H5 页面的设计与营销.东南传播,2015(9).
[17]郭全中.小程序及其未来.新闻与写作,2017(3).
[18] 杨丽萍,熊学发.网络营销基础与实践.北京:教育科学出版社,2015.
[19]方玲玉.网络营销实务.北京:高等教育出版社,2014.
[20]陈晓鸣,成荣芬,范生万.电子商务概论.北京:高等教育出版社,2015.
[21]范小青,吴涛.网络营销 .北京:高等教育出版社,2014.
[22]杨曼.商家热衷网络体验营销 免费体验催生"试客族".经理日报, 2008-02-05.
[23]姜炯.唯品会:凭借"限时抢购"模式"长大".中国经济时报, 2010-12-09.
[24]尚德峰, 王世胜.网络营销.北京:中国人民大学出版社, 2015.
[25]马国宇, 王继平.农产品市场营销及品牌建设.北京:中国农业科学技术出版社, 2015.
[26]范小青, 吴涛.网络营销.北京:高等教育出版社, 2015.
[27]秦芬.我国农产品 O2O 的发展现状分析. 长治学院学报,2016(8).
[28]江蔓.连锁餐饮企业"O2O"模式营销传播形式调查与研究. 百度, 2015-05.
[29]王玉珂.农产品交易领域电子商务 O2O 模式应用研究.道客巴巴,2015-05.
[30]姚斌.生鲜农产品 O2O 运作模式的研究.百度学术, 2105-12.
[31]刘威.北京市平谷大桃互联网众筹营销模式研究.百度学术,2016-06.

[32]蒋文龙.婉转农业众筹,助推品牌农业.江西农业,2015-05.
[33]王水清.网络营销实务.2版.北京:北京邮电大学出版社,2015.
[34]刘喜敏,郑绮萍.网络营销.4版.大连:大连理工大学出版社,2012.
[35]杨丽萍,熊学发.网络营销基础与实践.北京:教育科学出版社,2013.

参考网站

[1]本来生活网 http://www.benlai.com/
[2]三只松鼠官网 http://www.3songshu.com/
[3]中华人民共和国农业部 http://www.moa.gov.cn/
[4]易观 https://www.analysys.cn/
[5]中国互联网络信息中心 http://www.cnnic.net.cn/
[6]百度文库 https://wenku.baidu.com/
[7]豆丁网 http://www.docin.com/
[6]道客巴巴 http://www.doc88.com/